中国新闻业年度观察报告
（2021）

Annual Report of Chinese Journalism
（2021）

张志安　徐桂权 ⊙ 主编

人民日报出版社
北京

图书在版编目（CIP）数据

中国新闻业年度观察报告 . 2021 / 张志安，徐桂权主编 . -- 北京：人民日报出版社，2021.10
ISBN 978-7-5115-4628-9

Ⅰ . ①中… Ⅱ . ①张… ②徐… Ⅲ . ①新闻事业－调查报告－中国－ 2021 Ⅳ . ① G219.2

中国版本图书馆 CIP 数据核字（2021）第 198767 号

书　　　名：	中国新闻业年度观察报告（2021） ZHONGGUO XINWENYE NIANDUGUANCHA BAOGAO（2021）
主　　　编：	张志安　徐桂权
出 版 人：	刘华新
责任编辑：	张炜煜　白新月
装帧设计：	阮全勇
出版发行：	人民日报出版社
社　　　址：	北京金台西路 2 号
邮政编码：	100733
发行热线：	（010）65369527　65369512　65369509　65369510
邮购热线：	（010）65369530
编辑热线：	（010）65369514
网　　　址：	www.peopledailypress.com
经　　　销：	新华书店
印　　　刷：	涞水建良印刷有限公司
法律顾问：	北京科宇律师事务所 010-83622312
开　　　本：	710mm×1000mm　1/16
字　　　数：	310 千字
印　　　张：	21
版　　　次：	2021 年 12 月第 1 版
印　　　次：	2021 年 12 月第 1 次印刷
书　　　号：	ISBN 978-7-5115-4628-9
定　　　价：	56.00 元

主办机构

中山大学传播与设计学院

中山大学全媒体研究院

编辑顾问委员会（按姓氏笔画排名）

杜骏飞	南京大学
杨国斌	美国宾夕法尼亚大学
李良荣	复旦大学
吴　飞	浙江大学
陈昌凤	清华大学
陈卫星	中国传媒大学
胡　泳	北京大学
赵月枝	加拿大西门菲莎大学
夏倩芳	南京大学
唐绪军	中国社会科学院
展　江	北京外国语大学
喻国明	北京师范大学
潘忠党	美国威斯康辛大学

主编

张志安　中山大学传播与设计学院

副主编

李艳红　中山大学传播与设计学院

徐桂权　中山大学传播与设计学院

特约编辑

王辰瑶	南京大学
白红义	复旦大学
刘海龙	中国人民大学
刘　鹏	新闻记者杂志社
朱鸿军	中国社会科学院
李红涛	浙江大学
张洪忠	北京师范大学
张毓强	中国传媒大学
周葆华	复旦大学
胡翼青	南京大学
黄顺铭	四川大学
童静蓉	英国莱斯特大学
Marina Svensson	瑞典隆德大学

前 言

《中国新闻业年度观察报告》是由中山大学传播与设计学院、中山大学全媒体研究院主办的新闻传播学学术辑刊，自2014年起由人民日报出版社出版。本报告遵循"独立、原创、可信"的理念，旨在观察中国传媒业一年一度的最新变化、事件、话题和趋势，关注重大问题，把握变化逻辑，进行理论阐释。《中国新闻业年度观察报告》（2021）包括年度专访、年度专题、年度观察、年度调查、研究述评五个部分。

第一辑的年度专访邀请到英国谢菲尔德大学数字社会学海伦•肯尼迪教授，就数据化如何影响人们日常生活、平台政治和数字新闻业分享了观点。肯尼迪教授认为，研究者除了从宏观层面描述大数据和数据化对社会的影响，更要从微观层面关注个体如何在日常生活中和数据化互动，因为差异化的个体经历能反映社会结构性不平等、数据利用背后的权力问题。

第二辑的年度专题是"重大公共事件的新闻发布与媒体报道"，包括四篇论文。张志安和冉桢的《"风险的社会放大"视角下的危机事件新闻发布研究》指出，自新冠肺炎疫情发生以来，作为风险沟通重要手段的政府疫情新闻发布，在传播政策、公开信息、回应关切、凝聚人心等方面发挥了重要作用；为进一步改善危机事件新闻发布的传播效果，需要调整新闻发布过程中行政逻辑与专业逻辑之间的关系，实现国家与公众、行政机构与专业机构之间权力的再平衡。邓理峰和张志安的《公共卫生危机情境里信息公开培育公共信任的路径分析》以新冠肺炎疫情期间广州市政府百天里百场新闻发布会的探索性实践为观察案例，从公共信任的三种主要来源，即理性、情感和信任文化，来理解和阐述突发公共卫生危机情境里信息公开培育公共信任的路径。

在新冠肺炎疫情的媒体报道方面，陈敏和张志安的《报道在云端：新冠肺炎疫情期间主流媒体的报道实践》总结了新冠肺炎疫情期间主流媒体利用云平台展开报道的实践得失，分析云传播时代媒体报道创新的特征及效果，并进一步探讨了未来媒体深化融合转型的努力方向。蔡雯和凌昱的《从新冠肺炎热点传播看新闻边界的颠覆与重构》指出，新冠肺炎事件传播中20个新闻热点事件大多由自媒体推动进入公众视野，而专业媒体仍是后续报道的中坚力量。多元主体介入新闻场域后，新闻边界日益模糊，新闻成为多元主体协作竞争的产物，新闻内容泛化，事实与意见的界限模糊，新闻的对话性与个人视角增强，传统新闻基模面临社交媒体新叙事的颠覆。

第三辑是中国新闻业的年度观察。这组文章延续了往年的写作思路，既包括以"重大公共事件报道与传播视觉化探索"为主题的中国新闻业总体趋势分析及2020年的重大传媒事件回顾，也包括传媒伦理问题、传媒法治、数据新闻、新闻摄影、公益新闻与公益媒体等具体领域的回顾和分析，着力把握这些领域的最新特点与变化趋势。

第四辑年度调查收录了多篇媒体的调查报告，包括中国广视索福瑞媒介研究（CSM）提供的《2020年电视新闻节目收视回顾》、林功成等的《2020年媒体短视频账号的现状分析及展望》《2020年媒体MCN的发展状况、运营策略及建议》等。曹艳辉和张志安的《地位、理念与行为：中国调查记者的职业认同变迁研究》基于中国调查记者的两次全国性普查数据，旨在从职业地位、职业理念、职业行为三个维度考察此群体的职业认同变化及影响因素。唐嘉仪的《转型与重构：网络新闻工作者的职业身份认同与职业理念认知》以问卷调查和深度访谈的方法，以广东地区的网络新闻工作者为研究对象，对职业身份认同如何影响网络新闻工作者新闻职业理念的认知情况展开讨论。研究发现：在开放式的新闻生产情境下，在网络新闻工作者职业身份角色不断重塑的语境里，新闻职业理念的未来不是消亡，而是转型与重构。

第五辑是中外新闻业的研究述评。徐桂权、刘逍懿对美国著名新闻学者迈克尔·舒德森的两本近著《为什么新闻业依然重要》与《新闻业：为何重要》进行了介绍，并认为舒德森的新闻思想在数字时代依然具有启发性。

白红义、张恬、李拓的《中国数字新闻研究的议题、理论与方法》在梳理中国数字新闻研究论文的基础上，总结了数字新闻研究的主要议题、理论资源和研究方法，以此描绘当前中国数字新闻研究的现状。方可成、范吉琛的《2020年全球新闻业研究趋势：世界的变化在新闻业的回响》重点梳理了四个议题的研究：新闻学研究中的"情感转向"，新闻工作中社交媒体的使用及影响，攻击、性骚扰等与记者安全相关的议题，以及疫情中的新闻学研究。徐桂权和徐贝贝的《2020中国新闻业研究十佳论文观点述评》从新闻研究的新趋势、新闻报道的新话题、新技术与新闻生产、用户与新闻的互动、新闻从业者与新闻劳动五个主题对本书编写组发起的"2020中国新闻业研究十佳论文"评选活动的获奖论文的新观点进行了述评。

作为《中国新闻业年度观察报告》连续出版的第八部，我们相信本书对中国新闻业的实践者与研究者都有重要的参考价值。我们也期望，通过我们持续的努力，《中国新闻业年度观察报告》能够凝聚国内新闻研究学者的智慧，观察新闻业、研究新闻业、服务新闻业，使之成为中国传媒研究的新标杆。

目 录

第一辑 年度专访

微观视角下的数据权力研究
——谢菲尔德大学数字社会学教授海伦·肯尼迪访谈
.... 张志安 黄桔琳 / 3

第二辑 年度专题：重大公共事件的新闻发布与媒体报道

"风险的社会放大"视角下的危机事件新闻发布研究
.... 张志安 冉 桢 / 17
公共卫生危机情境里信息公开培育公共信任的路径分析
.... 邓理峰 张志安 / 31
报道在云端：新冠肺炎疫情期间主流媒体的报道实践
.... 陈 敏 张志安 / 43
从新冠肺炎热点传播看新闻边界的颠覆与重构 .... 蔡 雯 凌 昱 / 54

第三辑　年度观察

重大公共事件报道与传播视觉化探索
　　　　　…………………………………………………张志安　姚　尧 / 79
2020年中国重大传媒事件点评
　　　　　………………………………………………………范以锦　周海涵 / 95
2020年传媒伦理问题研究报告
　　　　　……………………………《新闻记者》年度传媒伦理研究课题组 / 106
2020年中国传媒法治发展报告
　　　　　………………中国传媒大学文化产业管理学院文化法治研究中心 / 137
2020年中国数据新闻年度观察 …………………戴　玉　李唯嘉 / 154
2020年中国新闻摄影年度观察 ……………………杜　江　王　雪 / 162
2020年中国公益新闻与公益媒体年度观察 …………周如南　林咏菁 / 179

第四辑　年度调查

2020年电视新闻节目收视回顾 ………………………………娜布琪 / 193
2020年媒体短视频账号的现状分析及展望
　　　　　………………………………林功成　姚　尧　聂　鑫　李　伟 / 202
2020年媒体MCN的发展状况、运营策略及建议
　　　　　………………………………林功成　姚　尧　李静宇　吴浩旖 / 214
地位、理念与行为：中国调查记者的职业认同变迁研究
　　　　　………………………………………………………曹艳辉　张志安 / 227
转型与重构：网络新闻工作者的职业身份认同与职业理念认知
　　——一项广东地区的实证调查 ……………………………唐嘉仪 / 243

第五辑 研究述评

数字时代新闻业为何依然重要
——评迈克尔·舒德森的两本近著 ………… 徐桂权 刘逍懿 / 271
中国数字新闻研究的议题、理论与方法…… 白红义 张 恬 李 拓 / 280
2020年全球新闻业研究趋势：世界的变化在新闻业的回响
………………………………………………… 方可成 范吉琛 / 296
2020中国新闻业研究十佳论文观点述评
………………………………………………… 徐桂权 徐贝贝 / 311

附 录

2020年中国新闻业研究十佳论文评选结果 ………………………… / 320

第一辑

中国新闻业年度观察报告（2021）

年度专访

微观视角下的数据权力研究

——谢菲尔德大学数字社会学教授海伦·肯尼迪访谈

张志安　黄桔琳

【摘要】

　　本文通过专访英国谢菲尔德大学海伦·肯尼迪教授，探讨数据化和数据相关议题如何影响人们日常生活、平台政治和数字新闻业。肯尼迪教授认为，除了从宏观层面描述大数据和数据化对社会的影响，从微观层面关注个体如何在日常生活中和数据化互动也同样重要，因为差异化的个体经历能反映社会结构性不平等、数据利用背后的权力问题。关于平台和数据化，当下欧洲学界的讨论存在着过度强调隐私和监视的问题，并不一定能体现民众关切。另外，在数字新闻语境下，数据可视化对新闻生产中的客观性和透明性等原则带来了新挑战。对此，新闻从业者和受众都需要增强批判性思维能力，提高"数据素养"。

　　海伦·肯尼迪（Helen Kennedy）是英国谢菲尔德大学社会学院数字社会学（Digital Society）教授。从业20多年来，海伦·肯尼迪教授一直关注普通公众和数字技术发展的互动。她曾在东伦敦大学就职11年，其间她创办了英国最早的数字媒体专业。近年来，她的研究兴趣主要是日常生活中的数据化，公众对数据挖掘的认知，以及数据不平等、数据信任和数据可视化等议题。她所共同创办的"数据权力"国际学术研讨会（International Data Power Conference）从2015年起在世界各地高校举办，为全球学者探讨数据在当代社会中扮演的新角色提供了舞台。

2021年4月26日，肯尼迪教授在线上接受了中山大学传播与设计学院、中山大学互联网与治理研究中心主任张志安教授和英国谢菲尔德大学社会学院博士研究生黄桔琳的访谈。

一、日常生活与数据化

问：我们了解到您在谢菲尔德大学领导一项名为"Living with Data"的研究项目。您能否简单介绍一下这个项目？目前在进行哪些研究？

肯尼迪："Living with Data"包含了很多课题。我在这个领域已经研究了十多年。现在，我们的生活和数据生产的联系越来越紧密。很多以前并不以数据形式存在的事物，都在不断地被数据化，而这个进程又反过来影响了我们的生活特性。随着我们越来越依赖电子设备，像人际关系、货币交易方式、消费文化等日常活动都在不断产生庞大数据。

大约五年前，传播学者刚开始关注大数据、数据化（datafication）的时候，他们是由上至下地看待问题，偏向描述宏观现象，并没有关注数据对于人们日常生活的意义。不过，现在不一样了。全世界有很多学者都在关注日常生活和数据化的关系，所以，就科研基金申请而言，单凭这个研究视角已经不足以构成卖点了。

但是，我们仍然要更细致地探讨事物之间的区别。比如，在不同国家的语境下，数据生活有什么特征和差异？我们的数据是在被公有企业还是私有企业利用？不同类型平台的数据生产有什么区别？在不同语境下，人们对数据的感受是不同的。我认为这些差异就是未来的研究方向。数据化对不同群体的生活会带来不同后果。例如，数据对于我而言，可能只是被用来制订旅行计划。但对于边境移民来说，他们可能需要利用数据来进行生死攸关的决策。所以，我们要避免笼统地看待个体对于数据化的经历和感受，而要看到这些差异背后的社会不公。

我参与的课题经常关注两个方向：一是公共部门的数据运用，二是数据可视化的呈现。例如，我正在和利兹大学的克里斯托佛·安德森（Christopher Anderson）、乔吉娅·艾罗（Giorgia Aiello）和卡米拉·莫克·洛斯维（Camilla Mørk Røstvik）合作一项名为"Generic Visuals in the News"的课题。我们与BBC、金融时报和另一家英国企业合作，探索新闻生产中特定图像的角色。这些图像有着标准化格式和外观，被赋予特定的设计功能，并在新闻媒体的"公众召集"中扮演着日渐重要的角色。①

我们目前在做的另一个课题，名称本身就叫"Living with Data"（与数据共生），由慈善机构纳菲尔德基金会资助。它研究人们在日常生活中如何感受数据的不同用途，特别是人们认为如何利用数据是公正的。公正性（fairness）的概念在大数据政治的讨论中非常关键。目前，有很多社会运动围绕着数据的公正性、可靠性和透明性开展。有人会说，这些运动其实削弱了数据化议题的政治性，因为它在某种程度上暗示：只要从这些技术角度看问题，我们光凭一些技术性调整就能让这个系统"变得公正"，而社会结构性不平等、数据利用背后的权力问题却被模糊掉了。

而让我怀疑的是，和公众聊"大数据政治中的公正性"这样的话题真的有用吗？如果老百姓不熟悉这些政治词汇，我们或许就不该讲出来。就在纳菲尔德基金会资助的这个项目里，我们发现，当你直接询问老百姓特定的数

---

① 例如新冠肺炎疫情期间，有"疫苗瓶"元素的图像，就常被用于新冠肺炎疫苗流通的新闻报道上。——编者注

据实践公不公正时,他们会说,"我不知道你说的'公正'指什么"。他们会谈自己在乎什么、认为什么是恰当的。相比之下,"公正性"这个词在和公众沟通中似乎作用不大。不过,我们的研究还在继续,所以我还不能告诉你最终结论。

问:探索个体如何认识和感受数据化,也是在探究个人能动性和结构性力量之间的关系。您如何看待能动性(agency)和结构(structure)的关系?像克里斯蒂安·福克斯(Christian Fuchs)会认为社交媒体平台的数据挖掘,就是对用户的剥削。您是否认可这个观点?

肯尼迪:我不太认可这个观点,因为它太简化问题了。尽管我们受制于结构,但还是有很大的能动性,能做很多事。不然,这世界就是亘古不变的。经验证据告诉我们,如果我们坚持发挥能动性,改变就有可能发生。欧盟《通用数据保护条例》(General Data Protection Regulation,简称GDPR)就是人们积极游说、要求事情有所改善的成果。当然,这不是说所有人在任何时刻都有能动性。有权势的企业的确强大,围绕数据和数据化的权力关系是存在问题并让人担忧的。但人们针对这些议题能产生自己的政治主张,就已经证明了能动性的存在。虽然我们还没有完全厘清这些观点,但现状需要改变,并且改变已经在发生了。

举个例子,我们"Living with Data"课题组正在对英国国家卫生服务局新冠数据库(The NHS COVID-19 Data Store)进行案例分析。表面上,这个数据库收集与新冠有关的数据,能让我们更好地应对危机。但是,他们和一些私企签订了不对外公开的条约,包括Palantir——在全球,这个大数据公司涉足公共部门的数据已经有一阵子了。所以,游说人士担心他们会从中获利。关于他们能做什么、不能做什么的边界也很模糊。Palantir设计了平台数据管理的基础设施,所以他们不需要额外许可就能获得数据。之后,Open Democracy这个游说组织就声称要让合同公之于众,提起了上诉,并且最终打赢了官司。看,这就是关键所在,如果我们没有能动性,那这场法律诉讼的胜利就不会出现。

当然，不仅是能言善辩、受过良好教育、拥有政治素养的人会拥有能动性，各种草根和社会团体也会为自身的政治诉求发声。承认时下的结构限制，而不是承认这些结构性问题的合理性。现实表明，我们会让改变发生。

问：那么，关注个体能动性、从普通用户视角切入数据研究，它和我们比较熟知的媒体受众研究之间有什么相似性吗？

肯尼迪：有的。从公众自身角度出发，无论是分析媒体，还是分析数据化，研究重点都是放在个体的体验上。还有一个很好的例子，谢菲尔德大学（以下简称"谢大"）的一位教授曾经就把我的研究和消费者文化研究做对比。他说，学界曾把消费和消费者文化视作病入膏肓的东西，直到我们停止批判，转而开始真正了解消费者的行为，才看到人们在消费者文化中发挥着自身能动性，根据个人需求、自身利益来挪用文化。从此，我们看待消费和消费者文化有了更精微的视角。

数据研究也是这样。再举个有趣的小例子，也是一名同事告诉我的。在芬兰有个城市，当地政府原本计划砍掉一条有轨电车路线。如果乘客购买月票，那么乘车时不刷卡也没关系。久而久之，大家都习惯了坐车不刷卡，导致这条路线缺少乘车数据。所以，当时保护电车路线的发起人花了很多力气去动员乘客，通过刷卡来创造数据，告诉政府这条路线有很多人在乘坐。乘客主动生产的数据越多，这条路线就越不会被取消。所以，我认为这种自下而上的分析路径，对个体感受、行为和经历的关注，就是共同点所在。

问：总体来讲，数字媒体从业者该如何从这些研究中获得启发？

肯尼迪：这是个非常好的问题，我想这很难用一句话来回答。我一直很有兴致和从业者分享研究成果，并希望能为他们所用。而这需要对研究结果进行通俗化阐释，我们学者能做一点点，这个任务更多地落在从业者身上，因为他们最熟悉自己所在的领域。

另外，我们"Living With Data"课题组也做了一个文献综述，回顾了英国过去5年的个体生活与数据化互动的相关研究。在文章末尾的展望部分，我们对业界，包括数字媒体从业者提出了一些建议：从业者需要清楚地知道他们利用人们的数据做什么；为了获得公众信任，他们需要了解公众认为什么是公平的，特别是涉及社会边缘群体的议题时；他们需要知道潜在风险是什么，要意识到人们使用数据的情景是会变化的——虽然这是文献综述，但它覆盖了很多不同的实证研究。这也只是我们研究的一个小部分。

另外，为了让这个目标实现，学者还需要和这些机构建立良性关系。长期以来，我都在和BBC以及不同的数据机构合作，这有助于让他们聆听我们的研究发现。不过，你不能站到一旁呵斥、批评他们。你需要打入机构内部，建立关系，这样人们才愿意听你说。

二、平台政治与数据化

问：我们还想听您多聊聊平台政治的议题。因为数据化是平台的三大机制之一，像范·迪克（José van Dijck）就把数据比喻成平台生态系统的氧气，我们很难脱离平台的语境来谈数据。而当英国和欧洲学者聊到平台时，我们经常能看到很多围绕隐私议题的担忧。不过，我们记得您好像认为这种对隐私的过于关注是存在问题的。如何理解这个观点？

肯尼迪：好问题。我的确是这么认为的。从两方面来解释吧。第一，这有点像我们刚提到的"公正性"概念使用的问题。从某种程度上来说，隐私议题个体化了平台获取庞大数据产生的问题，把我们的注意力从背后支撑平台的政治力量、权力不平等分配和社会不公的再生产这些点上挪开了。这是我认为关注隐私不是好事的原因之一。

第二，人们不一定关心这个事情。我认为目前数据研究过分强调了隐私和监视问题。当你向民众了解他们究竟在乎什么时，这些观点不一定帮得上忙。我在一项很小型的研究里用过一个原则，但受用至今：我不想问人们如何看待隐私，我也不想问他们如何看待监视，我只想问他们自己的想法。这样，他们可以选择要不要谈隐私或监视问题——然而，这两者经常不是他们会讲的东西，他们真正在乎的是社会不平等这类议题。

几年前，我在给BBC的iPlayer网络视频平台做调研。原本，这个平台的内容是不需要登录就直接能看的，后来他们增加了条件，你必须登录账号才行。这是个收集数据的过程，这样平台就知道他们的用户是谁了。当时，我们也和BBC合作调研了民众怎么看待新增的登录需求。其中，有个焦点小组的被访者都是低收入群体，他们说："你必须付钱才能看电视是一件特别糟糕的事，因为穷人负担不起这个。"这个话看上去答非所问，但实际上，他们的确在回答问题：是社会不平等影响了谁能用iPlayer，谁又会因为没账号而被平台拒之门外。有些人根本没办法去想账号登录这回事，因为你必须付钱买这个电视许可证。所以，询问人们想法时要保持开放，要相信他们真的在回答你的问题——尽管看上去可能不像，这样能了解到非常有趣的事情。

我在谢大社会学院的数字媒体与社会（Digital Media and Society）硕士研究生项目里，设计了"社交媒体，数据与社会"这门课程。之前，我们给学生布置了大概十个不同的论文方向，其中有两个题目分别是关于隐私和监视的，结果，几乎所有学生选的都是这两个方向。对打分老师来说，这简直太难了，因为所有人都在回答同样的问题，特别是你还认为这两个领域根本不是最有趣的。后来，为了让打分过程更有乐趣，我们直接把隐私和监视的问题从课程里去掉了，来引导学生思考更多事情。

问：这种对于隐私的关注是否限制了欧洲平台发展？比如客观来说，英国和欧洲没有超级互联网平台，有观点认为，过度强调隐私保护也是欧洲难以出现超级互联网平台的原因之一。您是否认可这种观点？

肯尼迪：我同意英国和欧洲没有超级平台。虽然在垂直领域，比如外卖，有成规模的平台，但肯定没有超级社交媒体平台。

我认为平台的发展应该注意到人们在关心、担忧什么。如果人们不喜欢平台的某些行为，那平台就应该在心里亮起红灯，做出改变。那么，这些政见影响到平台发展了吗？我认为还不够。平台应当更加留心，不然时间一长他们可能会流失用户。不过，目前这种现象还没发生，因为用户别无选择，我们必须通过平台来参与社会活动。

未来，我希望人们能够用脚投票，能选择别的平台。这个前景非常复杂，因为我们很难脱离某些平台。比如，在中国，要离开微信就是一件非常难的事。不管微信如何获取、使用和存储你的私人数据，你的生活都很难离开它。类似的情况也在西方某些平台上演。但是，我真的希望看到改变发生。我认为平台确实有留意到人们不喜欢什么，不一定是关于隐私的，也有别的方面。我希望未来会更好。

问：说回和平台相关的数据管理（data management）问题。我们了解到您在专门研究英国民众对个人数据管理的认知，可以分享一下吗？

肯尼迪：这挺复杂的，我们总结出了8种英国民众管理个人数据的模式，其中包括当下常见的：为了获得平台服务，我们不得不用自己的数据作为交换，然后企业会从中获利。也有人会把自己的数据交给第三方非营利机构进行管理，而不是交给商业机构，这涉及数据信任的问题。还有人选择退出（opt-out）个人数据的收集系统，这样就能完全掌控自己的数据了。

目前，我认为所有研究结果都指向：人们不喜欢当下数据收集和使用的方式。在调研中，大部分的民众反馈是负面的。这告诉我，这个系统出问题了。如果你想让民众感到舒适、获取他们的信任，那就必须做出改变。

问：不知道您是否有留意到近期英国Uber被司机起诉的事件？Uber司机起诉Uber没有为他们提供足够的福利和劳动保障，而Uber辩解称这些司机并不属于平台的员工。最终，法院判决这些提起诉讼的司机获胜，Uber必须将司机视作雇用员工。您怎么解读这件事？

肯尼迪：尽管平台不是我最擅长的领域，我试着回答一下吧。我也做过数字劳工的相关研究。我认为，这是平台如何通过"平台"这个称呼来服务于自身利益的问题，是塔尔顿·吉莱斯皮（Tarleton Gillespie）写到过的。企业把自己称作"平台"，是能帮助他们开脱责任的。Uber潜台词就是：我们只是个技术平台，司机和乘客接触产生的后果和我们没关系；我们也不和司机接触，所以我们没责任。在过去，YouTube也说过同样的话：我们不对内容负责，即使是一些极端的种族歧视的言论。Facebook也一样。"平台"这个描述体现了这些企业的利益。

我认为平台当然有责任，他们应当负起更多责任并被法律规定下来。Uber案件就让司机拥有了更多合法权利。而且我认为，把现实世界发生了什么和学术争论联系起来是一件好事。单纯聊平台为什么要用"平台"这种称呼，其实有点抽象，但这确实与人们的利益息息相关。

三、数字新闻业与数据可视化

问：在您看来，在欧洲数字新闻业语境下，数据和数据可视化对新闻叙事产生了哪些影响？

肯尼迪：首先要声明，我不是个新闻学者，也不算是数字新闻领域的专家。像之前说的，我的研究关注数据可视化。我感兴趣的是，数据和数据可视化的广泛应用，对新闻业的核心原则和一些理念可能产生哪些挑战、影响和变化，这涉及客观性、透明性，还有围绕数据产生的不确定性。

目前，我和利兹大学同事合作的"Generic Visuals in the News"课题中，我们对来自5个欧洲国家的45个新闻编辑室进行了60次访谈。其中，大部分专业的数据视觉设计师，都不认为数据可视化是客观的，都认为它陈述的不是客观事实，而是通过人为选择来塑造的特定故事。不过，尽管这些新闻从业者能看到数据可视化是选择的结果，但他们经常忽略数据本身也是选择的结果。

实际上，在数据挖掘、筛选和归类的过程中，人们一直都在做出选择。我们决定了哪些数据该被收集，哪些数据是"好"的，哪些是"坏"的，哪些数据被排除在数据组之外。数据生产本身和数据可视化的过程一样，都不是客观的，但人们只察觉到后者的问题，这很有趣。关于透明性的争论，围绕着数据来源、原始数据的处理过程等展开。这涉及技术研究的议题，例如，面对数据我们应该做什么、不应该做什么。

另外，数据具有不确定性，那么我们该如何在数据可视化中来表现这种不确定性呢？有趣的是，尽管新闻从业者能意识到数据存在不确定性，但他们却很少借用现成的视觉技术，例如标注灰色区域或者模糊图像，来传达这种不确定性。这也引发了一些争议。

再分享个有趣的话题，虽然聊的人不多。数据可视化在传播过程中，会脱离原始的生产语境，就可能导致误用。那么，我们该如何阻止数据可视化被不受控地滥用和误读呢？对此，新闻从业者也在寻找策略。比如，在一篇报道里，传统做法是把文字单独放在图片文件的上方或者下方，但为了避免图片传播缺少解释信息，我们可以直接把文字嵌入图片中，这样就能更精准地为视觉信息的解读划定范围。目前，针对数据可视化带来的这种新问题，新闻从业者已经开始建立视觉规范（visual norm）。越多新事物出现，越多规范就会被建立。

问：数据和数据可视化的广泛应用，给新闻从业者带来了哪些挑战？

肯尼迪：首先，这对记者的技能是一个挑战。记者需要有获取数据的渠道，还要弄懂数据、向读者阐释它在新闻中的意义。在这个过程中，我认为批判性思维能力特别重要。因为你不能全盘吸收、照搬数据的表面价值，你还要准确判断出数据组的可信度。

另一个挑战是，我们该如何围绕数据来讲好故事。过去，我们困惑数据主导的故事，到底能不能回应公众关切。不过，在新冠肺炎疫情期间，我们发现数据和数据可视化已经在新闻作品里承担起了这个重要角色。总的来说，记者需要在新闻叙事中把数据视角和大众视角结合起来。

所以，一个挑战针对新闻专业素养，一个挑战与受众有关，我相信记者要克服的挑战还有更多。

问：新闻受众该如何看待新闻中越来越普遍的数据可视化信息？

肯尼迪：受众需要拥有批判性思维能力，去了解该如何解读数据可视化。具体来说，我们要学着区分什么是"好的"数据可视化，什么是"坏的"数据可视化。我们要反思数据特定的呈现方式背后是哪些决策的结果，是否存在刻意误导的倾向。例如，有些图表会特意隐去数字背后"0"的数量，好让这些数据一眼看上去远远比真实数据小，给受众制造一种错觉。所以，我们要了解到决策者如何试图影响、引导我们对数据的解读方式。

（张志安，中山大学传播与设计学教授，中山大学互联网与国家治理研究中心主任，中国外文局中山大学粤港澳大湾区国际传播研究中心主任，中国新闻史学会应用新闻传播学会会长；黄桔琳，谢菲尔德大学社会学院博士研究生。）

第二辑

中国新闻业年度观察报告（2021）

年度专题：重大公共事件的新闻发布与媒体报道

"风险的社会放大"视角下的危机事件新闻发布研究

张志安 冉 桢

【摘要】

自新冠肺炎疫情发生以来,作为风险沟通重要手段的政府疫情新闻发布,在传播政策、公开信息、回应关切、凝聚人心等方面发挥了重要作用,但也存在发布信息不专业、回应质疑不充分等问题。本文以"风险的社会放大"为理论视角,对作为风险沟通手段的政府疫情新闻发布进行分析。研究发现,作为风险沟通手段的政府新闻发布,在新闻发言人行为表现、疫情信息的专业供给、公共传播的价值表达等方面均存在不足。为解决这些问题,需要调整新闻发布过程中行政逻辑与专业逻辑之间的关系,实现国家与公众、行政机构与专业机构之间权力的再平衡。

【关键词】

新冠肺炎疫情;新闻发布;风险沟通;风险的社会放大

一、导言:作为风险沟通方式的政府新闻发布

此次新冠肺炎疫情,既是新中国成立以来在我国发生的传播速度最快、感染范围最广、防控难度最大的一次重大突发公共卫生事件[①],也是当前全球共同面临的重大风险。作为人类社会的重大危机,新冠肺炎疫情在个体、国

---

① 习近平.在统筹推进新冠肺炎疫情防控和经济社会发展工作部署会议上的讲话[N].人民日报,2020-02-24(002).

家、世界三个层面都带来巨大挑战：个体层面，新冠肺炎是当前公众生命安全的首要威胁；国家层面，新冠肺炎对国家的经济社会秩序造成了冲击，也对国家的治理体系与能力提出了考验；世界层面，新冠肺炎不仅冲击了全球经济，更引发了意识形态冲突与全球治理体系的动荡。

在新冠肺炎疫情冲击全球经济社会秩序、疫情防控仍然面临诸多不确定性的情况下，政府在很大程度上承担起了风险治理的主导角色，新闻发布也成为作为风险治理主体的政府开展风险沟通的主要方式。在此次疫情中，政府疫情新闻发布主要由疫情通报、防控动态、知识科普、复工复产四部分内容组成，呈现出"危机化解为主导，知识传播为支撑，多元参与为辅助"的特征。

具体而言，在此次疫情中，危机化解的功能贯穿政府疫情新闻发布的始终。疫情发生初期，政府的疫情新闻发布集中体现为使用多种传播方式动员或强制公众开展行动，在最大程度上切断病毒的传播路径。疫情进入中期，"外防输入，内防扩散"成为疫情防控的基本原则。政府的疫情新闻发布工作集中于对输入性病例与无症状感染者的通报，以及对复工复产政策举措的解读。疫情发展至今，已经不再是单纯意义上的公共卫生危机，而是具有多重社会—政治后果的社会危机。立足本土，国家将面临国内外的经济衰退、种族与地域歧视、贸易壁垒与猜忌、民粹与极端思潮等诸多风险。从应然的角度来说，作为危机管理的前端，新闻发布需要做好全程介入相关危机管理的准备。

健康知识科普是化解公共卫生危机的重要路径。由官方机构发布病毒科普信息不仅能消除公众对病毒的恐惧，还能提升公众的自我保护意识，最大限度地减弱疫情对公众的影响。就此次疫情而言，政府的健康知识科普主要涵盖新型冠状病毒属性科普、公众防护措施科普、疫情辟谣、旅行建议与问题回应等。在提供防护与保障的层级方面，鉴于国家与地方、地方与地方之间的差异，疫情新闻发布形成了中央—地方的协同态势：以国务院联防联控机制新闻发布会为代表的国家新闻发布，侧重从宏观层面介绍国家疫情防控的进展、政策举措与防护知识。地方新闻发布则根据自身实际，以发布会、通告、疫情防控公众服务平台等多种形式，发布所在区域的疫情进展、防护举措与复工复产帮扶政策等。国家层面和地方层面的新闻发布形成有效互补、共同发挥作用。

回应公众关切是疫情新闻发布的核心目标。新冠肺炎疫情的信息传播伴随着大量未经证实的传言和消息，极易引起社会恐慌，为此需要及时回应和澄清。新冠肺炎疫情的新闻发布工作，兼具参与主体多元、综合性与专业性结合的特点。疫情防控新闻发布工作的多元主体参与，有利于公众从不同层面、多角度、全方位地获取信息，进而最大限度地满足知悉需求，并就疫情防控的相关举措达成共识。以广州市为例，截至2020年3月7日，广州共累计举办疫情防控新闻发布会34场，涉及市政府办公厅、市卫健委、市发展改革委、市商业局、市市场监管局等169家单位，共计274名发布人参与发布工作。他们从疫情防控举措、医学知识科普、复工复产解读等多重维度回应公众关切，为维护当地经济社会秩序稳定、提升公众抗疫信心等方面提供了重要助力。

总体上，政府疫情新闻发布在纾解公众焦虑、引导网民情绪、促进社会共识等方面发挥了重要作用。然而，我们也需要注意到在疫情防控过程中，政府疫情新闻发布工作还存在一些问题，进而导致作为风险沟通的新闻发布的传播效果受限。本文将疫情期间的相关政府新闻发布视作疫情风险沟通的基础手段，在文献梳理与经验观察的基础上，以"风险的社会放大"框架为理论视角，以该框架中作为社会站的政府新闻发布为研究对象，来对政府疫情新闻发布中存在的问题进行分析，并在此基础上，对提升新闻发布的传播效果提出改进建议。

二、文献综述：风险沟通与"风险的社会放大"理论

（一）风险沟通的研究路径

风险沟通的传播效果在实际运行中受到公众行为、社会语境与风险决策者自身境况等多重因素影响。国外的风险沟通研究主要由以下几个路径

组成。

1. 个体认知—行动路径

这一路径的理论主要包括心理噪声模型（Mental Noise）[1]、心理模型（Mental Model）[2]、扩展并行过程模型（Extended Parallel Process Model）[3]、风险信息搜寻与处理模型（Risk Information Seeking and Processing）[4]等理论模型。它聚焦个体认知及其引发行为对风险沟通效果的影响，以及个体风险感知与应对的影响因素。它所强调的是在开展风险沟通时，事先对公众进行详细了解（心理、情绪、需求、行动等）的必要性。

2. 个体—组织关系路径

这一路径主要包括美国国家科学院（National Research Council）关于风险沟通的研究[5]、描述—经验差异理论（Description-Experience Gap）[6]、风险的危害+愤怒理论（Hazard Plus Outrage Model）[7]、社会信任理论（Social Trust）[8]、关系辩证理论（Relational Dialectics）[9]等。这一路径基于个体与组织之间的关系来探讨风险沟通的影响因素，它强调作为风险沟通者的组织与公众之间的信任建立与关系维系是风险沟通得以发挥效果的重要前提。

---

[1] David B. McCallum, Sharon Lee Hammond, Vincent T. Covello. Communicating about Environmental Risks: How the Public Uses and Perceives Information Sources[J]. Health Education Quarterly, 1991, 18(3):349.

[2] Branden B. Johnson. Risk Communication: A Mental Models Approach[J]. Risk Analysis, 2002, 22(4).

[3] Kim Witte. Fear Control and Danger Control: A Test of the Extended Parallel Process Model (EPPM)[J]. Communication Monographs, 1994, 61(2):113-134.

[4] Robert Griffin,Sharon Dunwoody,JanetYang,Testing the Robustness of a Risk Information Processing Model,Communication Yearbook,2012,36: 323-362.

[5] NRC(NationalResearchCouncil).Understanding Risk:Informing Decisions in a Democratic Society[M].Washington,DC:National Academy Press,1996.

[6] Robin Hau, Timothy J. Pleskac, Jürgen Kiefer. The Description-Experience Gap in Risky Choice: The Role of Sample Size and Experienced Probabilities[J]. Journal of Behavioral Decision Making, 2008, 21(5):493-518.

[7] Covello V.T., Mccallum D.B., Pavlova M.T..Hazard versus Outrage in the Public Perception of Risk[M]// Sellnow, T. L. , Seeger, M. W. , Ulmer, R. R. ,Littlefield, R. S. . Effective Risk Communication.New York: Plenum Press, 1989:45-49.

[8] Cvetkovich,G.,M.Siegrist,R.Murray,S.Tragesser.New Information and Social Trust:Asymmetry and Perseverance of Attributions about Hazard Managers[J].Risk Analysis,2010,22(2):359-367.

[9] Littlefield, R.S. ,T.L.Sellnow. Risk and Crisis Communication: Navigating the Tensions Between Organizations and the Public[M].Lanham, Maryland:Lexington Books ,2015 .

3.文化价值认同路径

这一路径主要包括社会网络传染（Social Network Contagion）[①]、地方知识（Local Knowledge）[②]、文化偏见（Cultural Bias）[③]等理论。这一路径强调，人们对风险的认识、评价、传播和应对都会受到其所处社会的道德规范、价值观念和意识形态等文化因素的深刻影响。[④]因此，尊重公众所属社群的文化传统与道德理念，是开展风险沟通的必要前提。

（二）"风险的社会放大"：一个综合性分析框架

1988年由罗杰·E.卡斯帕森（Roger E.Kasperson）等人提出的风险的社会放大框架（Social Amplification of Risk Framework）将风险评估、风险感知、社会文化环境、社会制度进行了整合，认为风险事件与心理的、社会的、制度的和文化的过程之间的相互作用会增强或减弱公众的风险感知度并形塑风险行为。[⑤]这一框架指出，风险信息从信息源、信息渠道、社会站、个人站和社会站及社会行为这五个方面进行反馈与巡回，在个人站与社会站对风险信息的异质性处理与解读过程中，风险被放大或缩小，并由此生发出由个体到社会的涟漪效应，产生各种社会影响。

在风险的社会放大过程中，专业媒体一般被视为放大风险的重要因素。有研究指出，在风险沟通过程中，专业媒体的报道往往会引发相关的次生风险，但负责风险管理与沟通的政府通常未能意识到或正确地解决这个问题。这种二元对立会导致关于风险的报道越来越多，并由此引发公众的愤怒情

[①] Clifford W. Scherer, Hichang Cho. A Social Network Contagion Theory of Risk Perception[J]. Risk Analysis,2003,23(2):261-267.
[②] Brian Wynne.Social Identities and Public Uptake of Science: Chernobyl, Sellafield, and Environmental Radioactivity Sciences[J]. Radioactivity in the Environment,2013,19:283-309.
[③] M. Douglas, A. Wildavsky. Risk and Culture: An Essay on the Selection of Technological and Environmental Dangers[M].Berkeley: University of California Press, 1983:1-15.
[④] 黄清.国外风险传播研究的路径、框架和启示[J].国外社会科学,2018(06):137-144.
[⑤] 汤景泰,巫惠娟.风险表征与放大路径：论社交媒体语境中健康风险的社会放大[J].现代传播（中国传媒大学学报）,2016,38(12):15-20.

绪，但却没有对风险的解决提供任何支持。①

此外，还有研究强调了填补风险信息空白的重要性。风险信息的缺失是风险得以被放大的重要原因：当专家拒绝提供信息时，信息饥渴的公众会用谣言、臆断和不太科学的理论来填补空白。来自专家和决策者，特别是监管机构的沉默，会在风险人群中滋生恐惧和怀疑，并使以后的风险沟通更加困难。②

就风险沟通的效果提升层面，有研究者认为，风险的社会放大框架至少为风险沟通者提供了两点启示：首先，要在充分了解公众需求的基础上，积极规划与应对风险所引发的社会涟漪；其次，要以及时、频繁、充分的风险沟通，对冲其他组织与个人所生产的关于风险的不准确的信息，以及信息饥渴的公众在接触此类信息后的不理智行为。③

通常，在"风险的社会放大"框架的视野下，风险信息多由专业媒体传播。此次疫情发生以来，政府疫情新闻发布成为风险沟通中的核心信息来源，承担起风险沟通者的角色。本文尝试运用"风险的社会放大"作为理论视角分析疫情新闻发布的表现和效果，以期为后续研究提供启示。

三、"风险的社会放大"框架下的疫情新闻发布

作为风险沟通方式的疫情新闻发布，可以被视作基于对公众心理需求进行满足的过程，即通过发布疫情信息来完善公众的风险认知，进而建立组织与公众之间的信任，提振公众抗击疫情信心的过程。④

就公众的心理需求而言，在诸如疫情等突发公共事件中，焦虑与恐慌的公众会产生一种在心理学上被称为"秩序需求"的心理需求：它并不单单指

---

① UK Department of Health. Social Amplification of Risk: The Media and the Public[R].2003. http://www.hse.gov.uk/research/crr_pdf/2001/crr01329.pdf.
② Leiss, W.,D.Powell. Mad Cows and Mother's Milk: The Perils of Poor Risk Communication [M].2nd ed. Montreal, Quebec, Canada: McGill-Queen's University Press,2005.
③ Regina E. Lundgren and Andrea H. McMakin. Risk Communication: A Handbook for Communicating Environmental, Safety, and Health Risks[M].6th ed. Hoboken,NJ,USA:JohnWiley&Sons Inc., 2018:6.
④ 王俊秀.信息、信任、信心：疫情防控下社会心态的核心影响因素[N]人民周刊.2020-02-07(11).

生活的有序，更是指一种更抽象意义上的秩序性，包括一切能够为个体提供规律感、秩序感、确定感的事物。这种心理上的秩序需求，从某种程度上来说是一种公众的心理补偿机制，"在自己无力掌控的条件下，如果政府和社会组织能够提供保障和支持，让民众感知到世界仍然是有秩序、有规律、有确定性的，就能够带来心理补偿，觉得生活环境还是安全的"①。

在这一心理机制的驱动下，研究者进一步指出，公众会产生信息寻求与责任归因等行为，以及表达自身价值观念的强烈意愿。②从"风险的社会放大"框架的视角出发，此次政府的疫情新闻发布所暴露出来的问题，在很大程度上都可以归咎为作为风险沟通者的政府没能够满足公众疫情期间的这种特殊的心理秩序需求。加之疫情新闻自身的传播形式的影响，疫情新闻发布中所暴露出来的问题，很容易通过互联网与社交平台曝光与扩散。

总体上，疫情新闻发布过程中出现的问题主要包括三个维度：新闻发言人行为表现未能满足公众对风险沟通者的角色期待；疫情信息的专业供给没能满足公众对疫情信息的明确性、规律性、可解释性、可信赖性等需求；新闻发布中的公共传播和道德观念未能与社会主流价值完全契合。上述三个维度的问题与网络的传播扩散共同作用，引发了一部分公众的质疑、对地方政府信任度下降，以及网络舆情事件等。

（一）新闻发言人行为表现未能满足公众对风险沟通者的角色期待

风险沟通者在风险沟通的过程中所展现出来的能力是影响风险沟通传播效果的重要因素。就疫情风险沟通而言，新闻发言人需要做的，不仅是通报疫情进展、介绍防控举措，更要做到在洞悉公众心理需求的基础上，对公众关切进行及时、充分、有效的回应。公众对于新闻发言人的角色期待，很多时候呈现为对风险沟通者责任担当的形象期待：风险沟通的过程中，公众关心的不仅是疫情数据是否精确，还有风险沟通者是否关心自己的生命安全与

---

① 郭永玉.不确定性疫情背景下的社会心理建设[J].苏州大学学报(教育科学版),2020,008(002):25-27.
② 郭永玉.不确定性疫情背景下的社会心理建设[J].苏州大学学报(教育科学版),2020,008(002):25-27.

经济利益；知识与信息的占有程度并不是获取信任的核心，公众眼中能够仗义执言、维护其利益的人方能获得最大限度的信任。看不到对公众利益的关照，没有情感关怀的风险沟通，其传播效果的局限是可以预料的。①也就是说，在疫情新闻发布中，新闻发言人所呈现的角色，应当树立"以人民为中心"的理念，将公众的生命安全放在首位。

实际的情况是，疫情新闻发布过程中，少数新闻发言人在新闻发布会上低头念稿、在回应记者提问时答非所问、以套话方式进行疫情通报等行为表现，因未能满足公众对风险沟通者的角色期待而引发质疑。比如，在疫情新闻发布环节全程低头念稿，难免会给公众留下疫情信息掌握不充分的印象，并进一步引发对风险管理者的能力质疑。以湖北省为例，截至2月7日共举办新冠肺炎防控工作新闻发布会17场，每场均存在新闻发言人低头念稿的现象。相反，2月3日央视《新闻1+1》节目中，温州市长姚高员在接受提问时，全程脱稿回答，叙述条理清晰，数据引用准确翔实，受到一致好评。风险沟通者所呈现的能力，以及他们留给公众的印象，是影响风险沟通传播效果的重要因素。一个专业素养不高的风险沟通者，会让公众产生风险管理者是否称职的疑虑，进而导致从风险认知框架的搭建到风险措施的施行的全面溃败。

新闻发言人行为表现所存在的问题还表现在回应记者提问时的答非所问。1月30日，湖北省委主要领导首次出席湖北省肺炎防控工作新闻发布会，中央广播电视总台记者提问"如何看待武汉返乡人员家门被堵，很多地方设置路障阻碍交通？"以及"湖北武汉市医护用品紧缺是个案，还是普遍现象？"。第一个问题，发言人没有直接回答，而是以湖北省采取的限制人员流动的措施作为回应。第二个问题，也直接没有回应。随后在政府公布的新闻发布会文字稿中，记者提的第二个问题也被删去。回答提问时的语焉不详或问题回避，会给媒体与公众留下"躲躲闪闪"的印象，进而产生风险信息传递的"真空"。有研究指出，当存在风险信息的"真空"时，信息饥渴的

---

① 汪新建.抗疫：社会心理学的省思（一）情感治理视角下的疫情心态治理[Z/OL].微信公众号"新外大街十九号",2020-02-19.

公众会以谣言、阴谋论等信息对此进行填补，进而引发一系列异常行为。①

此外，以套话方式回应记者提问也是疫情新闻发布中新闻发言人的不当行为之一。2月3日，湖北某市召开第四场新闻发布会，在回应"疫情防控工作整体情况是怎样的？""在阻断疫情传播方面有哪些具体措施？""目前的收治救治情况又是怎样的？"等问题时，该市市长回应称："市委、市政府全面进入战斗状态，科学布置，精准施策，强化工作责任、强化摸排掌控、强化封控管理、强化科学救治、强化物资保障、强化社会稳控，打好打赢疫情防控阻击战……"②这个回应在网上引起较多批评，还有微信公众号专门发表评论称《×××市长：你的自我表扬来得早了一点》。

（二）疫情信息供给未能满足公众对风险信息的特殊需求

由于不确定情况下"秩序需求"的心理补偿机制的作用，疫情期间，人们会产生疫情信息的寻求行为，并尝试对其进行责任归因。就信息属性而言，出于消除不确定性的目的，公众认为值得信任的信息至少应具有明确性、规律性、可解释性、高可信度四个特征。③然而，这次疫情新闻发布的初期，疫情信息供给方面所存在发布口径不统一、事实表述不清等问题，使部分公众在寻求疫情信息过程中产生认知困惑，进而在进行责任归因的过程中产生了不当归因，由此对疫情新闻发布的风险沟通效果产生负面影响。

发布口径不统一方面，尽管新冠肺炎病毒的研究本身具有渐进性，公众也对相关研究进展的修正具有一定认识与合理期待，但考虑到疫情期间的公众心理与精神状况对风险沟通效果的潜在影响④，在疫情新闻发布中，这种渐进性应当被控制在一个较为合理的范围之内。统一的疫情信息发布口径是实

---

① Leiss, W.,D.Powell. Mad Cows and Mother's Milk: The Perils of Poor Risk Communication [M].2nd ed. Montreal, Quebec, Canada: McGill-Queen's University Press,2005.
② 孝感市政府新闻办公室.孝感市召开第四场新闻发布会介绍孝感疫情防控工作情况 [EB/OL]. (2020-02-03)[2020-04-08].孝感市人民政府网站.http://www.xiaogan.gov.cn/xwfb/745298.jhtml.
③ 郭永玉.不确定性疫情背景下的社会心理建设 [Z/OL].微信公众号"新外大街拾玖号",2020-04-06.
④ David B. McCallum, Sharon Lee Hammond, Vincent T. Covello. Communicating about Environmental Risks: How the Public Uses and Perceives Information Sources[J]. Health Education Quarterly, 1991, 18(3):349-361.

现这一目标的根本手段，它为公众构建了关于疫情的相对清晰稳定的认知框架，并为公众实行风险应对举措提供了心理基础。倘若在疫情新闻发布工作中不能够做到统一口径，公众关于疫情的风险认知框架在很大程度上将会是不完整的，甚至出现错误的信息接收与概念认知。

以关于"新冠病毒是否存在气溶胶传播"的新闻发布为例。2月8日，在上海市疫情防控工作领导小组新闻发布会上，新闻发言人表示："卫生防疫专家告诉我们，目前可以确定的新冠肺炎传播途径主要为直接传播、气溶胶传播和接触传播。"[1]这一说法迅速引起普遍关注，大量公众对气溶胶传播的风险产生疑虑。2月9日上午，国家卫健委新公布了《关于印发新型冠状病毒感染的肺炎诊疗方案（试行第五版 修正版）》。其中显示，经呼吸道飞沫传播和接触传播是主要的传播途径，气溶胶和消化道传播途径"尚待明确"。[2]当天下午，在国务院联防联控机制新闻发布会上，中国疾控中心传染病处研究员详细解释了气溶胶传播的定义与发生条件，回应称："目前新型冠状病毒主要是飞沫传播和接触传播。没有证据显示新型冠状病毒通过气溶胶传播。"[3]这个案例中，关于气溶胶传播的表述前后不一致，容易引发网民对地方主管部门新闻发言人表达不专业、不充分的质疑。

疫情新闻发布表述不清、语焉不详，不仅会导致公众关于疫情信息的认知混乱，还有可能导致公众对疫情进行错误责任归因，进一步爆发网络谣言，给疫情防控和风险沟通造成不必要阻碍。根据"风险的社会放大"后续研究中关于"信息真空"的讨论，倘若公众关于责任归因的认知需求得不到满足，依据心理完形机制，取代风险信息的将是公众基于官方给出的表述不清、语焉不详的有限信息所得出的作为补充性存在的阴谋论与谣言，这些内容的网络传播对疫情防控显然是不利的。

---

[1] 俞金旻，靳晴.卫生防疫专家：新冠肺炎传播途径包括气溶胶传播[EB/OL].新京报网.(2020-02-08)[2020-04-08].http://www.bjnews.com.cn/wevideo/2020/02/08/686361.html

[2] 国家卫健委医政医管局.关于印发新型冠状病毒感染的肺炎诊疗方案（试行第五版 修正版）的通知[EB/OL].中华人民共和国国家卫生健康委员会.（2020-02-08）[2020-04-08].http://www.nhc.gov.cn/yzygj/s7653p/202002/d4b895337e19445f8d728fcaf1e3e13a.shtml.

[3] 刘欢.尚无证据显示新冠病毒通过气溶胶传播[EB/OL].新华网.（转载自《北京日报》）.(2020-02-10)[2020-04-08].http://big5.xinhuanet.com/gate/big5/www.bj.xinhuanet.com/2020-02-10/c_1125552070.htm.

（三）疫情新闻发布中表达的情感与价值观未能与社会主流充分契合

疫情期间"秩序需求"的心理补偿机制的另一个重要维度，在于经历突发公共事件的民众会更多地关注和思考与价值观有关的社会和人生问题，并且有强烈的意愿来表达自己的价值判断。"价值观是人们判断事物的是非、好坏、美丑和意义的信念系统，关系到人们对于人生目标、社会准则、理想信念等重要问题的认知评价和情感体验。在此意义上，价值观是支持人们社会秩序感知的一把无形的标尺，符合内心价值判断的事物能够给人以秩序性的慰藉和支撑。"[①]然而，在疫情新闻发布过程中，一些风险沟通者在告知公众事实的同时，未能在情感与价值观层面与公众形成共鸣，降低了疫情新闻发布的传播效果，这一问题集中体现在由疫情防控措施引发的热点事件舆情回应中。

天津市公安局红桥分局的微博账号@平安红桥关于疫情期间街道综合执法队与物业公司殴打辖区居民的回应便是案例之一。该回应全文如下："2月29日，公安红桥分局依法查处一起殴打他人治安案件。2月28日16时许，红桥区咸阳北路街综合执法队与彰武楼物业工作人员对彰武楼校区开展卫生清整工作。期间，对该小区居民张某某（男，57岁，天津市人）堆积的杂物进行清理时，张某某进行阻拦。物业工作人员李某（男，42岁，天津市人）遂对张某某实施推搡、拖拽等殴打行为。接举报后，公安机关对李某依法传唤，其对上述事实供认不讳。2月29日，根据《中华人民共和国治安管理处罚法》第43条规定，公安红桥分局对李某依法行政拘留10日，并处500元罚款。"这条微博一经发出，旋即引发关注和热议。截至2020年4月26日，@平安红桥关于此案件的情况通报已有转发6593条，评论19335条。微博网民除了对当事人李某表达愤怒的情绪外，也对红桥公安对李某的处理产生了质疑。多数网民认为公安机关对于李某的处罚过轻，"就这？""500元了事？"等评论遍布评论区。其实，这条微博的回应在事实发布层面基本做到了要素齐全，根据相应规章做出的处理措施也合法合规，但由于其没能够在发布事实之外对公

---

① 郭永玉. 不确定性疫情背景下的社会心理建设[J]. 苏州大学学报（教育科学版），2020,008(002):25-27.

众的情感与价值观有所关照，因而导致了传播效果的打折。

在新冠肺炎疫情防控中备受关注的药物瑞德西韦的研发公司吉利德，面对可能涉及的与武汉病毒所的专利之争，则在维护自身商业利益的基础上，适当关照了公众的情感与价值观："我希望告诉各位的是，这对我们全球的健康事业不会产生影响，我要强调的是患者是我们的责任。我们的首要责任是找到正确的临床试验项目，用科学和证据证明给患者的药物是有效的。"① 基于当下容易分化的舆论生态和公众的结构性情绪特征，新闻发布工作不仅要为公众提供事实信息，还要在此基础上关照公众的情感，尊重社会的主流价值观。政府新闻发布，无论是疫情期间作为风险沟通的重要手段，还是日常连接国家与公众的传播纽带，在实施过程中都要努力实现事实、情感与价值观的统一。

四、结语与讨论

新冠肺炎疫情发生至今，作为风险沟通重要手段的新闻发布工作基本实现了常态化、制度化，发挥了满足公众信息需求、遏制谣言广泛散播、安抚社会恐慌情绪、保障社会稳定运行、提振公众抗疫信心等多重功能。而疫情新闻发布过程中所暴露出来的问题，很大程度上可以归因为政府疫情新闻发布专业化程度较低。身处易变性、不确定性、复杂性与模糊性日益凸显的风险社会中，单一依赖行政逻辑的新闻发布无法回应、解决社会中存在的各类风险，既要通过内部强化新闻发布的专业水平和公共导向来提升新闻发布的效果，又要通过外部拓展多种形式的政务传播来增强舆论引导的效果。基于政府主管部门的风险沟通的行政逻辑，与基于专家学者的风险沟通的专业逻辑之间，存在一定的张力，这是导致疫情新闻发布工作出现问题的根本原因。根据学者周雪光的说法，"在实际生活中，我们看到一统体制的种种实践在削弱、阻碍专业化过程的展开。一统观念制度实际上阻碍或否认了各个

---

① 谢欣.吉利德CEO回应瑞德西韦专利争议：病人第一，知识产权问题再解决[EB/OL].界面新闻.(2020-02-06)[2020-04-08].https://baijiahao.baidu.com/s?id=1657763390568466832&wfr=spider&for=pc.

领域中建立共享观念的专业化过程,专业组织和活动常常被看作对一统体制的威胁,从而受到极大限制。专业人员在各种政治教化的礼仪性活动中也必须放弃或变通他们的专业化观念"①。这一观点能够在很大程度上解释为何疫情新闻发布过程中出现问题的发言人总是缺乏相关专业背景的行政官员,而具有相关专业知识背景的专家学者,如钟南山与张文宏等,所发布的疫情分析与见解则会备受公众认可。

需要指出的是,基于行政逻辑的政府官员与基于专业逻辑的专家学者,两者之间既不相互对立,也非完全平等。很多时候,行政逻辑容易主导专业逻辑。就如周雪光所言:"当一个专业人员(如教授)必须按照政治动员的需要来参加各种教化活动时,他必须把自己的专业价值判断束之高阁,去扮演这一仪式化过程的司仪角色。如此这般,专业化过程不断被打断、被虚化,成为象征性符号,而不是塑造专业化的基本价值和共享观念。"在新冠肺炎疫情的新闻发布中,特别是疫情发生初期,行政逻辑依然支配着专业逻辑。

想要解决这一问题,就必须准确认识行政逻辑的潜在不足,并对其进行调整。首先,从治理的角度看,提升疫情新闻发布的传播效果,风险沟通者首先必须坚持专业逻辑和行政逻辑并重,多数情况下要以专业逻辑为主导;在新闻的发布过程中应当做到洞察公众心理,回应公众关切,鼓励公众参与。其次,针对疫情新闻发布过程中暴露出来的种种问题,例如中央—地方部门发布口径不一致,疾控中心无权发布预警信息等,可适当调整组织间权力关系,提升疾控中心等组织机构的专业化程度,从而实现疫情风险沟通的精准传播。鉴于新闻发布在事件过程中的特殊位置,想要从风险沟通的角度去提升疫情新闻发布的效果,需要新闻发言人对身处的权力结构与社会语境进行更深入的观察与思考。只有不断增强专业性,有效平衡专业逻辑和行政逻辑,才能最大限度地实现有效的风险沟通。

[张志安,中山大学传播与设计学教授,中山大学互联网与国家治理研究中

---

① 周雪光. 中国国家治理的制度逻辑 [M]. 北京:生活·读书·新知三联书店,2017:438.

心主任，中国外文局中山大学粤港澳大湾区国际传播研究中心主任，中国新闻史学会应用新闻传播学会会长；冉桢，中山大学传播与设计学院政治传播学专业博士生。本文为2016年度教育部哲学社科研究重大课题攻关项目"大数据时代国家意识形态安全风险与防范体系构建研究"（编号16JZD006J）研究成果。]

公共卫生危机情境里信息公开培育公共信任的路径分析

邓理峰　张志安

【摘要】

新冠肺炎疫情作为一种突发公共卫生危机，疫情发生和发展过程中充满未知、不确定和社会焦虑。在这样的情境里，政府相关决策和抗疫举措的运行效率和效力相当大程度上取决于公共信任水平。基于公共信任，抗疫政令才可能超越命令和强制，赢得公众的自愿遵从和有效执行。本文以新冠肺炎疫情期间广州市政府百天里百场新闻发布会的探索性实践为观察案例，从公共信任的三种主要来源，即理性、情感和信任文化，来理解和阐述突发公共卫生危机情境里信息公开培育公共信任的路径。最后，本文提出用好新媒体带来信息公开的技术潜力，缩小政府信息公开相关法律法规的制度规范与现实工作之间的差距，这在相当长时间里仍将是构建公共信任的工作起点。

【关键词】

公共卫生危机；新冠肺炎疫情；信息公开；新闻发布会；公共信任

新冠肺炎疫情作为一种突发公共卫生危机，疫情发生和发展过程中充满未知、不确定和社会焦虑。新冠肺炎疫情期间，很多地方启动了突发公共卫生事件一级响应，意味着进入了类似战时状态，这些地方也采用了很多行政命令和强制手段来使公众遵从抗疫措施。

毋庸置疑的是，强制手段难以持久有效地保障政府政令得到自愿遵从。突发事件一级响应的管控范围毕竟不等同于战时全面管制，而且新冠肺炎疫情持续时间长，行政命令和强制手段有效适用的时间和空间都不可避免地会有其边界限制。此外，命令和强制手段也无法解释在疫情防控期间很多公众是自觉自愿地采纳了政府的管控指令。

如何超越命令和强制，赢得公众的自愿遵从和有效执行？这里面最大的挑战恐怕是如何提升公众对于公共部门的信任水平。只有基于信任而非强制的遵从，才会达到决策者所期望的目标，即要在绝大多数时候和绝大多数公众中政令能够获得持久有效的效率和效力。

正是在这样的理论脉络中，我们来观察和理解新冠肺炎疫情期间，广州市政府在2020年1月28日至5月5日这一百天里先后举行了上百场新闻发布会。在高度不确定性和近乎焦灼的社会焦虑情境下，广州市政府密集的新闻发布会，及时将疫情进展、防控举措、保障措施等告知天下。在新冠肺炎疫情这一典型的突发公共卫生危机情境里，来观察政府信息公开对于培育和构建公共信任的路径，这对我们理解公共信任的生成过程和机制具有特殊价值。

一、信息公开：强化公众的控制感，弱化风险感知，以增进公共信任

尽管各个学科对于信任的界定存在诸多差异，但目前的共识是信任在本质上是一种愿意暴露自己的脆弱性而承担风险的意愿或行为。信任建立在不完整信息或知识之上，总是涉及风险、未知和对他人动机及行为的判断。[1]在决策中降低了对证据的要求，这是信任有助于弱化风险感知的重要机制。

公共信任是一般化的人际信任，以及对于公共组织及其制度体系的信任，不同于嵌置在特定人际关系中的特殊信任。因而公共信任是一种非人格化的社会信任。鉴于信任概念的复杂性，本文聚焦在风险沟通情境中的公共信任。在风险沟通情境中公共信任往往会受到政治和社会结构情境的影响。

---

[1] Newton, K.. Social and Political Trust in Established Democracies[M]//Anderson,C.J., Norris, P.. Critical Citizens: Global Support for Democratic Governance. New York:Oxford University Press,2000:169-187.

政治结构中的制度化及制度有效运行的组织保障,社会结构中的价值观差异、贫富差距等社会差异和信任文化,以及政治与社会结构两者之间的交互影响,是风险沟通中公共信任形成过程中重要的结构性情境因素。

目前有大量的研究发现,信息公开有助于增进公共信任。信息易得性会塑造人们的判断,获得媒体大量报道的领域往往被公众感知为重要且可信的。[1]而皮特斯(Peters,R.G.)等人的研究发现,风险机构的信息披露的水平和数量与人们对于风险机构的信任水平之间呈正相关关系,即信息披露水平越高,接收到的信息越多,公众的信任水平也越高。[2]

为什么信息公开有助于增进公共信任?舒尔曼(Schoorman,F.D.)等人的研究提供了一个有说服力的解释。当一个情境中风险感知要远胜于信任(信任即愿意担当风险)时,一个控制系统将有助于缩小社会信任与风险感知之间的差距。其具体路径是信息公开→增进控制感→弱化风险感知→增进社会信任。[3]鉴于此,高质量的信息公开将有助于增进公众的控制感,通过弱化风险感知来增进社会信任。而信息公开不足或无效(比如其披露的数据普通人无法有效解读等),将会降低公众的控制感和效能感,从而激发社会不信任。

二、象征性、实质性和工具性:新闻发布会的三种功能

新闻发布会是兴起于大众媒体时代的一种信息公开制度。新闻发布会的首创者是被称为"现代公共关系之父"的艾维-李(Ivy Lee)[4]。20世纪初叶,事故频发的美国各大铁路公司担心事故报道危及其运营,因而封锁事故消息和避免外传是当时的惯例。但是,到了1906年,艾维-李反其道而行之,

---

[1] McQuail, D.. Mass Communication Theory[M]. London and Beverly Hills, California: Sage Publicatrons,1994:103.
[2] Peters, R. G., Covello,V. T., McCallum, D. B.. The Determinants of Trust and Credibility in Environmental Risk Communication: An Empirical Study [J]. Risk Analysis, 1997, 17(1): 43-54.
[3] Schoorman, F. D., Mayer, R. C., Davis, J. H.. An Integrative Model of Organizational Trust: Past, Present, and Future[J]. The Academy of Management Review, 2007,32(2):344-354.
[4] Nelson, J.. Sultans of Sleaze: Public Relations and the Media[M]. Monroe, Maine: Common Courage Press,1989:43-65;Hiebert, R. E., Courtier to the Crowd: the Story of Lvy L. Lee and the Development of Public Relations[M]. Ames: Iowa State University Press,1986.

尝试了一种新的办法来处理火车事故：面向媒体召开新闻发布会并向记者提供"新闻通稿"（press release）。此后的历史进展表明，艾维-李准确地把握了新闻媒体的规律。通过向媒体发布新闻通稿，不仅为铁路公司创造了开放负责的形象，而且新闻通稿也在很大程度上影响了记者的报道内容和报道基调。

从一种创新实践逐步沉积为一种信息公开制度的过程，我们可以发现，新闻发布会在历史演进中逐步显现出三种不同的功能。首先，新闻发布会具有象征性功能。象征行动（symbolic action）是一种表达性行动，这类行动意味着除了行动本身所具有的效用价值或内在含义之外，还有社会建构的象征意义。[①]所有个体或组织的行动都能表达出内在含义和象征意义两个方面，而象征性行动主要是指那些令人联想到行动本身以外的意义的行动。新闻发布会作为一种政府信息公开的具体实践，是一种典型的象征行动，具有主张和表达透明公开的规范性价值的功能。事实上，信息公开对于所有的组织而言都是一种开明自利实践，因为信息公开不仅满足了公众知情的需要，也增进了组织的公信力，可降低交易成本，提升组织运行效率。

其次，新闻发布会具有实质性功能。象征行动作为一种表达，并不停留在表达和话语层面，无形的话语客观上会产生实质性的社会后果。正如组织社会学家哈奇（M. J. Hatch）所提出的，如同客观事实会塑造人的行为一样，主观的话语和信念也会塑造人们的行为。依照特定制度规范而人为建构的社会现实，如同客观事实一样，其造成的社会后果是真实确切的。[②]话语一旦生成并脱离言说者主体，便获得了其独有的生命和能动性，并因此具备产生不在言说者意料和控制当中的非意图后果或社会影响。这正是新闻发布会之所以会产生实质性社会后果的基本机制。作为政府信息公开和公众参与的一种具体实践，新闻发布制度所代表的公众知情权和参与权等制度承诺，以及新闻发布过程中公共部门依照社会共享的规范、价值和信念等做出的话语承

---

① E. B. Ernest. Symbolic Action Theory and Cultural Psychology[M]. New York: Springer-Verlag, 1991:53.
② Hatch, M. J., Cunliffe, A. L.. Organization Theory: Modern, Symbolic, and Postmodern Perspectives [M]. 2nd ed. Oxford: Oxford University Press, 2006.

诺，有助于倒逼政府职能转变，从而促进开放型政府的建设。

最后，新闻发布会具有工具性功能。抛开行动者目的之善恶不论，新闻发布会客观上是一种影响信息生产和流通，实现社会控制的工具或方法。① 艾维-李最初用为铁路公司创设新闻发布会和新闻通稿的方法来处理企业与新闻媒体的关系，客观上有旨在实现信息控制的目标。通过准备和发布新闻通稿，这个过程是为记者采访设定报道议程和新闻框架的过程，而且还为记者提供了强调突出何种信息、忽略淡化何种信息的框架。20世纪初在特定历史情境里即兴创新的公关活动，经过长时间的实践，已经被新闻媒体和新闻信源各方都接纳，并逐渐模式化和制度化，成为彼此认可的交往规范。

然而，在20世纪末21世纪初的世纪之交，新闻发布会作为一种制度，其物质和社会基础日益受到互联网新媒体技术的冲击。被创立和广为沿用100多年后，尤其是2010年前后社交媒体兴起之后，新闻发布会作为一种信息公开制度出现了式微的迹象。一方面，越来越多的企业（尤其是互联网企业），开始尝试选择通过自己控制的新闻和信息发布通道来发布重要新闻和信息。腾讯、阿里巴巴、京东等互联网企业在近年来重大新闻和信息发布过程中，都日渐少用新闻发布会，而转向使用企业自有媒体。另一方面，近十年来出现了一系列新闻发布会遭遇"失败"的案例。如达芬奇家居（2011）、双汇（2012）、碧桂园（2018）等企业的新闻发布会。

究其原因，既有传统新闻媒体作为公众获取新闻和信息渠道的垄断地位日益被社交媒体侵蚀甚至取代、传统新闻媒体的新闻生产和发布方式难以适应新媒体环境里社会加速的新挑战，也有在2010年社交媒体兴起后的环境里，新闻发布会作为信息控制手段其效力日渐下降的缘故。

回溯历史，100多年前艾维-李创设"新闻发布会"无疑呈现出非常显著的进步意义。因为这一实践极大地推动了各类组织从封闭走向透明开放。这不仅推动了企业治理和公共治理，也培育生成了整个社会的透明文化。在互联网新媒体环境里新闻发布会的具体技术或形式，不可避免会经历偏废破立

---

① 邓理峰.声音的竞争：解构企业公共关系影响新闻生产的机制[M].北京：中国传媒大学出版社，2014:151.

的重塑,但新闻发布会所象征和彰显的透明开放精神,无疑仍将继续传承发扬,并发挥其应有的作用。这也是为什么作为公共部门的各类政府(也包括持守同类使命的一部分央企)始终将新闻发布会作为至关重要的信息公开、沟通公众的方法,同时也是培育和巩固公共信任的重要制度保障。

三、基于理性、情感和信任文化的公共信任:新闻发布会培育公共信任的路径

本文接下来从公共信任的三种主要来源,即理性、情感和信任文化,来理解和阐述新冠肺炎疫情期间广州市百场新闻发布会对于培育公共信任的影响。

首先,新冠肺炎疫情中新闻发布会的事实供给有助于培育基于理性的公共信任。

基于理性的公共信任指公众对于公共部门权威、组织和制度体系的信任,是源于公众对相关信息和知识的充分掌握而做出的理性决策。换言之,公众对于公共部门的信任不是出于无知的盲目,恰恰相反,是出于知情的选择。是在掌握和了解相关信息基础上做出的决策,愿意在不确定和未知情境里暴露自己的脆弱性并选择担当潜在的风险。

鉴于此,基于知情决策的公共信任是一种策略性信任。这和不依赖于理性评估而基于道义及情感的信任非常不同。理性选择理论认为理性的个体会在评估成本、收益和实现目标的概率等基础上做出决策。[①]因而理性选择理论认为,行动者的行动选择是追求最大化收益的结果,或者是在现实条件制约之下的偏好结果。基于理性的公共信任研究有一个基本的理论假定,即信任是基于人的认知且认知先于信任行为。基于理性的公共信任有一个前提条件,是施信者能够充分掌握潜在成本和收益以及受信方可信度等信息,而新闻发布等信息公开是公共信任得以生成的前置条件。

新冠肺炎疫情期间广州百场新闻发布会中,总计有410家单位以及624名

---

① Heath, J..Rational Choice as Critical Theory[M]. Philosophy and Social Criticism ,1996,22: 43-62.

发布人参与共同发布，发布会的主题集中围绕在医疗卫生、交通、教育和民生等疫情防控相关主题和复工复产进度的主题。围绕着疫情防控、复工复产复学等主题，广州百场新闻发布会及时准确的事实供给，为公众在高度不确定性情境下应对这场突发公共卫生危机铺垫了扎实的信息基础，避免了因为社会恐慌而出现的各种可能的次生风险事件发生。广州百场新闻发布会的探索及其成效，也再次证实了前述的相关研究发现：高质量的信息公开有助于增进公众的控制感，通过弱化风险感知，来增进社会信任。[①]

表1 新冠肺炎疫情期间广州百场新闻发布会的主题

发布会主题	细分主题	发布会数量（场）
疫情防控	医疗卫生保障、交通防疫防控、教育防疫防控、社区村居防疫防控、科技战疫、各区防疫防控等。	35
复工复产	全市及各区企业复工复产进展、一线复工助力抗疫故事等。	31
暖心举措	介绍广州扶持企业、关心教育、关爱医生、帮扶老幼等举措和成效。	17
回应国际关切	对"病毒发源于中国"等说法予以回击，呼吁国际社会加强抗疫合作。	5
涉外疫情	涉外疫情及时答疑。举办"企业+智库专家+非洲商会负责人""抗疫英雄+留学生代表"等新闻发布采访活动，对外讲好中非合作友好故事。	12
总计		100

目前国内公共传播业界对于信息不公开激发社会不信任的认识仍旧不足，尤其是对信息公开和公众意见咨询等公众参与活动，既有助于优化和改

---

① Schoorman, F. D., Mayer, R. C., Davis, J. H.. An Integrative Model of Organizational Trust: Past, Present, and Future[J]. The Academy of Management Review, 2007, 32(2):344-354.

进决策，也有助于提升决策的民意基础和决策合法性，认识不足。对于相关法规或条例所规定的信息公开和公众参与要求，仍旧普遍存在流于形式或象征性使用的情况。如何用好新媒体降低信息公开的成本和门槛等技术潜力，缩小政府信息公开相关法律法规对于信息公开和公众参与的制度规范及承诺与现实工作之间的差距，这在相当长时间里仍将是消除公共沟通中社会不信任的工作起点。

其次，在新冠肺炎疫情期间高度不确定性和社交焦虑情境里，新闻发布及时回应公众的关切，与公众在情感上共鸣共通，有助于培育基于社会关系和情感的公共信任。

公众与公共部门之间的情感联系和关系状态，会影响公众对政府决策正当性和合法性的感知，并会影响公众遵从政府权威及其政令的责任感之强弱。新冠肺炎疫情中高度不确定性和社会焦虑，需要的不仅仅是理性和事实，同样需要政府与民众在情感上同声相应、同气相求、共鸣共通。

在疫情初期民众担心粮油日常必需品能否及时有效供给，在春节假期结束后民众担心复工复产高峰节点是否会导致疫情扩散，在国内疫情相对和缓时民众担心境外疫情输入（比如非洲在穗人员是否导致疫情输入），在广州出现了出租车司机确诊感染案例后公众担忧公共交通成为疫情扩散中介等不同阶段，广州市政府针对民众的关切点分别安排专题新闻发布会。广州百场新闻发布会的最大特点是"公众关切，政府回应"，不是政府为社会设置议程，而是以老百姓最关心、最期待和最忧虑的内容，作为政府的工作方向和新闻发布的内容。

表2 广州百场新闻发布会的发布形式

发布场所类型	具体场所	数量（场）
活动现场	医院、学校、社区、工厂、商场、书店、游船、写字楼、科研机构、剧场等。将新闻发布会与故事会、座谈会、见面会、调研采访、文艺讲演等不同形式的新闻和信息发布融合。	30
发布会场	广州市人民政府新闻办公室新闻发布会会场。	70

广州百场新闻发布会彰显出与公众之间的情感联结，有助于培育基于社会关系和情感的公共信任。情感是人类认知和决策的重要基础。世界著名的脑神经科学家安东尼奥·达马西奥（Antonio Damasio）从神经科学出发，揭示了情感在社会认知和决策过程中发挥着关键作用，提出情感是一种认知过滤的机制，会影响我们的认知和判断过程。情感社会学的大量研究也表明，人类从来不仅是纯粹的理性思考的动物，人类常常依赖情感来行动。

基于情感的公共信任往往与公众对于公共部门的评估有关，比如公共部门的可信度、公共部门决策者在决策过程中的公正和不偏向不偏袒，以及决策者的善意，比如是否尊重、公平和公正等。而我们的研究也发现，在政府信息不公开的情境下，公众对于争议事件或问题的推测、想象、担忧、疑虑和假象等，都会成为感知的现实，从而导致公共信任流失，激发社会不信任。①

在争议事件或问题上，公众的负面情感被激发后之所以容易激发社会不信任，最主要的原因在于公众对于社会不公平和不平等的感知和担忧，会预设或激发社会不信任形成过程中的非理性或感性认知。在不公平和不平等感知情境中，人们倾向于采用非理性的信息处理方式。②而在人们启用感性和非理性认知通道时，诚信与善意的负面感知则会更大程度地影响人们信任与否的决策，而这往往激发和固化社会不信任。

最后，新闻发布作为一种回应、吸纳和转化社会不信任的制度化实践，有助于培育基于信任文化的公共信任。

和前述信息公开激发信任的理性视角以及社会关系和情感激发信任的感性视角均不同，这一点聚焦的是公共信任来源中的文化因素。理性和情感视野里的公共信任探究各有其局限。由于信息可得性的限制、选择性注意、人脑对复杂信息的处理能力的局限性，以及社会结构性条件的制约等，人的理

---

① 邓理峰，贾鹤鹏.利用方抗争作为一种宏观协商的潜力与局限：基于内陆核电争议中"望江四老"个案的考察[J].传播与社会学刊,2019(49):141-174.
② 参考 Kahneman, D.. Thinking: Fast and Slow[M]. New York : Farrar, Strauss and Giroux , 2011; Botsman, R.. Who Can You Trust? How Technology Brought Us Together and Why It Might Drive Us Apart[M]. London:Penguin Publishing House, 2017.

性往往不是完全理性，而是有限理性。有一些情境里人们完全无法获得受信方（如陌生人）的声誉和诚信记录，却选择了信任。这种情境里的信任往往源于共享价值观和制度规范。如同福山（F. Fukuyama）所说"信任是基于习惯而非理性算计"①。而基于社会关系和情感的信任，也相对较为偏重在个体情感状态和人所处的社会网络等微观或中观层面的因素。

鉴于此，基于理性和情感的信任，都较为忽略人始终是生活在特定的历史和文化脉络之中，文化规范和身份认同无时无刻不在影响和塑造人的行动。当信任对象是抽象的事物而非具体的人（如朋友或熟人）的时候，比如制度、组织、市场、国家等，在这样的情境里，一般性的文化倾向就变得更为重要。

社会和制度环境中的信任文化主要表现为两个方面。②一个是国家/政府的法律法规完善程度及其得到遵守和执行的程度。特别是将怀疑、疑虑和不信任吸纳并转化为信任的社会和政治制度。另一个是社会的组织化程度。具体而言，是为法律法规等制度有效落地而配套的组织生态系统。更具体而言，由于政府规制体系已经就位，人们可以信任非人格的组织及该组织内自己未必熟悉的决策者或责任承担者，并且潜在失信的一方会惧于主动失信，或者即使失信也必定受到相应的惩罚。③这两者共同影响着公共信任的生成和演化方向，而且由此我们也可以看到国家和政府在公共信任生成过程中的关键作用。

表3 广州市百场新闻发布会的参与者结构

发布会参与者类型	参与人数（人）	发言人单位总数（家）	百分比（%）
正职官员	15	114	13.2
副职官员	116	114	101.8

新冠肺炎疫情期间广州市政府在百天里开出上百场新闻发布会，并不是

---

① Fukuyama, K.. Trust: The Social Virtues and the Creation of Prosperity[M]. New York: Free Press, 1995:43-44.
② Sztompka, P.. Trust, Distrust and two Paradoxes of Democracy[J]. European Journal of Social Theory,1998,1(1):19-32.
③ Zucker, L. G.. Production of Trust: Institutional Sources of Economic Structure,1840-1920[J]. Research in Organizational Behavior, 1986,6:53-111; Shapiro, S. P..The Social Control of Impersonal Trust[J]. American Journal of Sociology, 1987,93(3):623-658.

临时即兴的发挥或突击闯关的冒险,而是建设透明政府长期实践的结果。根据我们的统计,在2009—2018年十年间,我国省会城市政府历年新闻发布会数量趋势是快速增加的。而北京、上海、广州等国内东部沿海城市的新闻发布会数量较大,显示出较高的政府透明度。由此我们也可以看到,新冠肺炎疫情期间广州百场新闻发布会,不过是十几年来我国建设透明政府实践的冰山一角。

更值得关注的是,新冠肺炎疫情期间广州百场新闻发布会不仅仅是在发布政府希望公开的信息,而是把新闻发布会作为回应社会疑虑、担忧和不信任的公共沟通平台。如果将怀疑、疑虑和不信任的表达吸纳并转化为信任的社会和政治制度能够完善,以及为制度有效落地而配套的组织系统能够就位,假以时日,这将累积为社会和制度环境中影响深远的信任文化。

四、结语:完善信息公开的制度及其组织保障,防范过度承诺,以构建公共信任的长效机制

新冠肺炎疫情期间广州百场新闻发布会并不是结束的信号,而是进一步完善信息公开透明的制度及其组织保障,从而培育社会与经济健康运行所需的公共信任的新起点。完善信息公开的制度及其组织保障、用好新媒体降低了信息公开的成本和门槛等技术潜力,缩小政府信息公开的制度规范及承诺与现实工作之间的差距,建设透明开放政府,培育公众对于公共部门的信任,是永无止境、止于至善的工作。

在缩小制度承诺和工作现实的差距过程中,我们还需要尊重和正视公众的社会不信任乃是一种常态。努力通过制度化不信任,比如通过保障公民权利、建构优良秩序、创设合理程序、以公共协商为方法弥合分歧和培育共识等制度层面的举措,来消弭社会不信任,重建信任。由于信任和不信任指向不同的社会现实,并且有着不同的前因变量、形成过程和作用机制,因此,旨在构建信任的努力,对于消除公众不信任就未必直接有效。但是,目前业界对于社会不信任的关注不够,对于不信任的理解和研究尚存诸多局限。这

也导致目前公共传播实践的首要困境，往往不是公众对于沟通者的信任水平问题，而是公众对于各级政府的不信任。社会不信任也往往是导致公众对于公共卫生、工程技术（核能/转基因等）和工业项目（垃圾焚烧等）的感知风险被放大的重要原因。

此外，在政府信息公开实践中，还需要防范过度承诺导致社会不信任的问题。完全透明的承诺，各级政府其实很难做到，属于兑现不了的过度承诺。过度承诺的透明政府将失去社会信任，并成为社会不信任的根源。政府透明开放的各类实践，对于政府和公众而言都必然会面临时间、注意力、能力等资源和条件的制约，因而必定会是通过象征性行动来彰显其透明开放的立场和态度，而实际的透明开放实践中，绝大多数情况下会是程度上的相对透明和领域上的选择性透明。

［邓理峰，中山大学传播与设计学院副教授、中山大学公共传播研究中心副主任；张志安，中山大学传播与设计学教授，中山大学互联网与国家治理研究中心主任，中国外文局中山大学粤港澳大湾区国际传播研究中心主任，中国新闻史学会应用新闻传播学会会长。本文系教育部人文社会科学研究一般项目"我国内陆核电争议中的公共讨论与协商治理研究"（编号17YJA860003）的阶段性成果。］

报道在云端：新冠肺炎疫情期间主流媒体的报道实践

陈 敏 张志安

【摘要】

随着媒介融合转型在对技术的采纳和运用中逐渐走向深入，主流媒体越来越多地使用云平台技术进行新闻报道实践，其中既包括与其他云平台服务商联动，进行内容的生产与分发，也包括利用自建的云平台，自上而下与地方媒体进行联合报道。本文总结了新冠肺炎疫情期间主流媒体利用云平台展开报道的实践得失，分析云传播时代媒体报道创新的特征及效果，并进一步探讨了未来媒体深化融合转型的努力方向。

【关键词】

云平台；主流媒体；疫情报道

随着云计算、人工智能、5G等移动通信技术的迅猛发展，媒介融合转型也在对技术的采纳和运用中逐渐走向深入。研究指出，在云传播环境下，媒介组织无须自身开发制作媒介产品，只需借助第三方提供的基础设施服务，接入云服务即可。[1]在新冠肺炎疫情期间，中央及地方主流媒体将这一传播理念进一步运用于实践，服务于疫情报道，多平台、多渠道、多介质地发布新闻，取得了较好的传播效果。

目前来看，这类使用云平台技术进行新闻报道的生产实践可以归纳为以

---

① 张昆.拥抱人类传播史上的新时代——兼评《云传播时代》一书[J].新闻与写作,2019(6):69-73.

下三种类型。

一是传统的主流媒体与其他云服务平台联动，如微博、微信、抖音、腾讯新闻、今日头条、bilibili等进行的内容协同生产与全覆盖分发。其中，内容协同生产方面，比较突出的作品如中央广播电视总台、湖北广播电视总台等传统媒体与快手、VUE、二更等短视频平台合作打造的《武汉：我的战"疫"日记》，以及人民视频在抖音、新片场等平台发起的"人民战'疫'"短视频征集活动等。内发分发传播方面，则包括央视新闻在央视频、抖音、快手等平台同步播出的24小时不间断直播特别节目《共同战"疫"》等。通过借助其他云服务平台和社交网络的传播力量，专业媒体的新闻报道产生了更广泛的影响力。

二是中央媒体自身作为平台的提供者，通过自建的云平台，自上而下把地方媒体接入进来，进行联动报道。比如，人民网、人民视频打造的《人民战"疫"》直播节目，融合了全国75家媒体、区县级融媒体中心记者参与出镜连线，251家平台参与联动直播；新华社服务全国媒体的"现场云"新闻在线生产系统、央视新闻移动网的"全国县级融媒体智慧平台"，在满足内部需要的同时，均向地方媒体开放。

三是主流媒体推出的陪伴式社交产品"慢直播"，经由用户的实时参与而推动形成现象级传播产品。从央视频客户端于2020年1月26日率先推出的《全景直击武汉火神山、雷神山医院建设》"慢直播"，到新华社客户端推出的《慢直播|武汉公益志愿者车队抗疫专车日记》，再到央视频推出的以"云守望：见证此刻，期待春暖花开"为主题的武汉城市景象慢直播，都是由于大量网友的在线实时互动、参与讨论，才共同促成了"慢直播"从一项接入云服务平台的简单技术行为向一个完整作品的转变。

无论是平台提供方，还是平台的使用者，共享、开放、合作是这类使用云平台技术进行新闻报道实践的主要特征。上述三种类型的生产实践集中体现出"媒体平台化、平台媒体化"趋势[①]，主流媒体在努力整合资源打造自身

---

① 张志安，曾励.媒体融合再观察：媒体平台化和平台媒体化[J].新闻与写作,2018(8).

具有内容开放性的专属平台，同时，商业平台也在积极汇聚主流媒体的优质内容扩大自身作为平台媒体的传播效能。

一、新闻众包：携手用户，实现协同创新

鉴于新冠肺炎疫情的特殊性，很多传统媒体的新闻生产者无法深入第一线的新闻现场，视频内容的拍摄因此受到很大制约，这在客观上也要求媒体必须进一步利用云平台展开报道实践，将用户上传的视频内容（User-Generated Content，简称UGC）与专业媒体生产的内容（Professionally-Generated Content，简称PGC）结合起来做好疫情报道。在这样的背景下，从中央到地方的主流媒体纷纷开展跨平台合作，与抖音、快手等更具社交媒体属性的云平台携手，一场采用"众包"方式进行内容组织和生产的新闻实践就此展开。

"众包"（crowdsourcing）一词最早由2006年《连线》杂志记者杰夫·豪威（Jeff Howe）发明使用，主要指机构将工作以自由自愿的形式外包给非特定的大众网络的做法。在过去的十余年里，国内外媒体不乏将之运用于新闻实践的成功案例，其中英国卫报"数据博客"里的调查性报道表现尤为突出，包括利用"众包"报道伦敦骚乱、奥运票务、议员消费等。[①]国内媒体中，以"全球拍客，共同创造"为口号的梨视频，一直在拓展自己的全球拍客网络，据称"逾2万名核心拍客都是经过专业筛选的，他们有专业能力，会按专业标准，并经过严格审核流程，来生产符合用户需求的海量优质视频内容"；2017年梨视频还集聚了300名全球拍客，行遍了"一带一路"沿线60个国家，在春节期间进行了12小时不间断直播。[②]

这次新冠肺炎疫情报道中，主流媒体机构与其他云服务平台的内容协同生产能够顺利推进，一个重要的背景是近年来兴起的短视频潮流。数据显

---

① 喻国明.大数据对于新闻业态重构的革命性改变[J].新闻与写作,2014(10):54-57.
② 腾讯传媒.史上最大拍客网络如何建立？解密梨视频"蓄水池"如何变为"内容源"[Z/OL].微信公众号"全媒派",2017-10-30.

示，截至2019年6月，短视频行业用户规模超8.2亿，同比增速超32%，这意味着每10个移动互联网用户中有7.2个正在使用短视频产品，短视频的月人均使用时长超过22小时。[①]爆发式增长的短视频用户和人均使用时长，为主流媒体在征集内容素材和拓宽传播渠道时奠定了良好的基础。

以中央广播电视总台出品的融媒体系列短视频纪录片《武汉：我的战"疫"日记》为例。该节目由中央广播电视总台纪录频道与总台新闻中心、湖北广播电视台等传统媒体，以及快手、二更、VUE等短视频平台深度合作，并向有潜力的视频作者定向邀约，专门定制，以抗"疫"中的医护人员、军人、快车司机、普通市民、外地援助者等疫情亲历者为主角，采用Vlog（视频日记）的形式讲述抗击疫情的故事。节目于2020年2月3日至3月14日每晚7点54分在央视纪录片频道播出，每集5分钟。

从主流媒体主动向视频作者定向邀约这个举措来看，这一次的报道创新，不仅仅体现在技术层面，更重要的是在理念上，中央级媒体更为主动地把用户生产内容（UGC）与专业生产内容（PGC）结合起来，运用于有时效性的新闻报道中。在这些Vlog作品里，既有媒体机构自主拍摄的镜头，也有广大用户提供的视频画面，可谓一场"新闻众包"的生产实践。

此外，人民视频也在自己的客户端以及抖音、新媒体影视内容出品发行平台"新片场"等多个平台发起"人民战'疫'"短视频征集活动，向用户征集微纪录片、Vlog、VR、航拍、延时摄影等形式的短视频作品，作品时长限制在1—3分钟以内，主题要求与抗"疫"相关，承诺每日选出最佳作品发放丰厚稿酬，并在人民网、人民视频客户端及各渠道重点推送，作品还有机会参与特别直播节目《人民战"疫"》，在全国百家优质媒体平台同步推送。[②]

新闻众包实践拓展了主流媒体编辑部的时空边界，充分利用社会资源，调动公众参与内容生产，践行了众包所蕴含的"携手用户协同创新"的理念。

[①] QuestMobile.短视频2019半年报告：总量赶超长视频，头部单挑变群架，中长尾激烈厮杀进入整合 [Z/OL].(2019-08-06).https://www.36kr.com/p/5232591.

[②] 人民视听公司.人民战"疫"，征集短视频！ [Z/OL].(2020-01-28).http://society.people.com.cn/n1/2020/0128/c1008-31563871.html.

上述主流媒体与其他云服务平台联动进行的众包新闻实践具有以下两个方面的特征。第一，生产上调动公众，内容上贴近公众，传播中倚赖公众。更多的用户参与往往意味着更广泛的传播网络，因为用户往往乐意将包含自己劳动成果的媒体作品与更多的人分享，这无形中帮助主流媒体的作品借助社交网络达到"破圈"传播的效果，扩大传播范围。而且，作为节目联合方的快手、VUE、二更等本身就是"自带流量"的新媒体平台，Vlog、短视频等也有着契合互联网传播的"轻量化"特征，这些因素共同促成了作品的传播。①

第二，大量第一人称视角的新闻作品的出现，不仅贴近普通人生活，更容易打动人，也推动了新闻叙事的创新。科沃德（Coward）在其著作《个性化叙事：主观与自白新闻业的兴起》（*Speaking personally: The rise of subjective and confessional journalism*）中提出，第一人称叙事的新闻报道已经成为新闻业最大的增长领域：从20世纪60—70年代的"新新闻运动"（new journalism）到80年代的小报化（tabloidization）潮流，再到如今媒介对于真实生活体验的迷恋以及对于身份和自我建立的关注，第一人称报道特别适合于社交媒体越来越亲密化、私人化的环境，它能够让人们分享他们真实的生活体验。②因此，未来新闻众包产品可以在适用于使用第一人称叙事的新闻选题中，想办法充分调动公众参与的积极性。

当然，这类使用云平台技术进行新闻报道的生产实践也存在着一些不确定性和局限性，主要体现在报道深度、事实核查、内容把关、舆论引导、版权使用、与用户关系的长期维护等方面，需要在未来的生产实践中不断总结经验。

从之前的新闻众包实践中可以看出，影响众包成功的关键要素包括组织者与参与者两方面的新闻素养和专业能力。通常来说，传统媒体机构作为众包新闻的组织者，在发布征集通告时，需要把要求描述得更细致、更明确，

---

① 李政. 抗疫报道研究 | Vlog在抗击新冠肺炎疫情中的应用路径与现实意义[Z/OL]. 微信公众号"RUC视听传播"，2020-03-23.
② Coward,R.. Speaking Personally: The Rise of Subjective and Confessional Journalism, Houndmills[M].Basingstoke: Palgrave Macmillan,2013.

吸引用户对话题的关注，有效动员他们参与到内容生产中来，同时也需要更好地交代报道背景，让用户更清晰地理解报道目的，并尽可能地给予用户指导。为此，传统媒体机构的组织者需要更好地承担起主导和策划责任。

二、上下联动：中央地方合作，充分整合资源

在新冠肺炎疫情中，中央主流媒体不仅积极与其他云平台展开合作，同时也加强自身作为平台提供者的服务功能，通过自建的云平台将地方媒体接入，进行联动报道。比如，人民网"人民视频"自2020年1月24日推出了全国第一档以新冠肺炎疫情报道为主题的网络直播节目《武汉时间》（后更名为《人民战"疫"》），节目每天下午4点播出，联动人民网湖北频道和前方报道组，直播疫区最新情况。据统计，全国共有75家媒体、区县级融媒体中心记者参与出镜连线，251家平台参与联动直播，共直播中央省市疫情防控新闻发布会133场，充分发挥了主流媒体云平台的共享功能。

此外，由新华社主导研发的新闻直播平台"现场云"，是一个可以实现"新闻在线生产、在线审核、在线签发"的移动采编发系统。记者只需一部手机就可实现素材采集和同步回传，后方编辑部可实时进行在线编辑和播发，从而增强报道的即时性。据了解，"现场云"产品可在媒体用户自有终端和新华社客户端双向落地，媒体用户发起的"现场新闻"既可在自有终端展示，也可进入新华社客户端同题"现场新闻"。这意味着地方媒体报道资源可直接进入国家通讯社的传播平台，大大提升报道的传播力和影响力。[①]目前，"现场云"已吸引超过3000家媒体和党政机构入驻，有效服务地方媒体融合发展。新冠肺炎疫情期间，"现场云"以直播形式呈现了湖北省、浙江省等多场疫情防控工作新闻发布会。

中央广播电视总台"全国县级融媒体智慧平台"也在满足内部需要的同时，向地方媒体开放。该平台在客户端"央视新闻+"开设"最前沿县级融媒

---

① 周继坚.新华社推出"现场云"全国服务平台 助力传统媒体"一站式"迈入直播时代[Z/OL].(2017-02-19).http://www.xinhuanet.com//2017-02/19/c_1120490015.htm.

体"入口，从节目研发、技术支撑、内容分发、媒资共享等方面为县级融媒体中心提供服务，有助于县级融媒体中心形成多渠道、广泛覆盖的移动传播矩阵。①

做云服务的提供商，是中央级媒体转型发展的重要途径之一。这种上下联动、在同一个云平台进行内容生产和分发的模式，最大限度地利用了平台资源，既让中央媒体更便捷地从地方媒体那里获取报道素材和人员支持，也让地方媒体的报道获得更广阔的传播渠道，深度加强了媒体之间的联系，有利于合作共赢。

此外，在这次新冠肺炎疫情报道中，由于疫情防控的升级，2020年新闻发布会的一个重要特点是从早期的现场发布变为"云发布"，对此，中央主流媒体的自建云平台及时调适、对接，在直播官方新闻发布会方面发挥了重要作用。

三、慢直播：用户参与，强化报道影响

在这次新冠肺炎疫情报道中，一种不同于传统直播节目的"慢直播"产品引发了关注。2020年1月26日，中央广播电视总台"央视频"推出《全景直击武汉火神山、雷神山医院建设》的"慢直播"产品，24小时不间断地呈现施工现场的实时画面，直播中没有主持人，也没有解说字幕。这一直播形式迅速吸引网友前来围观，据统计，该节目共吸引上亿人次在线观看，巅峰时刻更是有超千万人同时在线。

"慢直播"此前主要被用于旅游景区的直播，此次被用于重大突发公共卫生事件的报道中，引发了网友关注，不少网友在观看直播的同时，积极在评论区留言，与其他网友展开实时互动，分享共同的情绪和体验；而大量的留言与互动又吸引了媒体的关注和报道，最终形成关于"慢直播"的新闻报道。

---

① 刘阳.全国县级融媒体智慧平台上线[N].人民日报，2019-02-20(12).

也就是说，用户的广泛参与是推动"慢直播"从一项接入云服务平台的简单技术行为向一个完整作品的转变，是作品"成型"过程中不可或缺的一部分。对媒体而言，"慢直播"在技术层面是相对容易实现的，只需呈现原生态的视频监控画面，不需剪辑、音乐渲染等后期制作，完全依靠公众自身的参与、体验和阐释来完成。但这也会相应地带来一些问题，尤其是在公众的媒介素养参差不齐的情况下，用户自发参与而形成的新闻产品在专业水准和舆论导向等方面容易出现偏差，娱乐化有余、深度性不够。

比如，在火神山、雷山医院建设的慢直播页面讨论区里，网友们为施工现场的各种设备取名送昵称，包括"送高宗"（高层吊车）、"送灰宗"（混凝土运输及搅拌车）、"蓝忘机"（小型蓝色挖掘机）、"叉酱"（跑来跑去的小型叉车）等。这些娱乐化的表达对时政新闻报道的严肃性和专业性有所影响，媒体有责任予以及时的引导和纠偏。

"慢直播"产品的出现，提醒主流媒体在重大报道中的责任，相比技术上的创新，专业上的坚守和理念上的守正无疑更为重要。媒体在将"慢直播"运用于新闻事件的报道中时需要考虑到：我们究竟需要怎样的公众参与？如何有效引导公众理性表达？毕竟，相比新闻众包过程中媒体依然掌握一定的编辑把关权力，在"慢直播"的评论区，面对网友的海量评论，媒体的把关功能不那么容易实现，但这并不意味着媒体就可以撇清自身的责任，相反，它意味着媒体需要投入更多努力来完善"慢直播"这种报道形态。

四、数据挖掘：初步应用，尚待深入开发

尽管大数据资源在云端的采集、存储和挖掘一直被认为是云传播的重要组成部分，但此次新冠肺炎疫情期间，各类云平台产生的大数据尚未被充分纳入媒体的新闻生产环节中，数据的挖掘、整理、分析仍大有可为。

从开展数据挖掘、推动新闻生产的必要性来看，由于新冠肺炎疫情的特殊性，一方面媒体派出大量记者深入新闻一线开展采编变得困难，另一方面伴随技术的迅猛发展和上网人数的不断增加，疫情期间用户生产内容大量地

出现在各类云平台上,为媒体提供了海量的新闻素材。如何充分使用这些资源,挖掘更广阔、更有深度的报道空间,成为摆在媒体面前的重要挑战,此次疫情可以说是加速了这种挑战的迫切程度。

而利用这些数据的主要困难在于,大部分数据是在自然环境下产生的,比如说网友的言论、图片和视频等网民自发上传的内容,是所谓的"非结构化数据",通常不能为传统的数据库所用。① 疫情期间,主流媒体推出的一些数据新闻作品,比如新华网的《数据告诉你|进京人流来自哪?避开哪些密集地?》《一周来,这些航班飞往中国!防疫情输入成重点》等报道,其中的数据来源主要依赖于国家卫健委等政府部门,以及世界卫生组织、百度地图等,是相对"结构化的数据",而对于网友自发上传的"非结构化数据",主流媒体机构大都缺乏充分的思想准备和相应的技术支持,来及时、有针对性地处理这些数据。

相比之下,一些专业自媒体主动抓取内容并展开分析的数据新闻则产生了较为广泛的影响力,比如微信公众号"RUC新闻坊"的报道《1183位求助者的数据画像:不是弱者,而是你我》,利用大数据为新冠肺炎疫情的求助者画像,在网络上产生广泛影响。该报道具体做法是在清博大数据提供的2月3日到2月10日期间的400余万条微博数据中,提取出新冠患者求助信息4233条,经过去重与核实之后得到1183条求助数据,然后进一步提取每一条微博中的年龄、小区和求助详情等信息,再抓取5686个链家小区,将求助患者的地址对应到小区,从而帮助公众了解那些求助者的身份特征及面临的种种困境。②

云传播时代进行数据新闻生产,尤其是针对"非结构化数据",如何开发出更先进的计算机技术予以处理,需要主流媒体携手其他提供云服务的互联网公司或是数据分析公司,合作生产出更有新闻价值的、更能满足公众知情权的新闻。其中,主流媒体可以提供新闻采编方面的选题指引,保证选题的新闻价值和专业水准,互联网平台及数据分析公司等提供内容素材和计算

---

① 陈昌凤."大数据"时代如何做新闻?[J].新闻与写作,2013(1).
② 赵小曼,范举,等.1183位求助者的数据画像:不是弱者,而是你我[Z/OL].微信公众号"RUC新闻坊",2020-02-21.

机分析技术,最终实现资源的跨机构生产和跨平台传播。

五、结语

随着媒体融合转型不断走向深入,一方面,媒体要认识到在以社交网络为主要传播渠道的今天,若要在网络平台上产生更广泛的影响力,就必须将自己深刻嵌入社交网络,这既包括云平台基础设施的嵌入,也包括内容生产、分发环节的深度交融,唯此才能真正发挥主流媒体的舆论引导作用;另一方面,随着用户不断参与和使用各类云平台服务,原来的受众角色正经历着从"新闻消费者"到"新闻生产者"再到"新闻产销者"的变化[1],用户对于新闻生产流程的卷入程度在不断加深,主流媒体有必要通过新闻众包、数据挖掘等更多渠道与用户和平台服务商展开更多的合作。

综观此次新冠肺炎疫情报道实践,主流媒体无论是在报道理念、产品形态还是技术采纳方面,都具有一定的创新性,体现出媒体融合转型正在逐渐显现出成效。

其一,中央主流媒体开始从自身云平台的搭建走向云平台的深度使用,在满足自身内容的云端生产、分发的同时,向其他媒体机构、政务机构等开放,打造自上而下的纵深网络,不断提升云平台的影响力。

其二,媒体对于云平台的利用与合作,开始持更加开放的态度,乐于积极地与抖音、快手、bilibili、二更、腾讯新闻、今日头条等网站合作,主动利用对方的渠道资源进行内容传播,同时进一步借助对方的云服务平台向用户直接征集内容、协同开展内容生产。未来双方在联手开展数据挖掘方面,还有更多合作空间。

云传播时代媒介生态环境的变化对媒体的融合转型提出了更高要求,尤其体现在对内容生产和传播人才的能力要求方面。

一是在线组织新闻生产,与用户协同创新的能力。媒体人需要有能力

---

[1] 仇筠茜.新闻策展:"微媒体"环境下突发新闻报道及伦理分析——以美国马拉松爆炸案报道为例[J].国际新闻界,2013(9).

更好地和公众展开对话，通过新闻众包等手段，更主动地把用户生产内容（UGC）纳入有时效性的专业新闻生产（PGC）中，比如，培养稳定的短视频拍客资源，维护长期的合作关系等。同时，这种协同创新也包括和其他云平台展开长期深入合作的协调与对接能力。

二是信息的搜集、筛选、查证和整合的能力。"在一个传播报道无止境的流动环境中，职业新闻记者能够提供的附加价值就是他们有能力来整合信息，提供一个理解新闻的脉络，并且能够从搜集到的信息中创造出意义来。"[①]面对新冠肺炎疫情这样的重大突发公共卫生事件，记者要在纷繁复杂的网络洪流中做好信息的搜集与核查，特别是数据新闻的分析报道，这考验着记者的能力。

[陈敏，中山大学传播与设计学院讲师、博士；张志安，中山大学传播与设计学教授，中山大学互联网与国家治理研究中心主任，中国外文局中山大学粤港澳大湾区国际传播研究中心主任，中国新闻史学会应用新闻传播学会会长。本文受到中山大学2017年度中央高校基本科研业务费专项资金（编号17wkpy06）的资助。]

---

① 范·哈克，米歇尔·帕克斯，曼纽尔·卡斯特.新闻业的未来：网络新闻[J].国际新闻界，2013(1).

从新冠肺炎热点传播看新闻边界的颠覆与重构

蔡雯 凌昱

【摘要】

当下的新闻传播生态,尤其是对比新冠肺炎期间与17年前的"非典"时期,发生了巨大变化。新冠肺炎事件传播中20个新闻热点事件大多由自媒体推动进入公众视野,而专业媒体仍是后续报道的中坚力量。多元主体介入新闻场域后,新闻边界日益模糊,新闻成为多元主体协作竞争的产物,新闻内容泛化,事实与意见的界限模糊,新闻的对话性与个人视角增强,传统新闻基模面临社交媒体新叙事的颠覆。

【关键词】

自媒体;专业媒体;新闻边界

一、引言

(一)核心问题

2020年初暴发的新冠肺炎极易与2003年的"非典"相连,但相隔17年的两次疫情的信息传播却因技术和媒体的变迁发生了极大的变化。近年来,学界业界围绕新闻重构所讨论的诸多问题也恰借这一新发生的"国际公共卫生紧急事件",获得了更多鲜活的案例和思考的空间。

17年前,"非典"在传统媒体、网络媒体、手机短信等多种传播渠道中得以"呈现",尤其是在媒体报道介入后,主流媒体较好地引导了舆论,"4

月中下旬以后，大部分话题方向基本上与主流媒体一致"①。同时，2003年，也正是门户网站的巅峰时代，"年轻的新浪新闻引领了整个中文互联网的报道走向"②。而2020年的当下，技术赋权深刻影响新闻生产，媒介机构不再是阐释新闻事件的唯一主体，新闻的价值和意义在互联网社交平台上不断重构，新闻边界日益模糊。

"边界工作"这一概念最早由托马斯·吉林（Thomas Gieryn）提出。他认为，通过修辞手段，各个群体参与"边界工作"，以争夺"认知权威"（epistemic authority），即"定义"描述和解释现实的有限领域的合法权力"，对于"新闻"的意义争夺会对新闻本身产生影响。③

目前关于新闻边界的观点集中于三点：第一，传统记者对固有新闻边界的保守与"修补"，面对新媒体的冲击，传统媒体记者一方面在努力适应，另一方面擎起"负责""透明""查证"等大旗④以及"新闻专业性"⑤以捍卫自己的专业边界；第二，强调"模糊的边界"，新闻专业边界的张力源于传统媒体的专业控制逻辑和数字媒体的自由参与逻辑之间的矛盾，对此，适应与开放的混合逻辑注定将占据新闻专业意识形态的垄断地位（a hybrid logic of adaptability and openness）⑥，同时，新闻的核心知识和外围知识的边界在网络时代逐渐趋于模糊，并进一步多样化、复杂化⑦；第三，是新闻的去边界化（de-boundedness），新媒体的勃兴所带来的去边界化主要表现在平台边界、职业边界和报道边界的全面失守⑧，各种自媒体和社交媒体正以非中心、即时更新、贴近普通人的日常生活、生成各种"我群"（in-group）的新闻性

---

① 夏倩芳，叶晓华.从失语到喧哗：2003年2～5月国内媒体"SARS危机"报道跟踪[J].新闻与传播研究，2003(2):56-65.
② 薛陈子.媒体战疫，他们做出了选择[Z/OL].微信公众号"观媒智库"，2020-01-27.
③ Carlson, M., Lewis, S.. Boundaries of Journalism[M]. London: Routledge, 2015:1-18.
④ Carlson, M., Lewis, S.. Boundaries of Journalism[M]. London: Routledge, 2015:37-50.
⑤ 陈楚洁，袁梦倩.新闻社群的专业主义话语：一种边界工作的视角[J].新闻与传播研究，2014(5):55-69.
⑥ Lewis, S..The Tension Between Professional Control and Open Participation: Journalism and its Boundaries[J]. Information, Communication & Society,2012,15(16): 836-866.
⑦ 郑忠明，江作苏.作为知识的新闻：知识特性和建构空间——重思新闻业的边界问题[J].国际新闻界，2016,38(04):142-156.
⑧ 尹连根，王海燕.失守的边界——对我国记者诠释社群话语变迁的分析[J].国际新闻界，2018,40(08):6-24.

信息，颠覆所谓传统的"新闻范式"①。因此，新闻边界是模糊的、易变的、有争议的。

传统新闻机构的衰落和新的交互式媒体工具的兴起引发了关于"什么是新闻"的探讨，新闻由实践和话语共同产生，是无限制的话语交流的结果，必然是流动的。②因而，新冠肺炎的新闻传播中，谁是主力？谁更有影响力？多元主体又是如何在互动中重构新闻的？无疑是一个个值得讨论的话题。

新冠肺炎疫情暴发与"病毒可以人传人"的事实真相未能及时公开直接相关，新闻媒体的失职也因此被诟病。在疫情危机不断加剧的过程中，各类媒体的表现也一再成为舆论热点。本文通过对新冠肺炎事件中诸多新闻热点的观察和分析，主要探讨当下多元主体如何在互动中重构新闻。

（二）研究样本及方法

本文依托"知微事见"平台收集热点事件及重要报道。"知微事见"是全域覆盖的互联网社会热点聚合平台，其通过抓取筛选、加权计算微博、微信、网媒三大平台上与事件相关的海量数据，结合事件传播本身周期规律对事件影响力进行计算③，在短时间内达到高传播量的事件、在长期内保持一定传播量的事件以及在网络社交媒体中引起热议的事件都将收入"事件库"。同时，"知微事见"将事件的声量以趋势图的形式呈现（见图1），事件"传播趋势"可以以小时为单位显示并追溯每个时间段上各平台渠道影响力前八的关键传播信息（图1中右侧）。

---

① 谢静. 微信新闻：一个交往生成观的分析[J]. 新闻与传播研究, 2016,23(04):10-28+126.
② Carlson, M., Lewis, S.. Boundaries of Journalism[M]. London: Routledge, 2015:137-151.
③ 知微事见：事件影响力指数（Event Influence Index，简称 EII）是基于全网的社交媒体和网络媒体数据，用来刻画单一事件在互联网上的传播效果的权威指标。指数的计算数据来自全网的社交媒体和网络媒体数据。事件影响力指数是根据事件在社交媒体（以微博、微信为主）和网络媒体上的传播效果进行加和，加和后的事件影响力再通过归一化运算得到范围在 0—100 的事件影响力指数，参见 https://ef.zhiweidata.com/description，引于 2020 年 3 月 28 日。

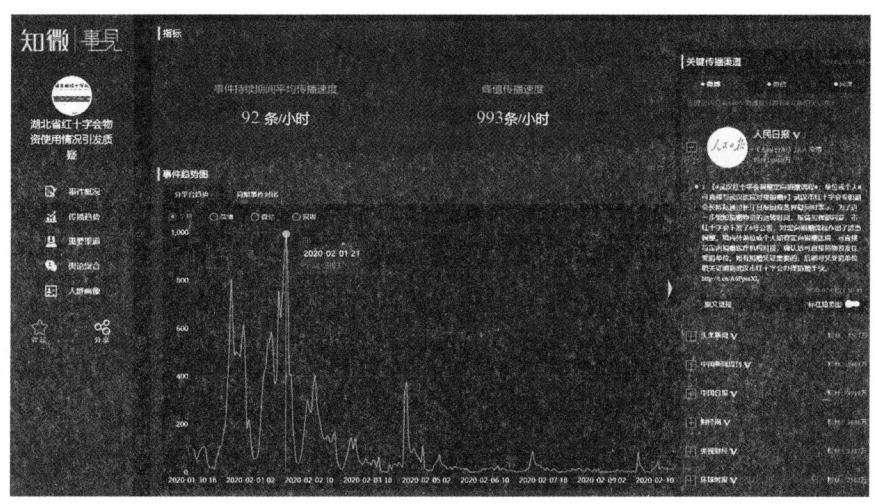

图1 事件"湖北省红十字会物资使用情况引发质疑"传播趋势

本文的观察时间段为2019年12月30日至2020年2月29日。12月下旬,在一张流传甚广的微信聊天记录截图中,武汉市中心医院眼科医生李文亮在大学同学群内说,华南海鲜市场已经确诊7例SARS("非典"),随后12月30日武汉市卫健委发布《关于做好不明原因肺炎救治工作的紧急通知》,"不明原因肺炎"引起人们关注。此后,舆论场呈现"多种叙事"的特征,展示着舆论走向的复杂性。①而随着2020年3月1日《人民日报》《28个0!28省区市新增病例为0》报道"多个省区市确诊病例连续多日零新增"以及"武汉市硚口武体方舱医院休舱"的好消息,舆论场中呼吁从全面防治疫情的战时状态中解绑的声音开始显著出现,兼顾防疫与经济生活的观点逐步抬头。②同时,国际方面疫情的发展使得国内对国际疫情防治、输入性病例的讨论成为增量。因此,本文以2020年2月29日为观察截止时间点,考察从事件起始至此热点事件传播的状态。

样本的选择,依托"知微事见"的"事件库"选取观察时间段内与新冠

---

① 张友发. 抗疫时期的中国舆论场① [Z/OL]. 微信公众号"三声",2020-01-26.
② 刘浩川. 抗疫时期的中国舆论场⑤:市场的角色 [Z/OL]. 微信公众号"三声",2020-02-27.

肺炎相关的事件105件①，并依据事件影响力指数，选取影响力排名前20的事件为考察对象（见表1）。

表1 影响力指数排名前20的新冠肺炎相关事件

时间	事件	影响力指数
2019年12月30日至2020年1月19日	武汉等多地发生新型冠状病毒感染的肺炎疫情	100
2020年1月23日	武汉以"小汤山模式"建立医院	84.7
2020年1月20日	北京发现新型冠状病毒感染肺炎病例	81.7
2020年1月31日	世卫组织将新型冠状病毒疫情列为国际关注的突发公共卫生事件	79.2
2020年1月30日	湖北省红十字会物资使用情况引发质疑	76.1
2020年2月6日	疫情"吹哨人"李文亮医生因感染新冠肺炎去世	74.8
2020年1月23日	武汉宣布"封城"	73.4
2020年2月23日	统筹推进新冠肺炎疫情防控和经济社会发展工作部署会议在京召开	71.8
2020年2月23日	全国多地下调新冠肺炎疫情应急响应等级	71.7
2020年2月8日	专家称：新冠肺炎传播途径含气溶胶传播	71
2020年1月31日	上海药物所、武汉病毒所：双黄连口服液可抑制新型冠状病毒	70.4
2020年2月19日	国家卫健委发布《新型冠状病毒感染的肺炎诊疗方案（试行第六版）》	68.3
2020年2月13日	湖北单日新增确诊病例破万	68
2020年2月13日	湖北省委主要负责同志职务调整	67.3
2020年2月26日	中央多部门联合调查组对刑释人员离汉抵京事件进行调查	67.2

---

① 收集热点事件的时间为2020年3月4日，随着事件发展，观察时间段内的事件可能继续增加，其中未结束的事件影响力指数可能也会有所变化。本文主要聚焦于国内新冠肺炎，因而收集的热点事件中不包括"韩国大邱、庆尚北道等地区疫情暴发""日本钻石公主号邮轮出现新冠肺炎聚集性感染"等，与新冠肺炎相关但并非疫情主要内容的事件如"国常会决定：阶段性减免企业社保费和实施企业缓缴住房公积金政策"等也不包含在内。除此之外，由于在2019年12月30日至2020年1月20日间，所有报道均收录于"武汉等多地发生新型冠状病毒感染的肺炎疫情"事件中，并未再有单独的相关事件收录到"知微事见"事件库中，因而我们也将该事件此时间段作为一独立事件，纳入数据收集中。

续表1

时间	事件	影响力指数
2020年2月27日	钟南山院士出席广医大疫情防控新闻通气会介绍疫情总体情况	67.2
2020年2月4日	公共卫生专家预测疫情高峰拐点2月21日左右出现	67
2020年2月20日	武汉新增病例高于湖北全省引关注	67
2020年2月9日	钟南山团队最新论文：新冠肺炎最长潜伏期可达24天	66.5
2020年1月29日	顺丰快递员拦截包裹卖口罩	65.6

本研究综合采用多种研究方法。根据"知微事见"的20个热点事件最有影响力的信息发布渠道的统计，我们追踪到了这些渠道所传播的最重要的内容，确定这些内容的原创者，通过对热点事件起始处与高峰处新闻生产者、内容及其影响的分析，讨论在热点事件传播中谁是新闻的首发者，谁更有影响力以及多元主体如何在互动中重构新闻边界的问题。

统计中，专业媒体即职业化的新闻媒体，主要由传统党媒、市场化媒体及其新媒体延伸产品构成，具有官方认可的新闻采编资质；自媒体依托社交媒体平台创建，按主办者身份分为个人类自媒体与机构类自媒体。其中，机构类自媒体指党委、政府部门、群团组织或企事业单位等创办的新媒体，它们不具备时政类新闻的采编权，主要发布本机构或本行业的资讯。由于平台媒体如"梨视频""沸点视频"（一点资讯旗下）为二类新闻信息服务资质，只可转载没有采编权，因而本文将此类平台媒体的原创内容归为机构类自媒体。

二、自媒体：新闻首发，推动事件进入公众视野的重要力量

通过追踪关键传播渠道所传播的最重要的内容，共收集热点事件起始处与峰值处的重要报道72篇。起始处的报道主要是事件的首发稿件，据此可以

看出在各热点事件中谁最先发声。

表2　影响力指数排名前20的热点事件首发稿件及报道主体①

事件	首发媒体	发稿时间	主要内容（标题）
1	个人微博"Simon李哥001"	2019年12月30日22时58分38秒	什么肺炎，应该是传染，大家小心
2	个人微博"脱单奔现社"	2020年1月22日23时17分	真的应该像北京一样建立一座小汤山医院，这个武汉的情况太严重了啊
3	机构微博"健康大兴"	2020年1月20日2时44分	大兴区确诊两例新型冠状病毒感染的肺炎病例
4	个人微信公众号"有槽"	2020年1月31日3时49分	世卫组织宣布新冠肺炎为全球公共卫生紧急事件
5	机构微信公众号"博爱荆楚"	2020年1月29日23时32分	第一批次防控新型冠状病毒肺炎捐赠物资使用情况
5	个人微博"网友"		质疑其中"N95口罩36000个"的接收和使用
6	个人微博"罗煜Louis"	2020年2月6日22时8分	李文亮医生去世了，武汉政府欠李文亮医生一个道歉。当年在武大的第一个专业是临床七年，他是我上一级的师兄
7	媒体网站"长江网"	2020年1月23日2时0分	武汉市新型冠状病毒感染的肺炎疫情防控指挥部通告

---

① "湖北省红十字会物资使用情况引发质疑"事件中，根据"知微事见"事件梳理，1月29日晚11点32分湖北省红十字会在微信公众号"博爱荆楚"上公布了第一批次防控新型冠状病毒肺炎捐赠物资使用情况，随后网友对《物资使用情况公布表（一）》中第14条记录"N95口罩36000个"的接收和使用提出疑问，从而使该事件引起广泛关注。除此之外，事件"全国多地下调新冠肺炎疫情应急响应等级"与"中央多部门联合调查组对刑释人员离汉抵京事件进行调查"也是由多个报道主体共同推进的。

续表2

事件	首发媒体	发稿时间	主要内容（标题）
8	媒体微博"新华视点"	2020年2月23日15时30分	习近平出席统筹推进新冠肺炎疫情防控和经济社会发展工作部署会议并发表重要讲话
9	机构网站"甘肃省卫生健康委员会"	2020年2月21日14时50分07秒	公告
9	媒体网站"新华网"	2020年2月22日09时0分	辽宁省新冠肺炎疫情防控应急响应调整为省级三级
9	机构网站"山西省人民政府办公厅"	2020年2月23日22时42分	山西省突发公共卫生事件一级应急响应调整为二级应急响应
9	机构网站"健康贵州"	2020年2月23日23时2分26秒	公告
9	媒体网站"云南日报"	2020年2月24日7时38分04秒	云南疫情防控响应级别由一级调整为省级三级
10	媒体网站"澎湃新闻"	2020年2月8日14时34分	疫情防控新闻发布会｜新冠肺炎传播途径包括气溶胶传播
11	媒体微博"新华视点"	2020年1月31日22时46分11秒	上海药物所、武汉病毒所联合发现中成药双黄连口服液可抑制新型冠状病毒
12	机构网站"国家卫生健康委员会"	2020年2月19日	关于印发新型冠状病毒肺炎诊疗方案（试行第六版）的通知
13	机构网站"湖北省卫生健康委员会"	2020年2月13日07时42分	2020年2月12日湖北省新冠肺炎疫情情况

续表2

事件	首发媒体	发稿时间	主要内容（标题）
14	个人微博"网民老林"	2020年2月13日9时47分14秒	网传：上海市市长应勇出任湖北省委书记，济南市市委书记王忠林出任武汉市市委书记！老林到百度和今日头条都搜索了，没有官方消息！
15	机构微信公众号"东城区崇外街道新怡家园社区"	2020年2月26日12时02分	社区温馨提示
15	个人微博"人民随笔"	2020年2月26日13时59分	东城新怡家园出现的一个病例，2月22日来从武汉来京，还有发热史，幸好一到北京就被隔离了……这人是怎么出的武汉
16	媒体网站"奥一网"	2020年2月27日10时12分	钟南山谈疫情进展：有信心4月底控制疫情，疫情不一定发源在中国
17	媒体网站"环球网"	2020年2月4日12时52分	耶鲁公共卫生专家：疫情高峰拐点2月21日左右出现
18	机构网站"湖北省卫生健康委员会"	2020年2月20日6时33分	2020年2月19日湖北省新冠肺炎疫情情况
19	机构微信公众号"中国循环杂志"	2020年2月9日23时56分	不排除超级传播者！钟南山等552家医院千余例新冠肺炎患者研究：潜伏期平均仅3天，近六成初诊时无发热，15%为重症患者
20	个人朋友圈"张某某朋友圈"	2020年1月29日	自称顺丰快递员，通过"拦截"货品的方式，私自将用户的包裹拆开，并在视频中公开叫卖

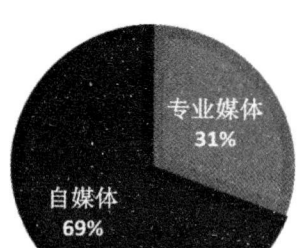

图2 首发稿件报道主体中自媒体与专业媒体占比

传统媒体时代，职业记者作为阐释社群在新闻网的时空维度上以"当时当地"模式（local mode）来建构其对关键事件的文化权威，作为新闻事件的见证者（或作为见证者的转述者），收集并呈现稀缺的"硬事实"。而在信息技术的辅助下，当事人或是目击者因为在场而占有时间和空间优势，可以实时发布突发事件的信息，这打破了新闻记者作为唯一的正统发声器的垄断[1]，专业媒体的"认知权威"即"新闻业有权力和能力决定传递何种信息，以及如何解释现实"[2]受到挑战。在20个事件中，由自媒体作为首发来源的事件有14件。在"武汉等多地发生新型冠状病毒感染的肺炎疫情"（2019年12月30日至2020年1月19日）初始阶段，李文亮作为"当事人"在群聊中发声并被截图上传至微博引起广泛关注。同样在"疫情'吹哨人'李文亮医生因新冠肺炎去世"事件中，2月6日晚10点左右，"李文亮逝世"的消息由知情的数名医生发布。

自媒体诞生之后，专业媒体对新闻传播的控制被打破，前者的自由发声与后者的专业报道并驾齐驱，改变了新闻的话语结构。在"湖北省红十字会物资使用情况引发质疑"与"中央多部门联合调查组对刑释人员离汉抵京

---

[1] Massey, T., Cokley, J..Deconstructing the Discourse of Citizen Journalism: Who Says What and Why It Matters[J]. Pacific Journalism Review,2008,14(1): 94-114.

[2] Garman, A..Teaching Journalism to Produce "interpretive communities" Rather Than Just "professionals" [J]. Ecquid Novi: African Journalism Studies, 2005,26(2):199-211.

事件进行调查"中，机构类自媒体成为舆论的引爆点，前一事件缘于网友质疑湖北省红十字会微信公众号"博爱荆楚"发布的《物资使用情况公布表（一）》中第14条记录"N95口罩36000个"的接收和使用情况，随后，武汉协和医院医生@协和医Do先生在微博求助"不是告急！是没有了！！协和医院的物资即将全部用尽，恳请社会帮助"，物资分配效率上的追求与武汉红十字会本身组织上的乏力迅速成为矛盾点，再度成为公众对监督、透明情绪表达的焦点对象。后一事件先由东城区崇外街道新怡家园社区的微信公众号发布《社区温馨提示》，表示该小区有一名女子确诊新冠肺炎现已隔离，但该文中"H女士于2月22日从武汉来京"引起@人民随笔等网友关于"这人是怎么出的武汉？"的质疑。

同时，伴随着微博、微信、客户端等社交媒体平台及资讯聚合平台的崛起，政府、企业、社会组织等机构纷纷进驻并相汇于数字化新闻场域中。多个热点事件中[①]，官方部门机构类自媒体越过专业媒体，第一时间通过其官方网站公布信息。除此之外，如机构微信公众号"中国循环杂志"等专业知识生产者介入新闻场域，因其对专业知识领域的优势占有成为新闻的首发者。

水平的（horizontal）传播架构在给予民众表达的可能的同时，也带来了内容的混乱和嘈杂。在"顺丰快递员拦截包裹卖口罩"事件中，当事人张某杰用手机拍摄了4段其自编自演拦截口罩叫卖的视频并上传至微信朋友圈，该视频被转至微博并引起极大关注，在顺丰集团及专业媒体的澄清下，证实此信息为谣言，当事人张某杰因编造虚假视频信息扰乱社会秩序被拘留15日。"湖北省委主要负责同志职务调整"事件也首先由自媒体以"网传信息"的形式爆出。谣言与未经证实的信息以新闻的形式被不断传播。

---

① 包括事件"北京发现新型冠状病毒感染肺炎病例""全国多地下调新冠肺炎疫情应急响应等级""国家卫健委发布《新型冠状病毒感染的肺炎诊疗方案（试行第六版）》""湖北单日新增确诊病例破万""武汉新增病例高于湖北全省引关注""钟南山团队最新论文：新冠肺炎最长潜伏期可达24天"。

三、专业媒体：跟进互动，事件报道的中坚力量

热点事件峰值处的报道主要是关键渠道发布（转载）最多的稿件或信息，据此可以看出热点事件发展过程中是什么样的新闻内容影响力最大，以及其原创是谁。

表3 影响力指数前20的热点事件传播趋势高峰处具有影响力稿件及报道主体

事件	原创	主要内容（标题）
1	媒体微信公众号"第一财经"	武汉不明原因肺炎已做好隔离 检测结果将第一时间对外公布
	媒体微博"央视新闻"	湖北武汉发现不明原因肺炎，专家组已达武汉
	媒体微博"人民日报"	武汉肺炎不能断定是SARS
2	媒体微博"新华社"	经习主席批准 军队医疗力量承担火神山医院医疗救治任务
	媒体微博"央视新闻"	武汉火神山医院正式交付
	媒体微博"央视新闻"	直播！央视记者探访火神山医院
3	媒体微博"人民日报"	北京"1号"新冠肺炎确诊患者出院
	媒体微博"人民日报"	北京启动一级响应
4	媒体微博"人民日报"	什么是国际关注的突发公共卫生事件
	媒体微博"中国日报"	世卫组织新闻发布会：没有必要限制国际旅行和商贸往来
	媒体网站"人民日报"	世卫组织将疫情列为国际关注的突发公共卫生事件，外交部、国家卫健委回应
5	机构网站"湖北红十字会"	湖北省红十字会关于捐赠物资分配有关情况的说明
	媒体网站"央视直播"	总台记者探访武汉红十字会仓库
	机构微博"博爱江城"	近日网上谣传"武汉红十字会拦扣上海医疗队专用医疗物资"引发网友热议。武汉市红十字会对此郑重辟谣
	媒体网站"封面新闻"	男子从武汉红会提一箱口罩放车里 称是给领导配的

续表3

事件	原创	主要内容（标题）
5	媒体网站"新京报"	五问湖北红十字会，"痛定思痛"后这些情况仍待澄清
	媒体网站"长江日报"	武汉市红十字会感谢各界爱心答复各方疑问
	媒体网站"财经杂志"	直击武汉：红会掌控物资待发 协和另获捐赠应急
6	媒体微博"生命时报"	疫情"吹哨人"李文亮去世
	个人微博"张纯"	疫情"吹哨人"李文亮医生还在抢救中，为他祈祷
	媒体网站"财新网"	新冠肺炎"吹哨人"李文亮：真相最重要
7	媒体微博"人民日报"	转发为#武汉加油#！让武汉人民知道，全国人民和你们在一起！
	媒体网站"财新"	武汉凌晨宣布交通封城 部分市民游客选择连夜出城
8	媒体微博"央视新闻"	习近平对疫情防控的最新部署，一组数字读懂
9	机构网站"广东省卫生健康委员会"	广东省决定省重大突发公共卫生事件一级响应调整为二级响应
	媒体网站"人民网"	多省下调新冠肺炎疫情应急响应等级
10	机构网站"国家卫生健康委员会"	新冠肺炎如何传播？还能开窗通风吗？戴口罩能否有效防止气溶胶传播？
	媒体网站"广州日报"	防范气溶胶传播，专家指引这样做
	媒体网站"新京报"	气溶胶传播，国家卫健委最新解释是"尚待明确"
11	媒体微博"每日经济新闻"	网上药店双黄连口服液基本脱销
12	机构网站"国家卫生健康委员会"	《新型冠状病毒肺炎诊疗方案（试行第六版）》解读
	媒体网站"科技日报"	磷酸氯喹拟被纳入新版新冠肺炎诊疗方案

续表3

事件	原创	主要内容（标题）
13	媒体微博"央视新闻"	湖北首次将临床诊断病例数纳入新增数据
	媒体微博"环球网"	有些病人"迟迟不呈现阳性" 曾光：湖北将临床诊断病例数纳入公布 有助堵住传播漏洞
14	媒体微博"人民日报"	湖北省委主要负责同志职务调整
	媒体微博"人民网"	应勇任湖北省委书记（图/简历）
15	媒体微博"新闻1+1"	白岩松谈武汉来京女子确诊新冠肺炎：看似严密的防控出现松动？
	媒体网站"新京报"	独家：湖北监狱回应"刑释离汉"问题；中央多部门联合出手调查
16	媒体网站"人民网"	钟南山解释出院病人核酸复阳：一般不会再被感染，出院病人复阳应关注是否会传染别人
17	媒体微博"央视网"	钟南山说疫情拐点还需时日：早发现早隔离是关键
	媒体微博"中国新闻网"	钟南山：疫情拐点还未到来 仍无特效药
18	媒体微博"人民日报"	为什么武汉新增病例高于湖北全省？这个数据你需要看懂
19	机构网站"科学网"	钟南山领衔新发论文：不排除"超级传播者"，个别潜伏期超三周
	媒体网站"南方都市报"	钟南山团队最新论文披露重要数据
20	机构微博"顺丰集团"	严正声明
	机构微博"沸点视频"	顺丰快递员"偷"包裹卖口罩？顺丰回应：系寄件人微商捏造

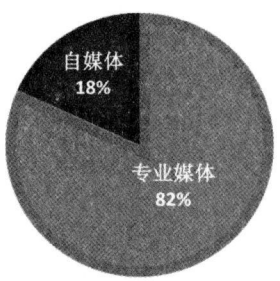

图3 具有影响力稿件报道主体中自媒体与专业媒体占比

自媒体虽成为推动事件进入公众视野的重要力量,但其信息呈现碎片化的特征,大部分微博或微信文章只能只言片语地讲述"发生了什么",并更多地发表个人感受或提出疑问,却难以系统地做出深层解释。在热点事件的初步信息或有关质疑上,自媒体的首先发声虽在一定程度上影响着专业媒体的报道议程,但比较完整而权威的诠释仍是由专业媒体所提供的①,在事件发展趋势的高峰处,专业媒体成为报道主力。如第一财经在12月31日上午致电武汉市卫健委,求证微博上流传的"不明肺炎"情况及《关于做好不明原因肺炎救治工作的紧急通知》文件的真实性,随后其报道《独家:武汉不明原因肺炎已做好隔离,检测结果将第一时间对外公布》迅速引爆网络,成为国内最早确认武汉发生"不明原因肺炎"的新闻报道。有评论认为"媒体公开疫情其实面临很大的风险,第一财经快速求证并敢于公开报道,对随后武汉疫情的公开发布厥功至伟"②。第一财经的此条消息稿发布后,其他主流媒体迅速跟进,掀起了第一波报道高潮。同时,《人民日报》报道《武汉发现不明原因肺炎,不能断定是SARS》"真正对舆论定调"③,据观察,"武

---

① 包括事件"世卫组织将新型冠状病毒疫情列为国际关注的突发公共卫生事件""统筹推进新冠肺炎疫情防控和经济社会发展工作部署会议在京召开""专家称:新冠肺炎传播途径含气溶胶传播""湖北单日新增确诊病例破万""武汉新增病例高于湖北全省引关注""钟南山团队最新论文:新冠肺炎最长潜伏期可达24天"。
② 动态大参考.坚定逆行的背影!中国13家市场化媒体新冠肺炎疫情报道解析[Z/OL].(2020-02-02)[2020-03-28].https://baijiahao.baidu.com/s?id=1657393394865526960&wfr=spider&for=pc.
③ 张友发.抗疫时期的中国舆论场①[Z/OL].微信公众号"三声",2020-03-26.

汉发现不明原因肺炎"12月31日中午12点左右便立刻登上微博热搜榜首位，约两小时后，"武汉不明原因肺炎不能断定是SARS"的热搜紧随其后居于第二。①专业媒体的调查和介入起到验证（validate）网络线索的作用。

专业媒体拥有的行政资源和社会地位有助于推动事件发展，在与自媒体的互动中揭示真相并促使问题得到解决。由自媒体揭露红十字会物资分配存在问题后，人民日报官方微博转发网友@BigWayneWu发布的关于武汉协和医院物资紧缺的内容，提问究竟是物资紧缺还是物资分配环节存在问题②；2月1日下午，央视记者探访武汉红十字会，记者试图探访仓库物资分发处受到保安阻拦，交涉过程中直播被切断，更是引起公众广泛关注；武汉《长江日报》由于其党报属性以及与当地政府的地缘亲密关系，侧重发布武汉红十字会对于事件的回应与解释，而其他异地的专业媒体则更致力于揭露问题和追寻真相。多元主体的互动，倒逼相关部门信息公开。2月2日，武汉市慈善总会发布公告称，该会收到的每笔爱心捐款将全程全额公开，均可上官网查询明细；2月4日湖北省纪委监委公开通报称，湖北红十字会三名厅级干部被问责，专职副会长张钦被免职。

四、新闻边界的模糊及其重构

新冠肺炎热点事件的传播，表现出多元传播主体介入新闻场域对新闻边界的变化产生影响。

（一）多元主体的角逐与新闻传播的自组织现象

技术革新降低了公共传播的门槛，社交媒体的介入让行业机构和独立个体都可以成为信息生产者，新闻生产与传播亦不再由专业媒体垄断，多元化的新闻生产主体在舆论场中进行话语竞争，新闻传播的自组织现象由此呈现。"知

---

① 端传媒.疫情与舆情十七年：被瞒报的SARS与被孤立的武汉[Z/OL].(2020-01-25)[2020-03-28]. https://theinitium.com/article/20200125-mainland-wuhan-sars-pneumonia-publicity/.

② 该网友已更名，且微博内容已删除。

微事见"平台的相关数据表明，在20个新闻热点事件的起始与峰值，最重要的传播者中，专业媒体占63%，自媒体占37%①，多元主体的互动和竞争构成了更为完善的事件图景。专业媒体首发的报道，内容主要集中于"政策推进"②与"疫情防控进展"③。而自媒体作为首发信源的内容，主要有"易造成社会恐慌的相关内容"（含谣言、悲惨的人和事）④、"求治进展"⑤以及"事件问责"⑥。党媒依然着力于政策宣传和舆论导向，市场化媒体在深度调查方面更显锐气，自媒体则补足个人视角，呈现草根、分散、全天候的特征。

自媒体作为新的行动者参与到新闻生产之中，开放参与与专业控制之间的张力使生产者与用户之间的边界变成一个竞争性的空间。⑦某些新闻事件中，自媒体发出和专业媒体不一样的声音，直接挑战专业媒体对现实的阐释，与其争夺对现实事件的定义以及对公共议程的设置。例如在李文亮事件中，专业媒体"宣布"李医生抢救无效死亡后集体改口，导致当晚舆论场的冲突与撕裂，一方面是人民日报、央视新闻等专业媒体转发"等一个奇迹"，另一方面是网友的质疑，"拖延几分钟，说还在抢救，这是舆论控制的老手段，这叫延宕情绪，直接公布死讯公众愤怒太大，要把愤怒转化为对奇迹的失望。现在大家不就觉得愤怒少了很多嘛"。同时，专业知识生产者的介入，出现专业知识、工作相联系构成的"管辖权"的争夺⑧，在微信公众

---

① 该数据根据影响力指数前20的热点事件传播趋势起始处首发稿件与高峰处具有影响力稿件的报道主体占比计算得出。

② 包括事件"武汉宣布'封城'""统筹推进新冠肺炎疫情防控和经济社会发展工作部署会议在京召开""全国多地下调新冠肺炎疫情应急响应等级"。

③ 包括事件"专家称：新冠肺炎传播途径含气溶胶传播""双黄连口服液可抑制新型冠状病毒""钟南山院士出席广医大疫情防控新闻通气会介绍疫情总体情况""公共卫生专家预测疫情高峰拐点2月21日左右出现"。

④ 包括事件"武汉等多地发生新型冠状病毒感染的肺炎疫情""北京发现新型冠状病毒感染肺炎病例""世卫组织将新型冠状病毒疫情列为国际关注的突发公共卫生事件""疫情'吹哨人'李文亮医生因新冠肺炎去世""顺丰快递员拦截包裹卖口罩""湖北单日新增确诊病例破万""武汉新增病例高于湖北全省引关注""钟南山团队最新论文：新冠肺炎最长潜伏期可达24天"。

⑤ 包括事件"武汉以'小汤山模式'建立医院""国家卫健委发布《新型冠状病毒感染的肺炎诊疗方案（试行第六版）》""湖北省委主要负责同志职务调整"。

⑥ 包括事件"湖北省红十字会物资使用情况引发质疑""中央多部门联合调查组对刑释人员离汉抵京事件进行调查"。

⑦ Lewis, S.. The Tension Between Professional Control and Open Participation: Journalism and Its Boundaries[J]. Information, Communication & Society, 2012,15(6): 836-866.

⑧ Abbott, A.. The System of Professions: An Essay on the Division of Expert Labor[M]. Chicago: University of Chicago press, 2014.

号"中国循环杂志"作为首发主体以及浙江大学教授王立铭根据美国医学期刊论文质疑疾病预防控制中心（Centers for Disease Control，简称CDC）高福院士"先发论文后上报"引发关注的事件中，多元主体间的竞争可见一斑。

热点事件中专业媒体在一些重要关头"失语"与"预警失灵"受到公众质疑，如批评武汉当地媒体"如果在疫情刚露头时，就勇敢地介入调查，排除阻力公诸报端，从而引起社会的广泛关注，引导公众及时避险，事情又岂会糜烂至此？"对于党媒前期报道的统计，也发现其并未对新冠肺炎给予充分关注。[1]这也暴露了一部分专业媒体难以摆脱外部困扰及自身局限性，在新闻主体构成发生了颠覆性的改变后，这些媒体面临对其权威性和影响力的严峻挑战。

（二）事实与观点界限模糊及新闻的泛化

传统媒体时代对新闻有清晰的界定。"新闻者，乃多数阅者所注意之最近事实也"[2]，"新近发生的事实的报道"[3]，"经报道（或传播）的新近事实信息"[4]等。对新闻内容也有明确的评判标准，狭义的新闻，是关于客观事实的真实报道；广义的新闻，则包括新闻报道与新闻评论。在专业媒体机构的采编中，事实与观点相区分，并对应相应的文体结构和修辞规范。当新闻生产主体突破了职业从业者的范围之后，不同的报道者对新闻的感觉、经验、体会、认知、理解、评判、认定千差万别，"新闻标准的相对性一面在新的环境中突出地表现出来，因而，新闻呈现泛化的特征"[5]。

在新冠肺炎事件的传播中，专业媒体不再是唯一的"把关人"，无论是职业工作者的原创内容，还是业余作者的自由发布，甚至是网民们的跟帖留言和评论，均可被看成通过媒介进行的新闻生产，新闻的内容边际被拓宽，由事实、当事人的再现以及社会舆论对事实的反馈等更多元素来架构。例如

---

[1] 钱钢.钱钢专文：病毒肆虐时，"党媒"在忙什么？[Z/OL].(2020-02-05)[2020-03-28].https://www.storm.mg/article/2253858？page=1.
[2] 徐宝璜.新闻学[M].北京：中国人民大学出版社,1994:10.
[3] 陆定一.陆定一新闻文选[M].陈清泉，陶铠，编选.北京：新华出版社,1987:2.
[4] 转引自项德生，郑保卫主编.新闻学概论[M].武汉：武汉大学出版社,2000:43.
[5] 杨保军.新闻内容的历史变迁及实质[J].当代传播,2018(6):18-21.

个人的推测"什么肺炎,应该是传染,大家小心"、"顺丰快递员拦截包裹卖口罩"事件中个人发在朋友圈中未经证实的叫卖视频、网友对于红十字会发布的物资分配情况的质疑等。新闻不再基于本源事实,"话语"成为新闻的重要组成部分。新闻的涵盖面变得更大,过去不属于新闻的日常信息、社交聊天抑或是未经确证的信息都被广泛传播。

(三)作为对话的新闻与知识版图的公共建构

在技术力量打开公众参与之门后,有学者提出以知识社会学的视角将新闻描述为一种以"对话"形式呈现的知识形态,并承认在风险社会之中存在知识的不确定性,进而承认任何个人知识的局限性——任何真相只是暂时的。[①]新闻从传统的事实讲授模式转向更加丰富的对话模式,专业媒体与自媒体的互动,对公众理性参与的激励和组织,正在不断拓展新闻的内涵,使其由对事实的报道发展为围绕事实的知识互补、观点交锋和情感交流,尤其是公共事务与焦点事件的新闻传播,已经转向围绕共同关切的知识版图的公共建构。

新冠肺炎期间,自媒体提供信息由头引发专业媒体深度报道,在专业媒体被严控时,这些占据细分领域的自媒体和热衷公共讨论的普通用户,不断填补信息版图,为传播和报道提速,引爆了舆论。如"世卫组织将新型冠状病毒疫情列为国际关注的突发公共卫生事件"新闻热点事件中,首发者个人微信公众号"有槽"撰文回顾了自2009年以来被WHO列入"全球突发性公共卫生紧急事件"的5场疫情,《人民日报》对"什么是国际关注的突发公共卫生事件"提供了背景信息,将新闻"语境化",全民参与传播的新闻不仅是"关于事实的知识",也是"关于事实的知识的知识"。[②]而一些专业媒体围绕公众关切的深度调查在整个过程中也发挥着无可替代的作用,"因为有他们在,我们才知道原来很多人无法被收治而不得不默默在家死去,我们才知道原来华南海鲜市场也许不是最早的病毒感染源。也因为有他们,关于红十

---

① 刘海龙. 新闻素养与下一代新闻业 [J]. 新闻记者,2014(04):71-77.
② 王辰瑶. 未来新闻的知识形态 [J]. 南京社会科学,2013,000(010):105-110.

字会、疾控中心、P4病毒所的很多传言才有人去核实"①。杜骏飞肯定财新与三联的报道时表示，"如此重大的公共卫生危机事件，在如此纷乱的舆论环境下，能读到信息量如此大、情节如此细密的记者现场报道，让无数人了解到了疫情的实况和趋向"②。

新冠肺炎的新闻传播中，个人视角和情绪宣泄非常突出，方方日记引发的争议即是典型个案。本文观察的热点事件中，即便是专业媒体，也多有这样的行为，即将个人生活经历放置于宏观环境之中，将个人故事延伸至社会问题，触及社会公共治理的关键议题，通过传统深度调查报道的操作方式获取信息，并以符合互联网时代传播特征的个体视角微叙事和相对情绪化的表达方式传播信息，激发公众情绪产生共鸣的同时动员网络舆论。如2月7日李文亮"逝世"后，财新网在1月30日对李文亮的采访报道中"一个健康的社会不该只有一种声音"流传甚广，作为八名被训诫的医生之一，李文亮身上投射出了公众对诸多复杂问题的追问，"这一次的全民悲伤，大概是因为，在这位刚离世的医生身上，我们分明看到了作为普通人的自己"③。个人视角及情绪与公共议题宏大叙事的并存、互补和竞争，是作为对话的新闻不同于其以往的新态势，也是复杂社会舆情的媒介化呈现。

（四）传统新闻基模面临社交媒体新叙事的颠覆

樊·迪克（Van Dijk）将新闻结构划分为宏观结构和微观结构两个层次，宏观语言学所处理的是"文本整体所叙说的究竟是什么"的问题，即所谓的主题结构，他认为标题、导语与各段落的起始句，应该按照主题焦点的轻重缓急、时间焦点的远近先后，自上而下的线性方式配置在新闻文本中。宏观语法分析处理的主要是新闻文本内容的配置问题，即新闻基模（news schema）。他认为组成新闻基模的内容是一组类目和编辑这一类目的规则，有标题、导言、背景、引述、事件结局等。④

---

① 红总.让无力者有力，让悲观者前行 [Z/OL].微信公众号"红总不信邪",2020-02-23.
② 杜骏飞.新闻谈话录（杜课928期）[Z/OL].微信公众号"杜课",2020-01-22.
③ 劳东燕.为铭记这一刻，我们能做什么？[Z/OL].微信公众号"劳燕东飞",2020-02-10.
④ T. A. Van Dijk. Handbook of Discourse Analysis[M].London: Academic, 1985:82-88.

传统媒体时代，新闻是"客观的""非情绪化的"，但现在必须与由用户生成更广泛的体裁和叙事形式相抗衡。①社交媒体空间发帖新闻基模已完全不同于传统新闻，新闻伦理规范已失去约束力。断章取义、夸大事实的"标题党"、耸人听闻的导语、来路不明的引述、简单直接的是非判断，这些构成了社交媒体的新型新闻基模。社交媒体时代，新闻传播的基模发生了本质性的转型，传统的新闻报道模式被颠覆了，新闻内容本身的魅力被新闻修辞的魅力取代了。②

热点事件中一些缺乏调查的断言式新闻对专业新闻机构的公信力的损害令人叹息，如"双黄连"的报道受到质疑，"在写作前，记者至少有义务理解研究方法、搜索团队之前的研究成果，或者至少付出努力去理解。作者显然没有付出这样的努力"③。

此外，专业媒体通过入驻微博、微信平台"重夺麦克风"，同时，调适传播范式形成"吸纳专业理念、煽情主义等不同范式元素的'杂糅化'形态"④，如《人民日报》微博在"武汉封城"时的发布："感谢武汉人民作出的巨大付出，你们不容易！武汉加油，咱们一起，打赢这场防疫战！"此类表达与其母报的文风迥异。在与各类自媒体的话语竞争中，专业新闻机构在新媒体上不得不做出世俗化和潮流化的改变。对新闻叙事的传统范式日趋疏离，也是新闻边界趋于模糊的又一个面向。

五、余论

迈克尔·舒德森（Michael Schudson）曾估计，在社交媒体上流通的全国及国际新闻中，有90%或95%不是以社交媒体为源头的，新媒体根本不会用尖锐的问题去挑战政府官员的权威，自媒体生产的新闻都与新闻报道、调查和

---

① Carlson, M., Lewis, S.. Boundaries of Journalism[M]. London: Routledge, 2015:169-185.
② 陈龙."借题发挥"：一种中国特色的网络舆论话语生成模式[J]. 新闻与传播研究,2019(12).
③ Henrg. 新华社双黄连报道的三个问题[Z/OL]. 微信公众号"四角之地",2020-02-01.
④ 龙强,李艳红.从宣传到霸权：社交媒体时代"新党媒"的传播模式[J]. 国际新闻界,2017,39(02):52-65.

采访等行为的生产动机无关,这些真正的新闻业应当履行的责任,仍然是由"老派"的传统媒体在承担①。而新冠肺炎事件却表现出相反的情形,大部分相关热点事件中自媒体作为新闻首发者,相较于专业媒体,自媒体首发的内容"问责"意味更浓。这也说明,新闻传播终究是在特定国家与地区的社会环境和新闻规制框架内的活动,讨论新闻边界无法脱离本土的现实条件和发展空间。

新闻在传统媒体时代作为专业生产的产物有着清晰的边界和专业规范,而在媒体生态剧变之后,专业新闻生产的垄断性告终,新闻由对事实进行报道的职业化行为变成围绕事实的多元主体间协作与竞争的产物。不同身份的新闻生产者共担"知晓性新闻"的报道,而拥有专业资源优势的职业新闻更有条件扩展新闻的知识边界,重建"文化权威"。当下,面对社交媒体的观点市场和新叙事的冲击,专业媒体对自己新闻"失范"行为的反思和矫正迫在眉睫,与其他主体的竞合关系及策略也亟待探索。

需要说明的是,新冠肺炎事件发展中还有一些报道在发布后迅速被删除,未能进入"知微"的榜单和纳入本项研究,但其中一些在实际上产生了较大影响。这一现象及其引发的争议对于理解当下"新闻边界"亦有启示,它再一次证明新闻业作为社会运行系统的有机组成部分从来不是孤立的存在,新闻边界的变化只是社会发展阶段中诸多要素和权力博弈的结果。而在人类历史长河中,新闻边界的变化将永远存在。

(蔡雯,新闻与社会发展研究中心主任,中国人民大学新闻学院教授;凌昱,中国人民大学新闻学院士研究生。论文原载于《新闻与传播研究》2020年第7期,经作者授权转载。)

---

① 常江,何仁亿.迈克尔·舒德森:新闻学不是一个学科——历史、常识祛魅与非中心化[J].新闻界,2018(01):12-17.

第三辑
中国新闻业年度观察报告（2021）

年度观察

重大公共事件报道与传播视觉化探索

张志安　姚　尧

【摘要】

本文聚焦2020年新冠肺炎疫情这一重大事件，以相关案例、事件和数据为基础，从新闻行动者、新闻内容、分发渠道、新闻用户四个方面分析本年度中国新闻业呈现的主要特点，并预测发展趋势。研究发现：本年度中央主流报刊印数增加，地方都市报规模进一步压缩，布局短视频客户端成亮点；新闻内容产品呈现出多形态的视觉化特征；传播渠道上，我国媒体融合已逐步深化到融媒智媒共存的发展阶段，县级融媒体中心在疫情期间作用凸显，媒体通过平台化和智能化发展不断拓宽传播的覆盖面和到达率，向多层次的现代传播体系迈进；新闻受众方面，疫情期间电视新闻收视率有较大幅度提升，短视频用户表达出显著的爱国主义情感，网民积极参与网络公益和提供社会支持，"网络用户"加速向"移动生活用户"方向发展。总体上，场景化传播中的视觉化呈现是2020年中国新闻业内容和传播的典型特征。展望2021年媒体的发展趋势，随着"新基建"的开展，智能基础的技术采纳和传播应用会更加普遍，内容视觉形态实践将成为常态，音频内容仍具有较大的市场潜力，网民信息消费行为嵌入日常生活的程度将不断加深。此外，互联网平台的国家治理力度会持续强化。

【关键词】

新闻业；场景化传播；视觉化；智能化；平台化

2020年是全面建成小康社会的收官之年，也是"十四五"规划的谋篇之年。[1]过去一年，聚焦新冠肺炎疫情这一重大事件，各级主流媒体和互联网平台媒体纷纷发力短视频领域，探索出视觉化新闻产品的多种形态。短视频、直播、VR、5G、人工智能等信息传播技术，更深刻地影响到新闻生产、聚合和分发的各个环节。本文以2020年相关案例、事件和数据为基础，从新闻行动者、新闻内容、分发渠道、新闻用户四个方面分析本年度中国新闻业的主要特点，并预测中国媒体的发展趋势。

一、新闻行动者：中央主流报刊印数增加，地方都市报规模进一步压缩，短视频客户端布局成亮点

2020年，中央主流报刊肩负舆论引导的主责，发行量实现增长。国家新闻出版署《2019年新闻出版产业分析报告（摘要）》指出，《人民日报》《光明日报》《经济日报》等中央主流媒体平均期印数和总印数均继续增加。《人民日报》继续稳居综合类报纸平均期印数和总印数第一名，《光明日报》《经济日报》平均期印数和总印数在综合类报纸中排名上升。《求是》《中国纪检监察》《时事报告（大学生版）》《时事（初中）》《半月谈》平均每期印数在超过100万册的基础上继续增加，总印数合计增加1160.5万册。其中，《人民日报》《求是》改扩版，总印数分别增加1965.5万份、213.1万册。[2]

地方都市类媒体则进一步压缩规模，加速结构调整。据不完全统计，2020年，包括《城市快报》在内的13家都市报于2020年元旦正式休刊。[3] 2020年3月1日，吉林《新文化报》休刊。11月5日，成都晚报社正式宣布撤销，此前《成都晚报》已宣布休刊，转型运营"成都发布"和《成都晚报》新媒

---

① 第46次中国互联网络发展状况统计报告 [EB/OL]. CNNIC.(2020-09-29)[2020-11-10].http://www.cac.gov.cn/2020-09/29/c_1602939918747816.htm.

② 2019年新闻出版产业分析报告（摘要）[EB/OL]. 国家新闻出版署.[2020-11-12].http://www.nppa.gov.cn/nppa/upload/files/2020/11/c46bb2bcafec205c.pdf.

③ 2020年正式休刊纸媒不完全名单 [EB/OL]. 软餐.(2020-03-02)[2020-10-15].https://www.ruancan.com/news/incomplete-list-of-paper-media-officially-suspended-in-2020.html.

体。①《中国传媒产业发展报告（2020）》显示，报刊传统发行渠道受新冠肺炎疫情影响严重，一些报刊采取部分时间段内的休刊措施。尽管广播、电视仍然占据着较大的市场份额，但与微博、微信等互联网平台相比，传播功能也在显著弱化。②

虽然传统媒体的规模总体在压缩，但少数媒体本年度布局和发力短视频客户端引起了关注。2019年上线的"天目新闻"快速发展，成为浙江日报报业集团主攻视频内容的拳头产品。天目新闻客户端主动设置议题，推出全新栏目，将视角对准一体化进程中长三角的区域合作和创新举措。2020年元旦，天目新闻策划推出了三省一市联动跨年直播，记者分赴上海、南京、杭州、合肥四地进行多地视频联动直播。该直播被人民日报、央视频等平台第一时间转发推荐，全网点击量超过1000万人次。

2020年9月，南方报业传媒集团推出筹备近一年的"N视频"客户端，由南方都市报负责具体运营。国庆期间，南都视频团队参与了央视、澎湃、现代快报等媒体联合制作的"坐着高铁看中国"的相关策划，推出多种形态的原创内容，涵盖创意动画、人物故事、线路展示等。③置身于当代传播生态格局中观察，不难发现，"天目新闻"与"N视频"客户端的推出，可以被视作主流媒体对抖音等短视频平台迅速崛起的回应，其开始将视觉化内容作为新闻呈现的主要手段来加以探索。

二、新闻内容：专业媒体坚持正面宣传与深度报道，垂直机构媒体注重知识服务，平台媒体助力疫情防控

2020年12月，国家语言资源监测与研究中心发布"2020年度中国媒体十

---

① 成都晚报社今日正式宣布撤销，去年3月已全力转型运营新媒体[EB/OL].百家号"蓝鲸财经".(2020-11-05)[2020-12-09].https://baijiahao.baidu.com/s?id=1682500574824871115&wfr=spider&for=pc.
② 陈妙然.《传媒蓝皮书：中国传媒产业发展报告（2020）》显示，中国传媒产业总产值达22625.4亿元[EB/OL].中国新闻出版广电网.(2020-08-31)[2020-12-09].https://www.chinaxwcb.com/info/565587.
③ 王佳.从视频品牌到"视频版广东发布"——南方报业N视频App的定位策略与发展思路[J].青年记者,2020(30):17-18.

大新词语",该榜单分析了1月1日至11月底的9份主流报纸的文章、20家电台和电视台的节目、4家门户网站新闻的近19亿字次语料。在这十个词语中,有六个与新冠肺炎疫情密切相关:"复工复产""新冠肺炎疫情""无症状感染者""方舱医院""健康码"和"无接触配送"。①新冠肺炎疫情既是席卷全球的重大公共卫生事件,也是过去一年我国新闻业报道的核心议题。

(一)中央级主流媒体积极采纳新兴技术,兼顾权威信息发布和正面宣传引导

疫情发生以来,中央各大主流媒体既是疫情相关信息的权威发布者,也是优质内容的生产者。2020年1月20日央视新闻频道《新闻1+1》栏目白岩松与钟南山院士连线的现场直播,为全国防疫敲响了警钟。此外,新冠肺炎疫情期间,政府在很大程度上承担了风险治理的主导角色,新闻发布成为政府开展风险沟通的主要方式。主流媒体对新闻发布会的直播也成了民众及时了解权威信息的重要渠道。

网络直播是一种场景化传播指导下的媒体实践。在直播过程中,传受双方信息适配实现了个性化服务,更具深度的交互体验促使直播与社交融为一体,全景直播技术的运用深化了用户时空一体化的体验。②"慢直播"第一次介入重大突发事件报道,成为媒体融合传播的全新探索。2月16日,中央广播电视总台央视频《云守望:见证此刻 期待春暖花开》架设在武汉大学的24小时慢直播镜头上线,这是央视频在武汉地标性建筑架设的又一个"慢直播"镜头。疫情期间,中央广播电视总台通过旗下"央视频"平台直播火神山、雷神山医院建设全过程,多机位对准建设工地,截至6月,累计在线观看人次达到了1.7亿,点赞数超221万人次,创造了5700万人同时在线观看的纪录。③

除了"慢直播",Vlog+新闻的报道形式也在新冠肺炎疫情的报道中被

---

① 教育部.汉语盘点:2020年度中国媒体十大新词语发布[EB/OL].中华人民共和国教育部官网.(2020-12-18).http://www.moe.gov.cn/jyb_xwfb/gzdt_gzdt/s5987/202012/t20201216_505872.html.
② 严小芳.场景传播视阈下的网络直播探析[J].新闻界,2016(15):51-54.
③ CTR媒体融合研究院.2020年主流媒体两会报道网络传播效果评估报告[Z/OL].微信公众号"德外5号",2020-06-03.

主流媒体采用，取得了较好的传播效果。据新浪微博的相关话题统计，截至2020年12月25日，新浪微博话题#央视记者武汉Vlog#获得5亿人次阅读量。以央视新闻联合B站知名美食UP主推出的《武汉观察|总台记者Vlog》为例，"食贫道"的主要负责人、央视记者张竣在疫情发生后深入一线，拍摄了17个相关Vlog。在Vlog中，"食贫道"以第一视角向公众直观地展示了雷神山医院施工现场等一线状况，风格轻松自然，内容真实感人，实现了硬新闻的软着陆，有利于减少受众的负面情绪。①

虚拟现实技术也在此次疫情报道中得到了应用。央视网充分应用VR技术，在"VR浸新闻"版块设置"战疫最前线"和"疫线VR报道"系列报道栏目，把VR的手法融入疫情报道中，让网民可以在第一时间近距离观察到雷神山、火神山的建设，方舱医院的现状，武汉城市的变化，以及外卖员、快递员等普通人的日常生活，拉近了网民和防疫一线的距离。②

主流媒体还积极与互联网平台开展合作，两者通力合作助力抗击疫情。新华社客户端联合百度地图、搜狗搜索等科技公司推出"轻应用"，不用下载软件包即可打开应用程序，查阅相关信息，其中包括国内外最新疫情数据、疫情动态新闻、AI人工智能肺炎自测、返程复工交通信息查询等。人民日报微信公众号、微博平台持续更新《紧急扩散》栏目，急寻新冠肺炎患者所在车次、航班的同行人。

（二）地方重点新闻网站和主流媒体紧扣本地疫情防控形势，服务民众疫情信息需求与当地经济社会发展

新冠肺炎疫情发生以来，地方重点新闻网站与主流媒体充分利用本土优势，有效满足了当地用户的疫情信息需求。湖北日报新媒体凭借一系列优质融媒体报道，成为疫情报道中"风暴中心"的突出代表。2020年3月，为答谢援鄂医疗队，湖北日报推出《致敬仁心　感恩大爱》主题报道，成矩阵、全

---

① 郭欣然.Vlog在疫情报道中的应用路径——以央视新闻"武汉观察"系列Vlog为例[J].青年记者,2020(20):48-49.
② CTR媒体融合研究院.2020年主流媒体两会报道网络传播效果评估报告[Z/OL].微信公众号"德外5号",2020-06-03.

平台、多媒体呈现援鄂医疗队感人事迹,首次实现了湖北日报在全国媒体转载、推送的最大全覆盖。湖北日报还推出"全国援鄂省区市媒体抗'疫'联动报道",互推稿件展现"白衣战士"在荆楚大地的英雄事迹。共计上线援鄂专题38个,每日互动稿件量百余条,累计发稿量超过2000条。①

湖北广电长江云利用5G技术直播湖北发布会112场、国新办在武汉举办的发布会10场,累计直播时长101.6小时。新华社、央视新闻、人民网等国家级新媒体端口和长江云、闪电新闻等全国30个省份的67家媒体机构组建的战"疫"集结号报道联盟,以及澎湃新闻、趣头条等市场化网络媒体,也纷纷对新闻发布会进行了实时转播。湖北省内,长江云各市州的120个云上系列客户端每天同步发布,并通过县域融媒体的渠道和力量,将疫情防控的权威声音传递出去。②

随着疫情得到初步控制,主流媒体在报道中突出抗击疫情与经济发展的平衡关系。新华社广东分社2月推出《向风却是最先迎——珠三角复工复产首日见闻》等融合报道,向外界传递出积极信号。南方网发布了一系列预防新型冠状病毒感染宣传片,以快闪视频的形式宣传了广东"四四二二一"的防疫战法;南方+客户端推出"60秒快评广东经济"的音频小专栏,用短平快的报道+评论方式助力产业复工和经济恢复。此外,广州日报还与广州市文明办、广东省餐饮服务行业协会联合发起"使用公筷公勺"倡议,直接促进《广东省餐饮服务业公筷公勺实施指引(试行)》的发布,在全国15家副省级城市中实现"同声共振"。

(三)市场化媒体深入武汉抗疫一线,持续输出专业报道,促进公众对抗疫复杂挑战的全面认知

新冠肺炎疫情期间,市场化媒体深入抗疫一线,做出一系列产生较大影响力的调查性报道。据统计,疫情初期共有财新传媒、《中国经营报》、

---

① 荆楚网.湖北日报又获奖了[EB/OL].搜狐网.(2020-12-13).https://www.sohu.com/a/437949928_119861.

② 孙俊.5G技术在广电直播领域的创新实践——以长江云疫情期间创新闻发布会为例[J].新闻前哨,2020(11):47-48.

《第一财经》、《中国新闻周刊》、《新京报》、界面新闻、澎湃新闻、《中国青年报》、《三联生活周刊》、《北京青年报》①等13家市场化媒体派记者抵达武汉，其中有9家媒体深入疫情一线，这些市场化媒体或进入定点治疗医院，或对参与治疗的医护人员进行采访，发表的原创报道扮演了记录者、监督者、阐释者的多重角色。第一财经在2019年12月31日的消息稿《独家：武汉不明原因肺炎已做好隔离，检测结果将第一时间对外公布》是国内最早确认武汉发生不明原因肺炎的媒体报道。②新冠肺炎疫情发生后，财新传媒将与疫情相关的报道大量向公众免费公开，暂时取消阅读"付费墙"限制，派出专业的记者团队在一线进行报道的同时，还对医疗、民生、金融等与疫情相关的其他领域进行专业报道，共跟踪产出千余篇深度、立体化的全纪录式报道。此外，《财新周刊》连续九期推出封面报道，并通过专栏、火线评论等栏目为疫情防控、制度建设建言献策。③《三联生活周刊》则坚持了"人本主义"的新闻方法论④，自2020年1月20日至2月26日，该杂志全媒体共发出新冠肺炎疫情报道文章超过百篇。其中，微信公众号推送记者原创调查稿60篇；杂志连续出版三期疫情专刊，刊发记者原创报道50余篇。⑤

（四）互联网平台凭借技术优势助力疫情防控，垂直类机构媒体提供知识服务、满足用户需求

新冠肺炎疫情期间，互联网平台媒体在健康数据上报、行程数据监测、救援物资协调、网络精准辟谣方面发挥不可替代的重要作用。同时，大批主流媒体也积极在抖音、快手等短视频平台上进行内容投放与舆论引导。短视

---

① 刘创,刘珊,郭颖茜.媒体传播功能视角下的新冠肺炎疫情报道媒体表现——基于17家市场化媒体的内容核查[J].记者观察,2020(06):72-73.
② 动态大参考.坚定逆行的背影！中国13家市场化媒体新冠肺炎疫情报道解析[EB/OL].百家号"动态大参考".(2020-02-02)[2020-12-10].https://baijiahao.baidu.com/s?id=1657393394865526960&wfr=spider&for=pc.
③ 媒体"战疫",财新疫情报道彰显影响力[EB/OL].财新网.(2020-04-09)[2020-12-10].http://corp.caixin.com/2020-04-09/101540524.html.
④ 李鸿谷.疫情报道,以事实达成真正共识/《三联生活周刊》好稿榜[Z/OL].微信公众号"三联生活周刊",2020-05-24.
⑤ 新观察.这些杂志封面,拼成了2020中国春天的伤与痛[EB/OL].澎湃新闻.(2020-03-11)[2020-12-10].https://www.thepaper.cn/newsDetail_forward_6383718.

频平台海量内容聚合、高效快速分发的枢纽作用使其能够有效助力疫情相关信息传播与舆论引导。比如，媒体抖音号在疫情防控宣传舆论引导中具有反应快、覆盖广、形式活、互动强等优势，以"事件类""人物类""情感类""服务类""知识类"等内容生产发挥视觉化风险传播的优势，展现出很强的辐射力、感染力。①

疫情发生以来，作为新闻业"随机新闻行动者"②，垂直类机构媒体也生产了大量优质内容产品。比如医疗健康领域的"丁香医生"率先构建了"三微一端+短视频"的传播矩阵③，利用知乎平台等互联网传播渠道，使其"新冠肺炎全球疫情地图""疫情信息实时播报""辟谣曝谣""疾病知识"等内容实现了多方位的传播。2020年1月21日，"丁香医生"微信公众号疫情地图与实时播报上线，凤凰网新媒体、阿里巴巴、腾讯随后也分别在凤凰新闻客户端、支付宝阿里健康、腾讯新闻上线疫情地图。在实时呈现病例数据的同时，还在下方注明"较昨日增长数据"。凤凰新闻与腾讯新闻制作的疫情地图还支持"分享实时疫情"，公众点击即可生成图片随时分享给好友或转发至朋友圈，用户体验良好。除此之外，凤凰新闻客户端增设"患者同程查询工具"，搜狗搜索也联合央视新闻和新华网推出"患者同程查询"辅助公众查询所乘班次的疑似病例情况。④

此外，"回形针PaperClip"团队制作了可视化科普视频《关于新冠肺炎的一切》并在微博、B站等平台广泛传播。该视频用动画图解与信息图表等形式将数据可视化，同时将专业知识深入浅出地传达给观众，起到了缓解大众因为未知而产生恐慌情绪的效果。⑤

---

① 张志安,林功成,姚尧,等.2020媒体抖音号抗疫内容传播报告（精华版）[EB/OL].传媒学术网.(2020-12-10).https://www.sohu.com/a/437416422_657052.
② 张志安,王惠玲.机构媒体、随机新闻行动与新闻业的角色流动[J].新闻与写作,2019(05):64-73.
③ 甘小芳.突发公共卫生事件中垂直领域新媒体影响力探究——以丁香医生"新冠肺炎全球疫情地图上线"内容为例[J].西部广播电视,2020(06):3-4.
④ 栾轶玫,张雅琦.新冠肺炎疫情报道中的信息呈现与媒体表现[J].新闻战线,2020(03):12-15.
⑤ 王怡溪,许向东.数据新闻的人文关怀与数据透明——对新冠肺炎疫情报道中数据可视化报道的实践与思考[J].编辑之友,2020(12):69-75.

三、新闻分发：媒体融合中追求智能化、平台化创新，疫情期间的县级融媒体中心作用凸显

人工智能技术正在深刻改变媒体生态，"数据+算法+算力+网络"推动着智能媒体生态的迭代。①信息采集智能化的典型代表之一是新浪自主研发的"鹰眼"平台。鹰眼系统依托新浪丰富的内容数据和微博的社交媒体数据，集成了业内领先的热点线索供给"资源池"。②通过运用大数据、机器深度学习与实时计算，"鹰眼"平台能够帮助采编团队对新闻热点的酝酿、引爆、爆发、传播过程进行建模，通过对某一热点新闻阅读量、转评量、点赞量的变化分析，发现潜在新闻热点并第一时间向用户推荐。

2020年9月，中共中央办公厅、国务院办公厅印发《关于加快推进媒体深度融合发展的意见》（以下简称《意见》），对媒体融合发展提出了新要求。《意见》明确指出，要推动主力军全面挺进主战场，以互联网思维优化资源配置，把更多优质内容、先进技术、专业人才、项目资金向互联网主阵地汇集、向移动端倾斜，让分散在网下的力量尽快进军网上、深入网上，做大做强网络平台，占领新兴传播阵地。③

当前，融媒体中心建设正在加快现代传播体系的构建，上自中央主流媒体、下至县级融媒体的政务传播新格局逐渐成型。其中，媒体平台化和平台媒体化的进程还在加速。④主流媒体平台的构建方式主要可以分为建设自有平台、接入区域专属云平台、接入央媒云平台等三种。在媒体融合日益深化的当下，主流媒体不论是建设自有平台，还是接入第三方平台，其目的都是为了利用智能技术实现向智能媒体的转型，进行更精准、更高效的新闻分发，

---

① 新浪王巍：打造高品质智媒平台 引领媒体未来方向[EB/OL].中国新闻网.(2020-10-28)[2020-12-10].https://www.chinanews.com/zwad/2020/10-28/8666335.html.
② 新浪王巍：充分挖掘数据价值，让新闻可视化提升阅读效率[EB/OL].中国新闻网.(2020-12-02)[2020-12-10].https://www.chinanews.com/business/2020/12-02/9352464.shtml.
③ 新华社.中共中央办公厅 国务院办公厅印发《关于加快推进媒体深度融合发展的意见》[EB/OL].中国政府网.(2020-09-26).http://www.gov.cn/zhengce/2020-09/26/content_5547310.htm.
④ 张志安,李霭莹.变迁与挑战:媒体平台化与平台媒体化——2018中国新闻业年度观察报告[J].新闻界,2019(01):4-13.

以不断提升新闻传播效果。

中央级主流媒体在短视频领域的平台化建设案例是"央视频"。它是中央广播电视总台基于5G+4K/8K+AI等新技术，推出的综合性智能化视听新媒体旗舰平台，也是中国首个国家级5G新媒体平台。"央视频"采用"大中台"加"小前台"的结构设计，通过云服务打通传统媒体生产环节和物理空间，实现从内容数据到用户数据内容的共享分享、互联互通，上线以来已在新冠肺炎疫情、"两会"等重大报道中有积极表现。

上海报业集团的智能媒体转型则是省市级媒体平台化创新的典型案例。通过将5G、大数据、云计算、物联网、区块链、人工智能等六大技术融入新闻传播的采集、生产、分发、接收、反馈等五大流程，上海报业集团编织了多个"智能媒体"运营场景。目前，上海报业集团已经在20个场景中进行业务布局，逐步形成智能媒体矩阵，包括：智能硬件，智能融媒体中心，自媒体聚合平台，机器新闻，机器翻译，智能金融数据平台，政务新媒体平台，新闻内容可视化与视频化，AR（增强现实）文化和VR（虚拟现实），用户平台与智能分发系统，互联网新媒体内容标签系统，新媒体内容智能审核、认证、分发、交易平台，国际传播平台，沉浸式新闻体验，区块链版权系统，纸媒有"声"化，虚拟主播与交互式新闻，智能营销，内容的新触达空间，舆情监测系统与新媒体传播力指数等。[①]

《中共中央关于制定国民经济和社会发展第十四个五年规划和二〇三五年远景目标的建议》指出，要建强用好县级融媒体中心。新冠肺炎疫情期间，县级融媒体中心作用得到凸显，"作为现代传播体系的基础，县级融媒体中心肩负起引导、服务、社区信息枢纽三大功能"[②]。县级融媒体中心主流舆论阵地传播作品最大优势在于"地域和亲情"，由于新闻的地域性和贴近性，县级融媒体中心可生产出吸引受众的优质内容产品。从基层政府服务层面来看，县级融媒体中心能够提供定位准确的精细化便民服务，如湖北省宜

---

① 杨舒鸿吉.上海报业集团党委书记裘新：媒体面对颠覆性技术时代要始终保持定力[EB/OL].界面新闻.(2020-09-27)[2020-12-10].https://www.jiemian.com/article/5046839.html.
② 全国党媒.31省500余案例参评"县级融媒 齐心抗疫"创新案例报告在京发布[EB/OL].人民网.(2020-10-22)[2020-12-11].http://media.people.com.cn/n1/2020/1022/c14677-31902396.html.

昌市秭归县融媒体中心的抗疫创新举措"秭归融媒'爱心助农 消费扶贫'融媒服务项目"。从协助国家治理层面来看，县级融媒体中心则起着基层社会治理枢纽的作用，它既是畅通和规范基层群众诉求表达、利益协调和权益保障的有效通道，又是将矛盾化解在基层，推动基层社会治理转型与治理能力提升的重要抓手。[①]疫情期间，县级融媒体中心在抖音短视频平台上十分活跃，截至2020年7月31日，500余个区县级融媒抖音号共发布7000余条基层"战疫"相关短视频，累计播放量900亿次，成为抖音平台上地方防疫视频内容的主要供应者之一。

四、新闻用户：大众获取疫情信息依赖官方信源，短视频用户爱国情感表达积极，网民数字生活加速移动化

（一）大众主要通过社交媒体获取疫情信息，主流媒体的权威内容最受信任

《2020年主流媒体战疫报道网络传播效果评估报告》指出，央视《新闻联播》自1月以来整体收视明显上扬，收看人数由去年同期的8.3亿增长至9.2亿，增长近11%；节目收视率较去年平均水平增长130%。[②]还有调查指出，疫情期间大众主要通过社交媒体了解新型冠状病毒肺炎疫情信息，使用微信和微博获取疫情信息的民众均超过七成，超过四成的民众通过传统的电视渠道、网站和新闻客户端接收相关信息，亦有29%的人用周围人口口相传的形式了解疫情信息，而只有7.9%的受众通过报纸获取相关信息。在各个渠道的各种消息源中，人们最信任的消息来源还是官方渠道，中央媒体如央视、人民网等，有共89.5%的人认为可靠。排在第二位的是公益组织发布的消息，有77.5%的人觉得可靠。紧随其后的分别是地方新闻媒体（75.6%）、类似新浪网和凤凰网这样的商业网站（71.8%）。人们对微博大V发布的信息和熟人内

---

① 方提，尹韵公.论县级融媒体中心建设的重大意义与实现路径[J].现代传播（中国传媒大学学报），2019,41(04):11-14.
② CTR 媒体融合研究院.2020年主流媒体两会报道网络传播效果评估报告[Z/OL].微信公众号"德外5号",2020-06-03.

部消息信任度最低，有超过六成的人质疑熟人发来的内部消息（61.3%）和微博大V信息的可靠性（60.7%）。①

（二）短视频用户情感化表达特征明显，网民积极参与网络公益与正能量传播

在抖音短视频平台上，用户基于爱国主义和民族自豪感的情感表达十分积极。短视频用户的情感表达首先表现为对武汉的"声援"。相关评论如关于疫情一线武汉"雷神山""火神山"建设进展相关短视频下面的评论。其次，记录医护人员和科研人员的巨大付出的短视频极大地激发了受众对一线医护和科研人员的崇敬之心。如高赞评论"（给力）深夜刷到最好的消息！为科研人员点赞"。短视频受众对"抗疫"一线的医护人员、施工人员表示敬意，不仅极大鼓舞了一线人员抗击疫情的信息和决心，而且通过短视频传播与评论，网民与一线人员之间、网民群体之间形成了情感共同体，振奋了全国人民对于中国抗击新冠肺炎疫情的信心。此外，针对外国对中国抗疫的污名化，短视频用户也进行了有针对性且形式多样的回击。

（三）网络用户加速向"移动生活用户"转变，新闻和知识短视频受到青睐

数字时代用户的媒介使用呈现"泛在""移动"的特征，即一种"永久在线、永久连接"的生活方式。②《2020中国网络视听发展研究报告》指出，我国网络视听用户规模达9.01亿，2019年网络视听产业规模达4541.3亿。在抖音、快手等短视频平台的加速渗透下，我国短视频用户规模已经达到8.18亿，占网民整体的87.0%。③《2020年短视频用户价值研究报告》指出，具有现场感、完整性、重大性、观点性、接近性的新闻短视频更受用户欢迎。④

---

① 王俊秀,高文珺,陈满琪,应小萍,谭旭运,刘晓柳.新冠肺炎疫情下的社会心态调查报告——基于2020年1月24—25日的调查数据分析[J].国家治理,2020(Z1):55-64.
② 周葆华.永久在线、永久连接：移动互联网时代的生活方式及其影响因素[J].新闻大学,2020(03):84-106+120.
③ CNSA.2020中国网络视听发展研究报告[R].成都,2020.
④ CSM.2020年短视频用户价值研究报告[R].北京,2020.

腾讯新闻企鹅智库发布的《数字内容产业趋势报告（2020—2021）》进一步指出，新闻热点事件在用户记忆中存在的时间更长，其次是资讯中的知识技巧，而娱乐放松类内容的"记忆时间"最短，即使是娱乐性最显著的短视频内容，"知识科普"和"新闻资讯"类短视频带给用户的收获也显著高于泛娱乐类内容。①

五、年度特征总结与发展趋势研判

在新冠肺炎疫情这一重大公共事件的报道和传播中，主流媒体作为权威原创内容供应商的重要性得以巩固。各级主流媒体在正面宣传、信息发布、社会服务方面积极作为，市场化媒体则深入现场做调查性报道、解释性报道。平台媒体作为信息分发枢纽，聚合各类随机新闻行动者，在网络辟谣、知识传播、数据智能等方面发挥重要作用。县级融媒体发挥基层渠道创新的作用，同时也立足本地实际，进行舆论引导、服务地方治理。由此，多层次的现代传播体系在基本形成中经受了考验。

通过疫情报道可以看出，主流媒体正日益嵌入国家治理体系与治理能力现代化的进程中，媒体不仅是宣传者、记录者，也是社会进步的监督者、推动者。从表达形态看，视觉化内容在此次"战疫"报道中占据主导位置。5G、VR、AI、大数据等技术的应用逐步深入，从新闻海报、数据新闻到Vlog+新闻、AI直播和VR直播，新闻作品的叙事形式越来越丰富多样。综上所述，重大事件传播场景中的视觉化呈现是2020年中国新闻业的重要特征，视觉化产品也将持续成为新闻业的主要传播形式。基于上述分析，我们对2021年媒体发展的主要趋势做出以下判断。

---

① 腾讯新闻企鹅智库. 内容生态再次进化：数字内容产业趋势报告(2020—2021)[Z/OL]. 微信公众号"企鹅智库",2020-12-03.

（一）智能技术的采纳和应用会更加普遍，专业媒体的跨屏互动和生产实践会更加活跃

随着5G网络、数据中心等新型基础设施建设的开展，5G、云计算、人工智能等新一代信息技术的应用会更加普遍和深入。有学者认为，5G将帮助触觉反馈组件和光学引擎释放新的沉浸式互动能量，为媒体带来"触摸和感受"等新感觉。VR和AR的下一个阶段是二者结合而形成的混合现实（mixed reality，简称MR）。①随着媒体融合的逐渐深入，我国的媒体融合将继续向技术赋能的"智慧媒体"方向迈进。为了满足青年受众的需要，地方媒体集团的经营策略和产品将更加多元。过去一年，地方广电集团已进场直播领域，大量布局MCN（Multi-Channel Network，多频道网络），实现与平台媒体的"跨屏合作"，后续，为了更好的"破圈"效应，专业媒体会在商业化、市场化方面进行更加积极的探索与尝试，MCN化是媒体内容市场化的方向。②

（二）内容视觉化创新成为常态，音频内容具有市场潜力，网民信息消费更加嵌入日常生活

未来，随着5G和人工智能技术的发展，短视频时长有持续加长的趋势，并将更加深入生活的细分场景。2020年6月典型细分行业人均单日使用时长统计结果显示，短视频人均单日使用时长超越即时通信。喜欢观看"新闻类"短视频的用户群体排在所有短视频类型的第二位，占比仅次于喜欢"搞笑类"短视频的用户。此外，短视频还向电商、直播、教育等多元领域不断渗透，深入多个生活、工作场景。③如何用短促、紧凑的视频空间进行富有逻辑性的完整叙事是新闻短视频面临的重要课题。④

此外，随着移动的泛在化以及移动生活场景的细分，新闻播客也将表现出一定的市场潜力。路透社新闻研究所发布的有关每日新闻播客在2020年发

---

① 胡泳.所到之处皆媒介——5G对媒体产业的影响分析[J].新闻记者,2020(07):59-69.
② CTR媒体融合研究院.2020中国媒体市场趋势[EB/OL].(2020-12-30).CTR媒体融合研究院,https://www.ctrchina.cn/static/upload/20200907meiti_20210511174038221.pdf.
③ CNSA.2020中国网络视听发展研究报告[R].成都,2020.
④ CSM.2020年短视频用户价值研究报告[R].北京,2020.

展状况的研究报告显示①，国外媒体已将每日新闻播客视为吸引年轻受众的重要途径。实行订阅业务模式的新闻机构表示，播客尤其是每日新闻播客，有助于提高忠诚度并减少用户的流失，其广告收入也比其他类型保持得更好。一些新闻品牌在隔离期间推出了"爆款"新冠播客，其中许多档节目成为热门。该报告还发现了另外三种有潜力的播客类型：扩展对谈（an extended chat）；简明的新闻综述（a concise news round-up）；针对智能音箱和流媒体应用的"微公告"（a microbulletin aimed at smart speakers and streaming Apps）。②业界分析认为，"耳朵经济"前景广阔，未来一年，网络音频用户规模还将继续稳步增长，新闻是较为被看好的节目类型。③

（三）国家对互联网平台治理的力度会持续强化，平台直播、数据隐私、反垄断等成为监管重点

过去一年，我国加大了对网络直播平台的治理力度：6月，中国广告协会发布《网络直播营销行为规范》；7月，中国商业联合会发布了首部全国性的直播电商标准——《直播购物运营和服务基本规范》；8月，国家网信办联合8个部门召开工作部署会议，研究并制定主播账号分级分类管理规范，明确直播行业打赏行为管理规则，将内容供给导向、打赏金额标准、主播带货资格与直播账号分级分类紧密关联；10月，国家市场监管总局公布了《网络交易监督管理办法（征求意见稿）》，将网络直播带货等网络交易新业态纳入监管范围。此外，市场监管总局于11月10日发布《关于平台经济领域的反垄断指南（征求意见稿）》，整体上沿用了《反垄断法》的思路和规定，做了更多针对互联网平台企业的细化规定。④有学者梳理1994—2019年中国互联网治理模式，认为我国互联网治理的总体思路已从之前的"先发展，再治理"

---

① Daily news podcasts: building new habits in the shadow of coronavirus[R]. Nic Newman&Nathan Gallo. https://reutersinstitute.politics.ox.ac.uk/daily-news-podcasts-building-new-habits-shadow-coronavirus#sub3.
② 腾讯传媒.每日新闻播客：在疫情阴影下，如何建立新的内容消费习惯？[Z/OL].微信公众号"全媒派",2020-12-22.
③ CNSA. 2020 中国网络视听发展研究报告 [R]. 成都 ,2020.
④ 胡立彪.平台经济领域反垄断治理势在必行[N].中国质量报,2020-11-13(002).

的"摸着石头过河"试错,变为"修好刹车再上路"的"顶层设计+制度建设+多元共治"的组合策略,并且在发展和治理中偏向以治理为主、兼顾发展。①

［张志安,中山大学传播与设计学教授,中山大学互联网与国家治理研究中心主任,中国外文局中山大学粤港澳大湾区国际传播研究中心主任,中国新闻史学会应用新闻传播学会会长;姚尧,中山大学传播与设计学院博士生。本文为2016年度教育部哲学社科研究重大课题攻关项目"大数据时代国家意识形态安全风险与防范体系构建研究"（编号16JZD006）。］

---

① 彭波,张权.中国互联网治理模式的形成及嬗变(1994—2019)[J].新闻与传播研究,2020,27(08):44-65+127.

2020年中国重大传媒事件点评

范以锦　周海涵

2020年，在国家政策引导下，媒体融合等新闻层面的改革正向纵深发展。年初新冠肺炎疫情暴发，新闻媒体在凝聚人心、做好疫情防控方面发挥了重要作用。伴随着技术进步、新媒体业态的创新发展，直播带货、5G等新领域呈现新的景观。此外，对于民众关注的热点话题、社会舆情等，媒体继续发挥释疑解惑的舆论引导作用。本文对相关事件进行梳理，并进行点评。

第一，中共中央建立新闻发布制度，提高党领导下的治国理政能力

事件回放：

10月30日，"中共中央新闻发布会"首次举行。这次发布会介绍和解读了中共十九届五中全会精神。从此开始，中共中央新闻发布会将制度化。

点评： 在国内外形势复杂多变的当下，在既往政府层面的新闻发布会基础上，中共中央正式建立起新闻发布制度，有重大意义。这一新闻发布制度将党的声音直接传递给人民，提高了党在人民中的公信力与权威性，是坚持和加强党的全面领导、提高党的治国理政能力的一次重要制度创新。

第二，中央两办印发《关于加快推进媒体深度融合发展的意见》，主流媒体融合转型中的运营模式在中央文件中首次被明晰提出

事件回放：

9月26日，新华社播发了中共中央办公厅、国务院办公厅印发的《关于

加快推进媒体深度融合发展的意见》。该意见明确了媒体深度融合发展的总体要求，其中对主流媒体的运营模式表述为"要发挥市场机制作用，增强主流媒体的市场竞争意识和能力，探索建立'新闻+政务服务商务'的运营模式"。

点评： 主流媒体融合转型中的运营模式在中央文件中首次被明晰提出。"新闻+政务服务商务"包含着丰富的内涵：主流媒体要在"新闻"的统领下做加法，坚守新闻内容的主功能不能变；"政务服务商务"既有社会价值，也有商业价值；主流媒体的生存发展需要国家扶持，但也需发挥市场机制的作用，力求做大做强新型主流媒体。

第三，媒体深度融合、全媒体传播、县级融媒体中心建设写入"十四五"规划，着力打造强势新型主流媒体

事件回放：

11月3日，《中共中央关于制定国民经济和社会发展第十四个五年规划和二〇三五年远景目标的建议》全文发布，文中提到"推进媒体深度融合，实施全媒体传播工程，做强新型主流媒体，建强用好县级融媒体中心"。

点评： 此次的"规划"和"建议"的提出，囊括了当下媒体转型中的重要实践。有了好的规划和远景目标及实施的具体方案，将能更好地落实好诸如全媒体传播、县级融媒体中心等发展方略，做大做强一批新型主流媒体。

第四，人民日报社全网征集新冠肺炎求助信息，多渠道构筑疫情防控网络

事件回放：

2月4日，人民日报社旗下多个新媒体平台以及线下宣传屏发布"紧急发布！全网征集新冠肺炎求助者信息！"征集面向确诊、疑似、密切接触者、无法排除的发热者这四类人群，尤其是当时还没得到隔离收治的人员，信息

收集后督促相关部门为涉及人员提供救治。

点评：在疫情防控最艰难的时刻，人民日报社作为我国最具权威性的媒体机构，通过旗下的全媒体矩阵，为遏制疫情的进一步扩散与救治感染者提供了有效的信息通道，展现了主流媒体的责任担当。

第五，疫情期间电视使用率大幅上涨，凸显作为主流媒体的电视在特殊时期不可替代的作用

事件回放：

2月索福瑞媒介研究发布的《疫情期间用户媒介消费及使用预期调查报告》显示，疫情期间用户媒体接触普遍走高，其中72.6%的用户较以往更多地使用电视，其中各年龄段观众的收视率都有超50%的增长，在15—34岁的观众中，收视率增加达到89%。

点评：疫情期间电视的收视率上升，与这个特殊时期待在室内的受众多、希望看到更多场景画面有关。当然，电视收视率上升也是电视新闻人认真策划相关节目，为民众释疑解惑所产生的良好效果。这从一个侧面印证了传统电视存在的意义，及其在特殊时期所具有的特有优势。

第六，5G赋能"两会"报道，高新技术助力让新闻报道效果更突出

事件回放：

2020年全国"两会"报道中，5G技术大显身手。新华社围绕"两会"报道的相关主题，运用5G和AI等新技术手段，推出人大代表5G全息访谈与5G高清直播等传播手段。央视新闻则从"两会"开始前便利用"5G+4K"进行直播，会议期间"5G+VR"的使用为用户带来了更好的"两会"观看体验。

点评：此次5G在"两会"报道中的应用给受众带来了新的感官体验，让"两会"内容更广泛生动地呈现在受众身边，取得了更佳的传播效果。同

时，也使媒体人看到了5G技术在新闻传播领域的广阔发展前景。

第七，人民网推出《两会夜话》原创线上视频对话栏目，线上线下从互动进入共融

事件回放：

5月24日，人民网推出《两会夜话》原创线上视频对话栏目，演播厅连线邀请各界嘉宾，就大家关注的话题进行交流，将线上与线下紧密联结在一起。

点评： 过去这种线上与线下连线往往是记者到线下现场对相关人员进行采访，用镜头对着相关人员，再连线线上进行互动。如今在《两会夜话》呈现出来的模式中，很难说清谁在线上谁在线下。"线下"的人员可自设直播间，无须劳驾记者跑到现场，自己坐在电脑旁或对着手机就可共享屏幕了。线上自设的直播间，也许会反过来把演播厅认作线下。之前人民网已这样做，此次人民网开办的《两会夜话》以及推出的其他项目，与其他媒体一起进一步推动了线上线下共融的进程。

第八，全国首个区块链新闻编辑部成立，推动媒体去边界深度融合

事件回放：

5月20日，在湖北广播电视台融媒体新闻中心倡导筹备下，由中国12家省级主流新媒体作为首批成员单位组建的全国首个区块链新闻编辑部成立。

点评： 打破自身的机构的物理局限，在云端平台实现跨机构、跨地区的融合，是媒体从表层走向深层融合的重要方式。区块链本身具有的去中心化、开放性、可追溯性等特点，为媒体之间的资源共享与互利合作提供了有力可靠的技术保障。此次区块链新闻编辑部的成立，也为这一技术在媒体间赋能提供了良好的发展契机。

第九，腾讯会议面向用户免费开放，为线上开会、上课、培训、办公提供了极大便利

事件回放：

2020年1月24日起，音视频会议产品——腾讯会议面向用户开放300人的会议协同功能。为助力全球抗疫，腾讯会议还上线了国际版。

点评： 腾讯会议于2019年12月底上线。进入2020年遇到了全球性的严重疫情，大量人员不便聚集和外出。由于腾讯会议具有300人在线会议、全平台一键接入、音视频智能降噪等功能，这就给线上开会、上课、培训、办公提供了极大便利。在非疫情状态下，这种模式也会持续下去。

第十，上海报业集团、东方网实施联合重组，强势出击打造上海新闻传播领域的新名片

事件回放：

5月29日，上海市委宣传部、市国资委宣布对上海报业集团、上海东方网股份有限公司实施联合重组，在内容建设、技术应用、平台管理等方面探索融合发展的路径。

点评： 对于拥有多家著名报刊的上海报业集团以及全国重点新闻网站的东方网来说，此次重组增强了传播资源的集约化效益，提升了新型主流媒体集团的话语影响力，将打造出上海新闻传播领域的新名片。

第十一，B站跨年晚会成焦点，亚文化与主流文化实现"破圈"式融合

事件回放：

2019年12月31日，视频网站bilibili举办的跨年晚会在网络上引发热议。截

至2020年10月，B站平台晚会视频播放量已超过1.1亿次，评分达到9.9。节目形态不仅涵盖了二次元群体的喜好，如虚拟偶像、《魔兽世界》，也将传统文化与《流浪地球》等过去一年的文化热点进行了融合。

点评：如何实现亚文化同主流文化之间的交流融合，一直是学界与业界思考的一个问题。此次晚会实现了亚文化同主流、大众文化的成功碰撞，为之后文化层面的社会融合，提供了值得借鉴学习的案例。

第十二，清华大学新传本科改革引热议，从自身实际出发的尝试当属正常

事件回放：

5月14日，清华大学副校长彭刚的一段话引发社会热议，"学校反复研究、慎重决策，决定大幅度扩大新闻学院硕士研究生规模，今后学院的人才培养主要在研究生层次进行"。后有多家媒体报道，从2020年起，清华大学新闻与传播学院将停止从高中毕业生中招收本科学生，此规划归属于学校总体的"强基计划"，未来新闻与传播学院本科课程将融合入日新书院。

点评：传媒院系应从自身的实际和社会需求出发，多层次、多模式办学。有的学院根本没有条件办好研究生班，就应把本科办好。就优质学校而言，当然要建立起"本硕博"培养体系。条件成熟的少量优质学校，放弃本科只招研究生，也是分层次办学的应有之义，应允许部分高校试一试。

第十三，《中央广播电视总台5G媒体应用白皮书（2020版）》发布，标准化推进5G媒体应用发展

事件回放：

7月6日，中央广播电视总台联合相关机构发布《中央广播电视总台5G媒体应用白皮书（2020版）》。据央视网报道，"白皮书面向基于5G网络的4K采集传输、4K移动生产、VR制作分发三类媒体应用，提出的生产流程、技术

要求和关键指标描述准确"。

点评：这是媒体行业在5G技术应用上首次提出的技术规范。推出规范化要求，在技术研发、内容创新、用户体验等方面为媒体挖掘5G领域的应用潜力，将使媒体行业形成加速发展的新引擎，有助于媒体产业转型升级。

第十四，首个直播电商研究基地成立，全环节助力直播行业健康发展

事件回放：

据媒体6月16日报道，人民日报新媒体、人民日报智慧媒体研究院发起成立直播电商研究基地，该基地将汇聚各大电商平台、主播机构、主流媒体，在行业规范研究、数据挖掘分析、提升供应链建设、发掘优秀主播等环节助力直播电商行业发展。同日，"全国直播电商投诉平台"正式在人民日报客户端上线。

点评：直播带货作为2020年不可小觑的一个风口产业，各机构纷纷趁势布局。研究基地与投诉平台的上线，通过整合各方的资源优势，以及对行业全流程的研究，为直播电商的发展带来了值得参考的行业建设准则，有助于提高各类主体的直播带货能力，以及与之相关产业的发展。

第十五，《网络直播营销行为规范》正式实施，依规纠正当前直播带货中的一些乱象

事件回放：

中国广告协会制定的《网络直播营销行为规范》于7月1日正式实施。该规范从商家、主播、营销平台以及其他参与者四个主体出发，规定直播营销活动中的权利、义务与责任，对于行业中现存的虚假宣传、数据造假等常规问题进行了明确规定。

点评：网络直播营销行为包含火爆的直播带货，对于网络直播营销行

为进行明文规定,是产业发展必然要经历的一步。中国广告协会此次介入,一定程度上让网络直播营销的乱象得以纠正。不过,这只是行业自律性的文件,直播活动中的各主体加强自我约束至关重要。

第十六,《网络信息内容生态治理规定》正式施行,网络治理有了更明确的规章依据

事件回放:

3月1日起,国家互联网信息办公室发布的《网络信息内容生态治理规定》正式施行,该规定针对常见的网络活动,分主体从网络信息内容生产者、使用者、服务平台、行业组织进行了明确的规章约束与法律责任等方面的详细界定。

点评: 面对当下网络治理中各主体行为责任与义务的一些混乱现象,此规定的施行具有针对性。通过更为详细、系统的规章约束,在综合治理下为培育社会主义核心价值观,建立和谐有序、风朗气清的网络环境起到了良好的约束与引导作用。

第十七,广电总局发布新规,收视收听率造假将被追责

事件回放:

国家广播电视总局发布的《广播电视行业统计管理规定》于5月5日起正式施行,规定对于统计机构与统计人员、统计调查制度、统计资料的管理和公布、统计监督与奖励处罚等做出了明确要求。

点评: 收视率原本应是广播电视行业衡量自身发展的一个重要指标,长久以来出于商业招标等因素的考量,以及缺乏公开透明的数据,收视率一直只能当作参考性的存在。近年来,政府相关部门已经强化对造假行为的惩处,此次规定的出台也为后续整顿收视率造假行为提供了明确的规章遵循。

第十八，市场监督管理总局向全国下发《关于平台经济领域的反垄断指南（征求意见稿）》，集民智促进平台经济健康发展

事件回放：

11月10日，国家市场监督管理总局向全国下发《关于平台经济领域的反垄断指南（征求意见稿）》。有关单位和个人可在11月30日前反馈市场监管总局，针对平台经济领域提出意见。

点评： 面对"大数据杀熟"、排他性的竞争等不利于提高服务质量，维护社会效益的行为，该指南的发布有助于预防和制止垄断现象的进一步发展，实现更为健康持续的发展业态。

第十九，我国短视频用户规模达到8.18亿，中国网络视听行业发展迅速

事件回放：

10月12日，由中国网络视听节目服务协会发布的，基于数据挖掘、调研以及第三方数据得到的《2020中国网络视听发展研究报告》显示，截至2020年6月，我国网络视听用户规模达9.01亿，较2020年3月增长4380万，六成以上用户看综合视频的时间在1小时以上。

点评： 民众接触网络媒体的视听转向，已经成为传媒业界与学界的探讨热点，之后如何变"增量"为"增质"，构建更为多元、有序的内容生态，网络视听行业仍需进一步加强内容创新与自我监管。

第二十，腾讯微博正式关闭，流量与创新仍是互联网媒体竞争关键所在

事件回放：

2010年5月份，在新浪推出新浪微博8个月后腾讯微博正式上线。十年之

后,在2020年9月4日,腾讯微博团队发布公告称,由于业务调整,腾讯微博将停止服务和运营。9月28日晚,腾讯微博正式停止运营。

点评:在新浪2009年率先推出微博产品后,凭借腾讯系产品引流发展起来的腾讯微博一度也出现在用户的视线,但长达8个月的上线间隔所导致的初期用户积累的差别与后期腾讯在人际社交上侧重的战略,使得腾讯微博的流量与版本更新一直处于新浪微博的下风。在互联网快速迭代的环境下,腾讯微博的关闭,再次向我们证实了流量与创新在媒体竞争中的重要价值。

第二十一,山东高考考生被顶替案曝光,维护教育公平是媒体应尽之责

事件回放:

5月21日,山东农家女陈春秀在成人高考后登录学信网查知自己已上过一次大学,后续向大学方求证得知,她的学籍被同县考生陈某某顶替使用,在媒体报道后,引发了网民的热议。6月19日,山东省教育厅发布的调查通知显示,自2018年以来的高等学历清查工作中,有242人涉嫌冒名顶替入学。6月29日,陈春秀被冒名顶替上大学事件调查结果出炉,相关人员被追责。

点评:新闻媒体维护公平正义本是应尽之责,本次事件中新闻媒体的介入没有让案件停留在个体与表面的报道,而是推进教育公平在公权力的审视下向前一步。在众多的媒体跟进下,许多原本被顶替的考生在沉默后纷纷选择说出自己的经历,扩大了原本单个事件的影响力,维护了我国的教育公平。

第二十二,《人物》杂志报道外卖系统引发争议,媒体介入更显人文关怀

事件回放:

9月8日,《人物》杂志发表了名为《外卖骑手,困在系统里》的报道,

并在社交媒体中刷屏。在这篇报道中,《人物》团队通过采访全国多个不同层级城市的外卖骑手,以及配送链条中各个环节的人物与相关学者,为读者描述了在商业驱动与算法技术下,一个不为外人所知的外卖系统。9月9日凌晨,饿了么针对此事件发布公告,表明将尽快推出"我愿意多等5分钟/10分钟"的按钮。

点评:《人物》对于外卖系统的关注,让人们得以更为深入地了解与客观地反思外卖小哥这一日常生活中常见的群体,但正如《人物》在后续一篇记者手记中提到的那样,"能够帮助外卖骑手走出困境的,不是怜悯"。媒体的主动介入,在对社会现实的主动干预过程中,不仅展现了这一行业的真实面貌,更通过巨大的舆论压力对于现存的不良机制进行倒逼,使其在改革中更加凸显人的本位,而这正是媒体对于基层群体发挥人文关怀的重要方式。

(范以锦,暨南大学新闻与传播学院名誉院长、教授、博士生导师;周海涵,暨南大学新闻与传播学院硕士研究生。本文原载于《新闻与写作》2020年第12期,经作者授权转载。)

2020年传媒伦理问题研究报告

《新闻记者》年度传媒伦理研究课题组

2020年突如其来的新冠肺炎疫情肆虐全球,给世界未来发展带来巨大的不确定性。与此同时,数字技术对传媒业的颠覆性变革仍在持续,专业媒体、自媒体、平台、用户等努力适应日益混合的媒介环境,重新定义自己的角色。多重不确定性叠加中,频频发生的传媒伦理问题成为人们热议的对象。2020年"传媒伦理问题研究报告"仍一如既往,主要从问题出发,首先对新冠肺炎疫情中的媒体总体表现进行概述,然后对疫情传播以及其他传播案例中引发高度关注的伦理争议问题进行梳理,对专业媒体及其他多元传媒伦理主体的行为得失展开分析,以期为规范传媒行为提供镜鉴。本文出现的日期,凡未注明年份的均为2020年。

一、媒体"战疫"体现以人民为中心

大疫乍起,人心惶惶,最需要相关信息的准确、透明、敏捷,以缓解或消除人们的困惑、焦虑乃至恐惧。从2020年1月27日召开第一场国务院联防联控机制新闻发布会以来,到5月5日已经召开了整整100场新闻发布会。截至5月22日,湖北省新冠肺炎疫情防控指挥部召开的新闻发布会也达100场。这些发布会和各地方政府组织的相关新闻发布活动,从疫情防治、物资保障、政策支持等多个方面,报告疫情信息,回应社会关切,成为民众第一时间获得政府权威信息的重要窗口。信息发布的及时透明、传播渠道的多元畅通、新闻报道的丰富深入,对于提高公众的防控意识、树立战胜疫情的信心起到关键作用。

疫情相关报道中，主流媒体成为凝聚民心的主力军。特别是在武汉"封城"之际，新华社、人民日报等常驻当地的中央媒体派出机构早已闻风而动，全国445名新闻工作者主动请缨，奔赴武汉，与当地媒体并肩作战，第一时间多角度、全方位报道疫情救治防控情况。新京报、南方周末、三联生活周刊、第一财经、财新、澎湃新闻、中国新闻周刊、21世纪经济报道、财经、中国经营报、北京青年报、界面等一大批专业媒体也在疫情初期就派出记者赶赴湖北，并以高质量的深度报道展示了专业媒体的业务水平和专业价值。3月27日，中央指导组组长孙春兰副总理在与抗疫一线媒体记者座谈时说，媒体记者不畏艰险、深入"红区"，在医院、方舱、重症病房等地舍生忘死记录这场惊心动魄的战役，用情用心讲述抗疫感人事迹，客观真实反映广大群众的困难和问题，体现了实事求是、一心为民的职业操守和无私无畏、忘我拼搏的崇高精神，你们是抗疫战士，是抗疫英雄，为湖北武汉疫情防控凝聚起强有力的精神力量，极大地鼓舞了一线士气。

9月8日上午10点，全国抗击新冠肺炎疫情表彰大会在北京人民大会堂隆重举行，来自新闻战线的54人被授予"全国抗击新冠肺炎疫情先进个人"称号；7人被授予"全国优秀共产党员"称号；13个集体被授予"全国抗击新冠肺炎疫情先进集体"称号；3个基层党组织被授予"全国先进基层党组织"。这是党和政府对新闻工作者履行以人民为中心职责的最高褒扬。

中国社会科学院社会学研究所社会心理学研究中心（2020）的两次调查（时间分别为2020年1月24—25日和2020年1月25—29日）显示，从农历大年初一中央成立应对疫情工作领导小组全面部署疫情防控以来，社会各界全力投入疫情防控的态势使得民众信心大增，对以中央主流媒体为代表的各种渠道信息的信任度明显上升。调查显示，"政府部门发布的疫情整体判断"的可靠性从76%增加到85.6%，上涨了9.6个百分点；"中央媒体，如央视、新华社、人民网"的可靠性从89.5%增加到93.3%，上涨了3.8个百分点；"地方新闻媒体"的可靠性从75.6%增加到84.2%，上涨了8.6个百分点。这是来自民众对党的媒体履行以人民为中心职责的高度肯定。

多项调查表明，无论平时还是新冠肺炎疫情期间，人们获取信息的主要渠道已经是微信、QQ、抖音等社交媒体。①从健康传播角度来说，社交媒体是用户获取公共卫生信息最直接、便利的途径，同时也是公众即时发布健康状况、疾病问题和疾病治疗信息最重要的渠道，另外也可能为公共卫生事件的暴发提供预警。②活跃在社交媒体的新闻行动者，早已不仅是专业媒体，各种政务新媒体、机构用户、自媒体作者，乃至普通用户、算法技术等，都已成为新闻生产传播的重要主体。他们通过社交媒体上的分布协作式生产③，与专业媒体一起为人们建构了外部世界的新闻图景。对疫情期间新浪微博相关话题参与情况的研究表明，疫情相关的讨论中普通公众的舆论声量最大，大大高于网络意见领袖和活跃分子，更远远高于新闻媒体和政务机构微博。④本次新冠肺炎疫情期间，普通人书写自己的疫情经历、分享自己的观察思考的现象更加突出，形成"全世界都在说"的用户新闻景观。⑤

总体来看，2020年度中国媒体抗疫行动，无愧时代要求。但与此同时，在疫情及其他方面信息传播的具体操作中，也不无草率、疏失，甚至引发混乱的情况。中国医师协会健康传播工作委员会（2020）认为，新冠肺炎疫情健康传播中存在的主要问题包括：部分健康传播中出现个人隐私泄露等问题；部分健康传播的内容存在不准确、不科学或刻意夸大的情况；部分健康传播的内容可读性较差、晦涩难懂；个别健康传播的内容在传播前未做好风险评估工作；部分健康传播的公众可及性较差。这些问题的产生，既与传媒环境大变革的挑战相关，也有各种传播主体行为失范的原因。

---

① 喻国明，杨颖兮.接触，时段，场景：中国人媒介使用全景素描——基于"2019全国居民媒介使用与媒介观调查"的分析[J].新闻记者,2020(4); 楚亚杰，陆晔，沈菲.新冠疫情下中国公众的知与行——基于"全国公众科学认知与态度"调查的实证研究[J].新闻记者,2020,447(05):5-15+98.

② 陈娟，郭雨丽.社交媒体与疫情：对公共卫生事件的预测、沟通与干预[J].新闻记者,2020(04):60-69.

③ Bruns, A. Gatewatching and News Curation[M]. New York: Peter Lang,2018.

④ 汪翩翩，黄文森，曹博林.融合与分化：疫情之下微博多元主体舆论演化的时序分析[J].新闻大学,2020(10):16-33+118-119.

⑤ 刘鹏.用户新闻学：新传播格局下新闻学开启的另一扇门[J].新闻与传播研究,2019,26(02):5-18+126.

二、2020年度传媒伦理争议问题典型案例

（一）"信息疫情"妨碍疫情防控

【事件】

新冠肺炎疫情暴发以来，社交媒体上散布着大量真假不一的疫情相关信息，公众很难区分哪些是来源可靠的和有效的防疫指南。12月7日，中国互联网联合辟谣平台在中国网络诚信大会发布了"2020年度涉新冠肺炎疫情防控辟谣榜"，并选出"新冠病毒为人工合成""粮食短缺，赶紧囤米抢油""吃大蒜、喝白酒可以防治新冠肺炎"等十大谣言集中辟除。

对于伴随新冠肺炎疫情暴发而来的虚假信息过载现象，世界卫生组织称为"大规模信息疫情"（massive infodemic）。"信息疫情"（infodemic）一词由信息（information）和流行病（epidemic）组合而成，意味着线上和线下的信息过剩，包括蓄意传播错误信息以破坏公共卫生应对措施，推进团体或个人的替代议程，让人们在需要时反而难以找到有价值的信息。

需要指出的是，信息疫情并不仅仅发生在中国。据英国广播公司报道，仅2020年1月至3月间，全球就有至少800人因各种与新冠病毒有关的假消息而丧命，5800多人被社交媒体上的相关不实信息迷惑而不得不送医治疗。

【点评】

信息疫情妨碍了疫情防控工作的有序开展。2020年2月，世卫组织总干事谭德塞谈及新冠肺炎疫情中的信息疫情时指出：大量谣言和错误信息阻碍了应对行动。假新闻比病毒传播得更快、更容易，但同样危险。世卫组织等机构还指出，信息疫情可能会有害身心健康，加剧污名化，威胁来之不易的卫生成就，导致公共卫生措施执行不力；此外，虚假信息正在使与新冠肺炎疫情相关的公开辩论趋于极化，放大仇恨言论，加剧冲突、暴力和侵犯人权的风险，威胁推进民主、人权和社会凝聚力的长期前景。

信息疫情首先源于人们对未知疫病的恐慌、焦虑，因此，历史上每次传染病的暴发都会同时伴随着信息疫情的暴发。而新冠肺炎疫情是社交媒体时

代首次全球疫病大流行，传媒生态变革，特别是社交媒体分布式传播的技术特征，无疑也放大了信息疫情规模及其危害。数据生产、传播与再使用的高度分布式特点，导致道德责任的"分散"乃至消解，给责任分配和追责造成困难。①

防控信息疫情，当然需要社交媒体用户提高媒介素养，有效辨识错误和虚假信息。但面对这样全球规模的信息疫情，更重要的是从国际组织到各国政府再到各大互联网平台企业的积极行动，有效合作。对此，世界卫生大会通过决议，呼吁各会员国以及各相关主体共同为打击错误和虚假信息行动起来。包括联合国系统应该利用自身专长处理数字领域的错误和虚假信息，努力防止有害网络活动损害卫生应对措施，缓解疫情持续造成的不确定性和焦虑感；国际民间社会组织应该积极向公众提供基于科学数据的准确信息，倾听社区意见，提高民众抵御错误和虚假信息的媒介素养能力；所有其他利益攸关方，包括传播错误和虚假信息的媒体和社交媒体平台、能够设计和制定有效战略和工具应对信息疫情的研究人员和技术人员、民间社会领袖和有影响力的人，与联合国系统、会员国彼此协作，进一步加强行动，以传播准确信息，防止错误和虚假信息的传播。

除此之外，网络社会中的最基础节点——每一位普通用户也须担负起自己的传播责任，不但要学会更负责地"说"，也需要学会认真"倾听"和以开放心态"对话"。

（二）"双黄连、板蓝根可治新冠"成闹剧
【事件】

1月31日，新华社《新华视点》栏目发布消息："记者31日从中国科学院上海药物所获悉，该所和武汉病毒所联合研究初步发现，中成药双黄连口服液可抑制新型冠状病毒……"

在严峻的疫情形势下，人们对"特效药"的迫切需求迅速被这一消息

---

① 闫宏秀. 疫情下的伦理与人文之思② | "信息疫情"的数据伦理学应对[Z/OL]. 澎湃新闻.(2020-03-08).https://www.thepaper.cn/newsDetail_forward_6378940.

点燃，民众掀起抢购双黄连口服液的热潮。此举导致双黄连口服液一度线上脱销，多地线下药房也排起了长队。甚至有人因外出购买双黄连而感染新冠病毒。

2月1日，人民日报发布微博："抑制并不等于预防和治疗，特别提醒：请勿抢购自行服用双黄连口服液。"

当晚，中国科学院上海药物所发布声明称，"向媒体提供的《上海药物所、武汉病毒所联合发现中成药双黄连口服液可抑制新型冠状病毒》一文，内容是准确无误的。这一结论是基于实验室体外研究的结果。研究团队通过实验室体外实验证明，双黄连有抑制新型冠状病毒作用，下一步还需通过进一步临床研究来证实。我所提供的稿件中也提到目前正在开展临床研究"。不过，中新社《国是直通车》采访了上海药物所相关人士，在问到"那么消息出来，大家都去抢购双黄连，您觉得有必要吗？"时，对方没有回应。

2月3日，在武汉举行的例行新闻发布会上，国家卫健委专家组成员张伯礼院士指出，双黄连对新型冠状病毒不具针对性，不主张将双黄连作为预防用药。

无独有偶。时隔8个多月后的10月16日，"复方板蓝根对新冠病毒有效"的消息又冲上了微博热搜。一则题为《钟南山：白云山复方板蓝根对新冠病毒有效，不会乱讲》的视频被广泛传播，视频显示，10月13日，在白云山板蓝根澳门转化研讨会上钟南山说，"复方板蓝根的试用，对新冠病毒有效"，"我们说一句话都是有根据的，不会乱讲的，有效就是有效"。

虽然不少网友和媒体发出质疑之声，但上市公司"白云山"的股价当天仍强势涨停，板蓝根也再次大卖。

随后有媒体质疑白云山价格波动涉嫌股价操纵。10月19日白云山发出澄清公告，表示这是体外筛选的实验结果，尚存不确定性。10月23日，钟南山接受媒体采访时表示，"我在几天前粤港澳大湾区三地合作协议（论坛）中曾讲过一句话，复方板蓝根，而非板蓝根在实验室有抗新冠病毒作用，这离体内有效还很远，白云山药厂作为'内行人'应很了解，但（其中）有人断章取义，将我这句话扩大，甚至说是板蓝根，这是一种歪曲"。证监会也表示将密切关注相关公司及相关事项，若发现违法违规，将依法严肃查处。

【点评】

大疫当前，科学家、媒体人、相关企业都希望尽快拿出特效药，拯救生命，缓解危机。这种急迫的心情可以理解，但无论是科学研究还是新闻报道或者商业运营，都要遵循各自的规律和伦理，千万不能急功近利，把科学传播变成伪科学的闹剧。

科学传播首先是科学界的责任。在"双黄连案例"中，上海药物所的信息发布是有明显缺憾的，体外研究有效和临床试验有疗效中间还差了十万八千里，而且绝大部分在细胞上有用的药在临床上是失败的。正如中国医师协会健康传播工作委员会所提倡的，"在健康传播中，应当采用循证医学的思维，慎重、准确和明智地应用当前所能获得的最好的研究证据，同时结合健康传播工作者的专业知识，考虑大众的需求和健康素养，将三者结合，从而为大众创作出科学易读的优质健康传播作品"，"在新冠肺炎疫情的特殊时期，公众急切获取有关疫情的最新信息，而健康传播一旦缺少了科学性原则，传播内容不准确、不严谨、不科学，就会造成谣言的滋生，放大公众的恐慌情绪，造成社会不稳定"。①

对媒体来说，研发单位公布的只是阶段性成果，对它的正确解读有赖于严格的语境和条件。而媒体报道不是科研报告，其工作常规即是对"异常个案""亮点中的亮点"的追逐②，因此往往将科学研究中的不确定性进行弱化处理，将研究成果的某一方面强化放大而忽视其限制性条件，再加上公众在焦虑、恐惧和不确定情绪中理性辨别力的降低，从而产生了"抢购双黄连"闹剧。这其实也是长期以来存在的科学研究的严谨性与媒体报道的大众性、通俗性之间张力的体现。

而"板蓝根"案例则有所不同，相关视频是对钟南山院士发言的断章取义，有意炮制虚假新闻。在其背后，视频制作和上传者有何商业利益？发布

---

① 吴一波. 抗击新型冠状病毒肺炎疫情中的健康传播伦理共识[J]. 中国医学伦理学, 2020,33(04):507-510.
② [美]赫伯特·甘斯. 什么在决定新闻[M]. 石琳, 李红涛, 译. 北京: 北京大学出版社, 2009:114.

视频的媒体是否履行了把关责任？这些，都应给关注此事的民众有个交代。

（三）"温情报道"滥情煽情适得其反
【事件】

2月15日，甘肃省第三批援助湖北医疗队启程。甘肃日报社主办的"每日甘肃网"微博发布了一则题为《剪去秀发，她们整装出征》的视频报道，来自甘肃省妇幼保健院的15名女护理人员中14人被剃成光头，她们在理发时流下眼泪，理发师还将剪下来的长发在她们面前"展示"。

这则报道引发网友的质疑："集体剃光头，是强制决定，还是自愿行为？医护人员流泪，是不满剃头，还是出征时的情感释放？""让女性医护人员集体剃成光头是当地在博眼球、搞宣传。"

针对批评，甘肃省妇幼保健院回应称，援鄂医护人员剃光头是为了防止感染，方便清洗，也是当事人的自愿行为。甘肃省妇联宣传部领导接受新京报记者采访时表示，报道由于拍摄方式、表达方式不恰当，确实引起了非常多的质疑，产生了很多负面影响。报道中被剃光头的护理人员落泪有较复杂的因素，不能单纯解读为"因为剪头发而哭"，还包括即将赶往一线，与亲人离别等因素。

另一事件与之类似。2月19日，《长江日报》发表题为《病危时颤巍巍写下"我的遗体捐国家"，歪歪扭扭7字遗书让人泪奔》的新闻，报道了新冠肺炎重症患者、47岁的肖贤友在弥留之际写下遗嘱捐献遗体的事迹。但是网友在配图中发现，肖贤友遗书中还有一行字："我老婆呢？"网友为此感动，称赞他"平凡而伟大"，同时也对《长江日报》刻意的选择性报道提出质疑。

疫情报道中被广大网友诟病的还有"87岁老人为抗疫捐出20万，她的家却让人泪目……""杭州退休环卫工捐出10万元后，银行卡余额只剩13.78元"等"倾家荡产式"捐赠报道，以及"援鄂女护士放下植物人丈夫毅然奔赴一线""流产十天后，武汉'90后'女护士重回一线""医务工作者怀孕九个月，依然奋战在一线"等不近人情的抗疫英雄宣传。

【点评】

中国记协网对此发表评论，提醒疫情报道要避免将"温情报道"变成煽情报道，"过分渲染、刻意煽情，就会适得其反"。

灾难事件发生后，以煽情报道宣扬人间大爱、无私奉献精神，已经成为一些媒体惯用的套路。学者黄月琴将其称为"社交网络时代媒体炮制的心灵鸡汤"——这种媒体所熟悉和惯常运用的话语运作技术，将新闻和情感混合搅拌，共生互补，建构着国民的现实感和道德秩序，并源源不断地生产集体意识、家国情怀与民族荣誉感。[①]但需要注意的是，仪式激起情感，而不是催生思想和资讯。这样的报道套路一方面是掩盖信息贫乏，同时也会消解大众媒体的公共性和专业性。

针对女医护人员集体剃光头的报道，胡锡进在微博中指出，这个视频招致了大量负面舆情，就是因为脱离了人们的平常心和世俗认知，过犹不及。"对于伤痕味太浓的奉献和格式化的有编排痕迹的各种拔高，年轻人的感受越来越复杂，乃至排斥。"他提醒说，各地在展示正能量和英雄主义的时候一定要充分考虑、尊重网络上这种越来越强的心理，从而避免事与愿违，煽情遭到嘲讽，陷入难堪境地。

胡锡进提到的代际差异问题，反映了随着时代变化伦理观念的变迁。多年来我们大力宣传、着力塑造的英雄形象，是在革命斗争中锤炼出来、通过精神的自我超越所升华的，以无私为最根本特征。[②]在今天的社会主义和平建设时期，舍己为人、无私奉献的精神当然仍受到推崇，但是对于普通个体来说，往往难以亲近和效仿，更能打动他们的是普通人的道德观，是在尊重个人权利的基础上的社会奉献。而部分煽情报道正是忽视了这一方面，就如东方网对女医护人员集体剃光头的报道所批评的那样：她们不是宣传的工具，她们也有尊严，也需要被尊重和保护。女医护人员的牺牲和付出大家都看在眼里，不要再试图用她们的身体来做浓墨重彩的"宣传"，她们不应该被这

[①] 黄月琴."心灵鸡汤"与灾难叙事的情感规训——传媒的社交网络实践批判[J].武汉大学学报（人文科学版），2016,69（05）:114-118.

[②] 谢保杰.主体、想象与表达[M].北京：北京大学出版社，2015:37.

样道德绑架。新冠肺炎病危者弥留之际决定将遗体捐献国家，同时不忘自己的妻子，完全符合人情人性，令人感动，我们的报道不应忽视人情，更不能把人情与社会奉献对立起来，似乎体现了人情就会有损奉献精神似的。

不过，值得欣慰的是，受到网友的批评，媒体及相关部门也吸取了教训，之后的报道如《急诊科护士长被"强制休假"，东莞这家医院的霸道做法很暖心！》《战"疫"紧急，十堰男子却收到了"强制休假令"》《连续上班35天没休息 结果等来一纸休假书》等，既宣传了一线战疫人员的奉献精神，也蕴含了浓浓的人文关怀。

（四）患者个人信息频遭泄露
【事件】

12月7日，成都新冠肺炎感染者赵小姐的个人信息在网络上被曝光，其中不但有她的姓名、身份证号、具体住址，还包括她前一晚每个时段的行程轨迹。网友由此对赵小姐的私人生活展开各种不负责任的猜测和评论，有人对她进行人肉搜索，还有人打电话、发短信对她羞辱谩骂。

次日，赵小姐发布道歉声明，其中表示，"我只是一个确诊患者，发现确诊后第一时间配合防疫部门做了流调工作，把自己的行踪如实地上报给防疫部门，以免疫情扩散"。"隔离期间，我看到网络上有关于我的流言蜚语，很多是对我和我家人的诽谤和谩骂，我实在不理解为什么那么多人攻击我，我只是不小心感染了新冠，我也是一个受害者。"

12月9日，成都警方通报，王某因散布泄露赵小姐个人隐私被处以行政处罚。

疫情期间，患者或相关人员个人信息被泄露的事件多次发生。比如，2月，山西临汾一男子擅自将微信内部工作群中严禁转发的"35名密切接触者名单"转发至其小区业主微信群中，名单内容涉及姓名、身份证号、家庭住址等公民个人信息，该男子被处以行政拘留5日。同月，云南省文山州5名医务人员因偷拍、散布新冠肺炎感染患者的姓名、家庭详细地址和病程信息等，被当地公安部门处以行政处罚。7月，大连王某某擅自将微信内部工作群中严禁转发的涉疫情公民隐私信息转发至两个自己的亲戚朋友微信群中，并引发网民大量转发，大连警方对其处以行政拘留5日的处罚。同月，重庆沙坪坝区一冷冻仓库部分进口冻虾外包装核酸检测呈阳性，某微信公众号发布《重庆已购进口白虾顾客名单》，其中包括一万多名购买进口白虾的人员的姓名、家庭住址、身份证号码、手机号码等详细个人信息。顾客赵某起诉该公众号运营公司并胜诉，该公司被判决道歉并赔偿原告精神损害赔偿金1元。

也有专业媒体在报道中不慎泄露患者隐私。如7月2日，北京石景山一名女子被确诊，某卫视在报道其流调过程时，镜头中出现了文字清晰可辨的流调工作记录页面。

【点评】

2020年5月28日第十三届全国人民代表大会第三次会议通过《民法典》，并于2021年1月1日正式生效。其中规定了对个人隐私和个人信息的保护："隐私是自然人的私人生活安宁和不愿为他人知晓的私密空间、私密活动、私密信息。"（第1032条）"个人信息是以电子或者其他方式记录的能够单独或者与其他信息结合识别特定自然人的各种信息，包括自然人的姓名、出生日期、身份证件号码、生物识别信息、住址、电话号码、电子邮箱、健康信息、行踪信息等。"（第1034条）2016年《网络安全法》已经对个人信息作出定义，《民法典》则增添了最后三项——电子邮箱、健康信息、行踪信息。泄露患者个人信息的往往是防疫一线工作人员，他们的本意或许只是想提醒自己的亲友，而没有考虑今天的社交媒体已经模糊了人际传播与大众传播的界限，手指动动却已触犯了法律，追悔莫及。

除了需要追究患者隐私泄露的源头责任，相关媒体平台也应担负起责任，及时屏蔽有关信息，阻断其泛滥传播链条。

在新冠肺炎疫情背景下，社会情绪高度紧张，包括患者、疑似患者及密切接触者在内的个人信息的收集与利用对疫情防控与社会情绪的稳定具有重要作用，符合公共利益的要求[①]，因此在有关管理部门和疫情防控相关机构、

---

① 江海洋.论疫情背景下个人信息保护——以比例原则为视角[J].中国政法大学学报,2020(04):183-194+209.

组织履行职务时，需要公民隐私权的适度克减，在个人信息提供等方面予以积极配合。但这并不意味着公民个人隐私和个人信息可以毫无原则地被公开披露，更不能借疫情防控过度侵犯个人信息权益。比如有的城市计划将健康码追踪程序常态化，导入个人医疗等敏感数据，建立个人健康指数排行。同时这样的评分还会同工作单位、地理位置、社区治理等联系起来，针对不同场景进行排名和对比。这一计划被认为滥用疫情期间搜集的个人信息，会导致结构性的社会歧视。

医学界更是提醒，传染病患者不但身体和心理上受到影响，即便重回社会也往往受到歧视，应被视为弱势群体。疫情防控中所公开的确诊病例和疑似病例的个人信息，在疫情结束后应尽快消除其影响。① 根据当前疫情防控形势，有必要阶段性地将前期曾经公布的患者、疑似患者及密接者的个人信息从网络上删除，这也可以说是维护公民的"被遗忘权"吧。

（五）疫情期间报道频现常识性差错
【事件】

密集的疫情报道中，不少媒体忙中出错，闹了笑话。

比如，2月15日，华商报头条号"华商汉中"刊发的"抗疫大事记"集纳了多位抗疫一线工作人员的故事，其中《孩子出生不到20天，她却主动申请投入抗疫一线……》提道，刚起床不久的两个孩子稚气地问，"妈妈干吗去了？"出生20天的孩子开口说话显然有违常理。第二天华商报致歉，表示编辑在整合几篇抗疫报道过程中因工作仓促出错，将其中两个事件混淆。再如，2月28日，辽宁卫视《第1时间》节目中，在播报沈阳未来三天的天气预报时，显示的日期为"2月29日、2月30日、2月31日"。还有3月2日湖北卫视在新闻节目中将一位援鄂医务人员信息标注为"江苏省合肥市"。7月13日北京头条客户端报道疫情期间血液供应情况时，将全市4.1万人无偿献血"5.1万单位"误写成"5.1万吨"。

---
① 关健.从伦理和法理角度谈突发公共卫生实践及研究中的个体权益[J].中国医学伦理学,2020,33(09):1058-1061+1070.

【点评】

总体来看，这些都是常识性错误，严加审核可以及时发现并避免。低级错误频发，可能与疫情期间信息量大、媒体工作高度紧张有关。不过，俗话说"办报无小事"，范敬宜担任人民日报社总编辑期间，每天坚持写值班手记，曾多次提醒记者编辑要注意文字的准确性，因为文字错误虽然是小的失误，但是经过编辑、主编的审稿、检查均未被发现，出现在版面上，会被读者笑话我们太没文化，影响报纸的威信。①准确，一向是新闻业的基本守则，怎么强调都不过分，但实际上没有哪家媒体能保证不出任何差错。有了差错，及时更正，是有效补救之道，也是体现媒体责任意识的操作惯例。从20世纪70年代起，《纽约时报》就固定刊登《更正》栏目，1993年修订了刊出程序，不仅要求"立即刊登"，而且只需编辑主任或代理主任同意即可刊出。②也许有人会认为这点小错不值一提，或者觉得认错有失面子，但很多差错会使我们没有看到准确的信息。

（六）营销号恶意炒作带节奏

【事件】

1月10日，微信公众号"青年大院"发布了《没有澳洲这场大火，我都不知道中国33年前这么厉害！》，以1987年中国政府应对大兴安岭火灾作为对比，批评澳大利亚政府救灾不力。文章获得大量点击，并被多家媒体、公众号转载。

文章很快引发批评：《新京报》评论认为，"这篇爆款文章'把灾难当凯歌'，不仅是对生命和自然的亵渎，也是对历史事实、对常识的无知和扭曲"。方可成发表文章《对不起，33年前的那场大火绝不是一曲凯歌》，引述《中国青年报》对大兴安岭火灾的报道，不仅有对救灾人员的肯定，更有对灾难的反思，对管理部门的批评，"不要再把悲歌唱成赞歌"是这组已成新闻史经典报道确立的核心理念。文章追踪"青年大院"的前身发现，其曾

---

① 范敬宜.总编辑手记[M].北京：人民日报出版社，1997:472.
② 李子坚.纽约时报的风格[M].长春：长春出版社，1999:128.

因发布编造煽情内容《那个17岁的上海少年决定跳桥自杀》被封,公众号虽然改头换面,但以流量为导向,炒作煽情的路数没变。

还有网友查询发现,"青年大院"运营商北京浮光跃金文化传媒有限公司同时操作着数个公众号,分别以不同的价值观导向煽动受众情绪,被称为"对冲式写作""全方位收割流量"。2月28日,"青年大院"被微信平台处以"阶梯处罚";12月18日,"青年大院"公众号被屏蔽所有内容,停止使用。

营销号编造新闻恶意炒作的典型案例还有疫情期间发生的"华商太难了"事件。3月初,数百篇标题极为相似的"疫情之下的某国:店铺关门歇业,华商太难了!"的自媒体文章在网络刷屏。这些文章的情节如出一辙,仅仅更换了主角的姓名、从事的生意和所在国家。因炮制虚假文章,相关公众号管理人被警方采取刑事强制措施。

【点评】

"青年大院"引发争议后,"咪蒙"迅速公开表态撇清其与自己的关系,但其运营套路显然一脉相承,而且有过之而无不及。这些自媒体营销号套用了传统的"煽情路线",并进一步扩大和滥用虚构与"合理想象"的成分,通过组织化、集团化的造假方式,全方位收割流量,进行恶意营销。

煽情主义(sensationalism)"旨在通过产生强烈的震惊、愤怒或兴奋感的方式呈现事实或故事"。在大众化新闻业,"煽情"也是一种编辑策略:通过选择新闻故事中的事件和主题,通过措辞来激发读者情绪,获取最大的发行数量和广告收入。

自媒体时代,营销号最大的目标就是进行无差别的流量收割,将每一个看似"无关紧要"的小事情,同每个个体可能会关注的兴趣点联系起来,"最大化"地利用多种信息资源来攫取利益。[①]在对用户取向、使用习惯掌握不够充分的条件下,通过左右开弓、快速更新的方式,再配合平台的智能推荐、流量分配,煽情报道可以在短时间内迅速成为内容顶流。而这样的"套

---

① Thompson, J..The Media and Modernity[M]//Mackay,H, O'Sullivan, (eds.). The Media Reader: Continuity and Transformation. London: Sage Publications Ltd.,1999.

路"也因为可以被复制而导致煽情报道大肆流行。

煽情报道非常容易助长对事件的误解和偏见,还可能会操纵事实真相。而在恶意营销号传播的煽情内容中,"非虚构"与"合理想象"的边界被挑战。有的营销号会自认为"我们写的东西都是有依据的,不信你们可以去看……""我们这是合理想象,我们是文学作品,不是新闻""这是创意写作"等。虽然在历史上曾经出现过比如《古罗马日报》这样写在公共留言板上为了教育下层阶级而进行的"热情的新闻写作"[1],也有19世纪60年代促进了期刊销量的英国"感觉小说"[2],但是这些内容无论是流传范围还是出发点,都和今天的营销号煽情内容不可同日而语。"青年大院"之类的推送,不仅将其思想操控、情绪鼓动风格表现得一览无余,还不断消解主流价值观,歪曲架空历史。这样的内容将严肃问题泛娱乐化、媚俗化、低智化,并且价值倾向严重偏差,会带来社会整体性的历史虚无感。

"青年大院"的母公司旗下有多个公众号,正话反说、反话正说都是流量。而像炮制了"华商太难了"这样的网络科技公司则是将这种"复制性传播"进行了彻底的组织化和集团化。这种"话多没营养"文风的风靡,是网络时代助长"集体性倦怠"的重要原因。有研究指出,通过组织化、集团式地"漫灌"各种低质、无聊、似是而非、模棱两可的内容,社会将渐渐处于一种"认知麻木"状态:用户知道这些内容"可能"是假的,也知道没什么意思,但是因为数量太多,经常见到,也无法躲避,一段时间之后就会形成信息倦息;长此以往,还会加剧社会麻木和政治冷漠。[3]而一旦在社会上建立起这样的信息氛围,那么即便是重要的、有价值的新闻,也再难引发关注,受众对于内容的疏离将从底层消解社会信任和凝聚力。

---

[1] Stephens, M..A History of News[M].3th ed.New York: Oxford University Press,2007.
[2] Gabriele, A..Reading Popular Culture in Victorian Print: Belgravia and Sensationalism[M]. New York and London: Palgrave Macmillan,2009.
[3] Marwick, A.,Lewis, R..Media Manipulation and Disinformation Online[M]. New York: Data & Society Research Institute,2017.

（七）"高管性侵养女案"报道平衡问题惹争议

【事件】

4月9日，南风窗发表《涉嫌性侵未成年女儿三年，揭开这位总裁父亲的"画皮"》一文，讲述了48岁的烟台某跨国企业高管、某上市通信设备公司独立董事、业内知名海归法务专家鲍某某以收养为名，从"养女"李某某14岁时就对其持续多年性侵的故事。报道称，鲍某某为了实施性侵，一直试图控制李某某的精神和人身自由，李某某重度抑郁多次尝试自杀。2019年4月李某某向烟台警方报案，却被敷衍塞责，最后只得到一纸《撤案决定书》。

不过，南风窗的报道并未采访另一方当事人鲍某某，以及受理案件的当地派出所、检察院或提供检查的医院等第三方。文中存在多处主观性表述，如"由李某某报案，掀开了这张父亲的'画皮'""李某某的抵抗情绪，总是被一套完整的说辞包围、瓦解"。且文中对"性侵"的过程、两人相处的细节等做了大量甚至涉嫌色情的描述，如"巨痛，从下体一直冲到肚子里来，她流血了"。

耸人听闻的故事引起轩然大波，舆论对鲍某某骂声一片，同时也质疑烟台警方的处理方式。随后，相关公司表示解除与鲍的劳动关系，山东警方宣布重新立案调查。

4月12日，财新网发布苑苏文采写的《高管性侵养女案疑云》一文。针对南风窗的报道主要采用李某某一方的说法，"疑云"一文则主要根据鲍某某"通过中间人做出的书面回应"，以及曾经援助李某某的志愿者和办案人员的视角，并与南风窗报道对照叙事，重构了女孩与鲍某某相处的故事。报道的编者按点明："女孩在多地多次报警称未成年时遭跨国国企高管性侵，警方均未立案，高管则称双方是恋爱关系。这更像一个自小缺少关爱的女孩向'养父'寻求安全感的故事。"

财新报道从鲍某某视角展现的"疑云"并未带来舆论的反转，反而引起大量批评甚至谩骂，被指责采用单方面信源，"吃人血馒头"。作者苑苏文在朋友圈转发自己报道时的评论被截图流传，她本人也遭到人肉搜索。

4月13日财新发布致歉声明:"财新网4月12日刊发报道《高管性侵养女事件疑云》,引起舆论较大争议,我们认真核查,报道确有采访不够充分、行文存在偏颇之处,已在当日撤回报道。……有未经慎查明辨的仓促报道,我们诚挚致歉,并将做出修正和追踪报道。"

9月17日,最高人民检察院、公安部联合督导组通报鲍某某涉嫌性侵李某某案调查情况:李某某为改善生活条件,在网上看到鲍某某发布的"收养"信息后,主动与鲍某某联系,两人以"收养"名义开始交往并发展为两性关系。"经深入调查,未发现鲍某某违背李某某意志,采用暴力、胁迫或者其他手段强行与李某某发生性关系的证据。李某某与鲍某某见面时已年满十八周岁,不属于法律特殊保护的未成年人。"李某某"多次报案、撤案,对外寻求帮助,均与其和鲍某某产生矛盾或两人关系出现问题相关,一旦两人关系恢复或和好,李某某即否认报警或者要求公安机关撤案……未发现被鲍某某控制人身和通信自由的情况"。

【点评】

"高管""性侵""未成年少女",这些关键词意味着它必将是一个引发轰动的事件,专业媒体在采写报道时应更加谨慎,特别注意报道的客观全面。在本案例中,南风窗和财新网的报道不但引发网络舆情,也引起专业争议,其中较多的是针对财新报道的批评。比如认为财新的报道提供了来自鲍某某的大量材料,但是在面对这些材料的时候,财新展现出的质疑不够。对于双方叙述中不一致的地方在交叉验证方面做得很不够。①还有学者指出,财新的报道更大的问题出在整体的阐释框架(interpretive frame)上。尤其是新闻导语中那句极具暗示性的洛丽塔式话语(缺爱少女求爱的故事),设定了整个报道的总基调和定义边界,导致后续的素材无论如何呈现都会被限定在这个预设的框架之中。换言之,即便记者能够呈现出来自更多信源的不同陈述,文章导语所设定的这个解释框架也导致文章整体的倾向性是不可避免

---

① 方可成. "高管性侵养女"案中的媒体表现 [Z/OL]. 新闻实验室会员计划. (2020-04-14). https://newslab.info/2020/04/bao-yuming-sexual-assault/.

的。①尽管财新的报道明显具有为南风窗倾向性报道纠偏的意味，但在批评者看来，对于"打响第一枪"的媒体来说，在报道平衡方面存在缺憾也是可以理解的。②

《南方周末》记者柴会群对比了南风窗和财新两篇报道，发现南风窗报道中提到的35条事实性信息中，有4条出自李母口述，6条出自李口述，有多达16条没有交代消息源（其中有9条疑似出自李口述），所有关键信息均出自或疑似出自李口述。而财新报道的34条事实性信息中，有7条出自鲍某的书面说明，7条出自聊天记录，10条出自曾援助过李某某的志愿者，仅有1条未交代消息源。同时，财新的报道还引用了大量南风窗报道中的女方说法予以平衡。③

从平衡报道的规范性上，柴会群的梳理显示了两篇报道的高下。那么，为什么更体现专业性的财新报道反而受到更猛烈的批评？财新匆匆撤稿道歉是否被舆论绑架？这个现象背后彰显了一个更值得关注的问题：在具有轰动效应的议题引发汹涌而起的极化舆论面前，如何坚守专业媒体寻求事实真相的立场？坚守立场有时确实很难，然而又是必须努力去做的。

（八）无中生有的"南方洪灾专业媒体失声"反映深层问题

【事件】

自6月2日入汛以来，我国江南、华南和西南地区发生多轮强降雨，多地发生严重洪涝灾害。这是继1998年以来最严重的汛情：进入主汛期后全国有751条河流发生超警戒以上洪水，长江、黄河、淮河、珠江、太湖等大江大河大湖共发生18次编号洪水，长江、太湖发生流域性大洪水，其中长江上游发生特大洪水，淮河发生流域性较大洪水等。

相关舆情研究报告发现，从6月5日到15日，在微博、微信、抖音、快

---

① 黄典林.财新的鲍案"报道"为何不可接受？[Z/OL]. 微信公众号"典林同学",2020-04-13.
② 方可成."高管性侵养女"案中的媒体表现[Z/OL]. 新闻实验室会员计划.(2020-04-14).https://newslab.info/2020/04/bao-yuming-sexual-assault/.
③ 柴会群."弱者"的谎言与新闻专业主义的溃败——评《南风窗》与《财新》对鲍某涉嫌性侵案的报道[Z/OL]. 微信公众号"红嘴乌鸦",2020-05-09.

手等社交媒体上,以"南方汛情"为话题的舆论开始发酵,呈现出"小幅发酵—突然爆发—平稳回落"的形态。村庄被淹、房屋倒塌、城市道路以船为车、千年古桥毁于一旦的图片、短视频在社交媒体广为传播;但同时,有不少网友质疑主流媒体对南方水灾没有突出的报道。6月11日,某公众号在《悄然消失的南方暴雨洪灾……》一文中写道:南方发洪水了吗?看朋友圈,一张张城市被洪水围困、高速公路被冲毁、汽车被困在"孤岛"的图片,触目惊心。但是看国内正规、权威的媒体机构所推送的新闻,又似乎压根儿就没有什么洪水,举国上下风平浪静。……有网友撰文愤怒地发问:本轮波及南方多个省的暴雨洪灾,为什么就没有国内的新闻媒体关注?为什么没有记者去报道?为什么没有人关心南方暴雨灾区群众的遭遇?中国的媒体人都到哪里去了?

7月1日,公众号"野火青年"发表《1122万同胞受灾,媒体为何集体失声?》的推文,指责媒体对南方洪涝灾害全面失声,"时至今日,留给我们的只剩好人好事,戏谑调侃"。"全面真空的环境,让我感到一丝害怕。"

其实检索相关媒体,无论是央媒还是地方主要媒体,对汛情都有大量篇幅的报道。《人民日报》从6月10日起在要闻版开设《防汛救灾 全力以赴》专栏,每天刊出3篇至4篇稿件;白岩松在7月11日播出的《新闻周刊》节目中说,2020年央视对汛情的报道是10年来最多的;庄永志对《新闻联播》7月2日到9月2日长江流域长达63天的应急响应期间与汛情有关所有报道进行统计发现,防汛救灾报道共有消息86.5条(含25则快讯,每则快讯计为0.5条)、总时长10732秒(约178分),平均每天一条多、2.8分钟。财新、凤凰网、中国青年报相关领导在媒体访谈中也都认为专业媒体关于南方水灾的报道并不少,其中还有不少精品佳作。

针对北京浮光跃金文化传媒有限公司旗下"野火青年"恶意带偏舆论的行为,《新京报》发表评论称,"稍微留心下就知道,说媒体'集体失声'只是一种视障。说得更确切些,不是媒体开启了'静音模式',是媒体报道被'野火青年'给消音了"。白岩松批评说,这种为了流量、利益带节奏的自媒体,是舆论中的洪水,危害很大,应当露头就打。

【点评】

此次对南方特大洪涝灾害的媒介呈现中,传统媒体和社交媒体之间出现了典型的"媒介间感知差距"①。经典的新闻传播学理论强调媒介的中介化效应,比如拟态环境、知识沟、信息茧房、过滤泡等概念和假说,都涉及不同群体在特定媒介接触条件下对于外部环境感知的"差别",但此次事件的特殊之处在于,它清晰地呈现出社交媒体时代通过不同媒介形态感知信息的"差异性"。

第一,传统媒体议程设置能力与公众关注点不相匹配。"议程设置"一直是传统媒体的核心功能之一,"不能影响受众怎么想,但可以影响受众想什么"一直是其传播能力的体现。但对此次南方特大洪涝灾害的媒介呈现中,传统媒体的议程设置功能至少在上半场表现尚有欠缺。而与此同时,社交媒体上的内容则集中体现了广大用户和公众的关注点和兴趣点,这也是此次事件中最应该被反思的要点。

第二,全面客观呈现无法弥补"时间差"带来的信息量不足。多家媒体机构反思此次特大洪涝灾害的报道时都提到,专业媒体依然有着自己的坚持和追求,比如不会刻意逢迎用户兴趣,对信息的呈现力图客观全面,对不同消息来源会仔细甄别,要在多个不同参与主体间进行协调,以及进入现场需要时间和条件等。这些本身都没有问题,但这样一种"工作常规"遭遇社交媒体时代的传播规律时,会因为"加速社会"中的"时间差"导致"信息量不足"。大量用户通过社交媒体进行内容生产和消费,这样的界面互动以一种传播的"光电速度"②消灭了现实社会中传统媒体"人+交通工具+传播工具"的"生物+机械速度"。由于存在无法弥合的时间差,后者报道信息量不足、信息延迟等无法满足"加速社会"的传播要求。

第三,作为竞争性话语的社交媒体倒逼传统媒体的报道节奏。当前的传播生态呈现出从庙堂到街巷,从引导到迎合,从实时到适时的特点。社交媒

---

① Gil de Zúñiga, H., Weeks, B., Ardèvol-Abreu, A.. Effects of the News - Finds - Me Perception in Communication: Social Media Use Implications for News Seeking and Learning About Politics[J]. Journal of Computer - Mediated Communication,2017,22(3): 105-123.

② [法] 保罗·维利里奥. 消失的美学 [M]. 杨凯麟,译. 郑州:河南大学出版社,2018:26-27.

体传播的下沉、渗透水平大大超过传统媒体；相比传统媒体所习惯的"舆论引导"方式，智能媒体通过算法整合用户画像、社交关系、全局热度所给出的智能推荐更加受到用户的青睐；而通过算法改变的信息流，并不特意关注信息呈现的"时间顺序"和实时性（real time），而是更加关注适时性（right-time），即在合适的时间向用户呈现适合的内容。这样的传播特征使传统媒体既无法感知自己的用户兴趣，也缺乏必要的工具和能力去整合用户。社交、智能媒体不再是传统媒体业务的衍生品和附属品，而是成为竞品，甚至在一定程度上逼迫传统媒体去跟随社交媒体热点。

第四，新媒体呈现的信息颗粒度相比传统媒体大大细化。在此次特大洪涝灾害的报道中，虽然主流和专业媒体反复强调自身的业务水平，比如维护知情权、强调个体体验等，但令我们印象深刻的报道却大多来自技术创新和社交网络，如无人机对洪涝灾害现场进行的全景航拍、损失了9000万元茶叶的茶农、安徽高考考生穿着泳裤进考场等，这些既宏大又细微的内容，结合了事件的整体性和个体的独特体验，相比传统媒体上准确但冰冷的数字、带有门槛的术语、缺乏情感共鸣的套话，更加能够打动人心，也能够取得更具穿透性的效果。

第五，社会信任与媒介信任作为底层逻辑始终影响媒介传播效果。凤凰网副总编辑孙雪梅通过后台数据发现，6—7月国内新闻主要关注点集中在中印冲突、中美关系博弈、新冠肺炎疫情转折等重大国际国内事件。而对于洪涝灾害，相对而言重要程度在一开始并没有被提得很高。这个结论也得到了财新、中青报等多家媒体的证实。但这样安排在特定的语境下也会产生负面的效果，对于一些临场感、现场感、个体感很强的新闻事件，社交媒体传播具有天然的优势，但如果将这种"比较优势"理解为是"被压制后的宣泄出口"，那么海量的用户生产将不是专业媒体工作的有力补充，而是变成了"打脸"的证据。传统媒体与社交媒体之间的生产协作，是同盟但可以不雷同，可以存在不同的维度、面向和层次，但这种协作是为了生产出更为充分的信息量，增加信息覆盖的颗粒度，而不是恶性竞争，彼此怀疑。而这需要不同媒体间形成良好的生态位，社会群体间相互信任，共同关注重大问题的发生和化解。

（九）"做寿老人下跪视频"引发双重反思

【事件】

8月29日，山西省临汾市襄汾县陈庄村聚仙饭店发生坍塌事故，致29人不幸遇难。事发时一位80岁老人正在办寿宴，他的老伴儿和多位亲友遇难。8月30日17：20，齐鲁晚报微博发布"襄汾饭店过寿老人下跪道歉：很内疚"的短视频，在网上引发争议。

8月31日，微信公众号"鱼眼观察"发布《这家山东媒体犯了众怒》，批评齐鲁晚报"单独截出老人下跪画面，做成短视频在各大平台发布"。"如此'吸睛'的操作，自然获取流量无数，不过同时，此举也犯了众怒，网友们群起痛斥齐鲁晚报，各种骂声一片。"文章还透露，正是因为"齐鲁晚报记者口无遮拦，在采访李大爷时贸然发问：'你老伴儿和你亲戚因为给你过生日去世了，你现在心情怎么样？'"才"诱导老人下跪"。文章对此评论说，"媒体是社会的'守夜人'，其关注和监督的对象，主要是权力而非无权者。在临汾坍塌事故的报道中，有些媒体把镜头一味对着受害的老人，这本身就是一种错位。这还不算，居然还敢'吃人血馒头'，为了博眼球，赚流量，消费受害老人的痛苦，把他作为牺牲品"。

当天齐鲁晚报发表声明，表示对老人下跪视频引发的网友批评"高度重视，诚恳接受，特此致歉"，并宣布启动全面调查。

9月1日齐鲁晚报发布调查结果：本报记者在采访中不存在违背职业道德规范的行为。几名记者一起进入老人家中，看到两名消防应急人员和一位女士正在安慰老人。记者进屋后，并没有进行提问采访，而是一起安慰老人。当老人情绪激动，哭着要下跪时，本报记者连忙和消防应急人员一起上前搀扶，并连连说："不怪你，不怪你。"同行三家媒体拍摄的现场视频，从不同角度还原了现场。整个过程持续一分多钟，没有记者提问，更没有记者提出"亲属遇难，您什么心情"之类的问题。记者一边安慰老人，一边说让老人休息。

9月2日"鱼眼观察"在微信公众号中致歉,承认相关内容是在微博、知乎等渠道看到网友转发的信息,并没有核实,就写进文章里去了。

【点评】

对于媒体是否应该发布老人下跪的短视频,相关讨论存在两种观点:一种认为老人自愿接受采访,真情流露,借此可以在更大范围表达歉意,郁结于心的痛苦也会稍微得到释放,因此不必过分指责媒体;反对方则认为这段视频有误导性,被着重描述的"下跪""内疚"会勾连出老人和伤亡之间的因果关系,但实际上老人也是受害者。对此类事件的报道,台湾2007年修订的公共电视"节目制播准则"有一条要求,具有参考价值:尊重悲伤为私人的时刻,属于个人隐私范畴,不过度侵扰悲剧或灾难受害者,不强迫访问哀痛中的人。访问时应避免询问空泛、冷血的问题(例如"你有什么感觉"),而应询问具体实际的问题(例如"你希望政府提供什么样的协助?"等)。如果同时采访的其他媒体问了不得体的问题,尽量在报道中删除。①

"鱼眼观察"的作者也是一位媒体人,他在致歉中自省:"之前在做编辑工作时,对于事实性的信息,是极为敏感的,发现疑点,往往穷尽办法,也要找到信息源头所在。但是做公众号以来,脑子里的这根弦逐渐有些放松了。看了老人自责的视频,以及网友们的讨论,脑子被情绪冲昏,加上为了追求发稿的速度,不加甄别,就想当然地选择采信,并引用在文章里。在喧嚣的新闻事件面前,没有保持足够的客观和冷静,为了抢时效和速度而不顾其他。"相信这是他真诚的反思,其中的问题,在自媒体写作盛行的今天也具有普遍性。社交媒体让人人都是记者,人人都有麦克风,个体写作越过了机构媒体完整、规范的把关制度,笔下可以更加潇洒恣肆,张扬个性,但也容易无所顾忌,失真失范;个体力量有限,同时却要不断更新,势必无法深入调查,难免道听途说,拼凑注水;不少自媒体作者不乏公共意识、人文情怀,但在网络世界没有流量就没有可见度,有时候很难克服流量诱惑,不免松动夸大以吸引眼球。当前,自媒体内容生产已成为人们重要的信息来源,

---

① 陈力丹. 中国新闻职业规范蓝本 [M]. 北京:人民日报出版社,2012:323.

这些结构性矛盾如何克服，仍有待深入探索。

伦理讨论的意义就在于学习在善与恶、合乎道德的正义行为与非正义行为之间做出理性的抉择。①经过这次事件，相信媒体在报道"悲伤""痛苦"的时候会更加谨慎；自媒体作者在一抒怀抱的时候也可以三思而后行吧。

（十）"西安地铁"导演"正能量新闻"引发负面舆情

【事件】

9月18日，微博"西安地铁"以"遇见最美西安""西安身边事"的标签，图文并茂地发布了一则暖心小故事：地铁工作人员发现一位女乘客踮着脚走路，一问才知她被新鞋磨破了脚。工作人员立即拿来医药箱，为女乘客简单处理伤口，并送上创口贴备用。

但是，疑似受助女乘客发在朋友圈的澄清很快在社交媒体流传开来：女乘客是主动找到地铁"爱心服务站"要创口贴的，而不是工作人员主动发现的。整个过程"经过三个工作人员的来回工作交接，最后一个男工作人员让我稍稍等待，他去工作间取。在我等待了十几分钟后，工作人员带着他的相机，他的领导手里提着药箱也一起过来了。领导又对我进行了询问，缓缓蹲下，打开药箱，拿出创口贴。我反复说我只需要一个，他们拿出的创口贴由两个变为四个，直到确定照片拍合适稳妥，才真正把创口贴交到我手中"。

令人啼笑皆非的"真相"引发网友质疑和媒体报道。次日，"西安地铁"微博发布西安市轨道交通集团有限公司的说明，承认工作人员在未征得当事乘客同意的情况下拍照，微博运维人员在未征得当事乘客同意的情况下编发该微博信息，承认工作中存在"不细、不严等形式主义问题"。

【点评】

这是一件小事，但所反映的问题却颇有典型性。2019年一项针对湖北省领导干部媒介素养的调查表明，36%的被调查对象"比较同意新闻就是宣

---

① [美]菲利普·帕特森，李·威尔金斯.媒介伦理学：问题与案例[M].李青藜，译.北京：中国人民大学出版社，2018:3.

传"，"绝对不同意"的只占9%。①对于新闻与宣传之间的界限认识不清，是造成类似荒唐事件的关键。随着社会化媒体的普及，很多机构也开设了自己的微博、微信公众号，一方面发布相关服务信息，另一方面对自身形象进行正面宣传。正面宣传形式可以多种多样，比如编个小故事或者表演戏剧等，而一旦采用了新闻报道的形式，就必须遵循真实性标准。"西安地铁"反复强调"未征得当事乘客同意"，貌似是把这个故事当成一场群众演员不太配合的演出，而在乘客看来，"西安地铁"微博作为"公众媒体""做了不实的报道"。

类似为了传播"正能量"摆布新闻、制造新闻的事件还有不少。比如2020年全国"两会"期间，一张成龙、熊召政、冯远征等明星委员坐在一起讨论《民法典》的照片在社交媒体流传，几位明星有坐有站，虽然表情生动，但他们的视线显然没有落到摊在桌上的《民法典》上。如果说这只是几位明星在会议期间的合影留念，但与其几乎完全相同的一张，就刊登在5月27日的《中国艺术报》上，俨然具有了新闻的身份。中国摄影报的评论也谈到这种屡见不鲜的现象："每当重要会议结束后，一定会收到不少学习会议精神题材的照片，其中最多的是几个人坐的坐站的站、高高低低地看报纸的场景。"这种有一定时效性的围看报纸的新闻照，好像是一些人绕不过去的表现手法。②

其实，为了宣传不惜摆布、组织新闻的问题，从20世纪50年代就已经在新闻界有所讨论③，但直到今天仍然"绕不过去"，而且随着新闻行动者的多元化又有泛滥之势，这里面，既有新闻观念的问题，也关涉着党风、政风问题。

（十一）公关对新闻业隐秘操纵之冰山一角
【事件】

8月21日，一组微信群聊天截图在社交媒体热传：在"北京保利媒体群"

---

① 廖声武,刘倩.领导干部的媒介素养现状与思考——基于湖北省的调查[J].新闻记者,2020(10):73-79.
② 王冬斌.老生常谈说摆拍[N].中国摄影报,2020-09-04(001).
③ 晋永权.红旗照相馆:1956—1959年中国摄影争辩[M].北京:金城出版社,2014.

中,保利地产一名高管要求群里的媒体人在朋友圈转发其宣传稿,"没转发的移出本群"。很多记者愤而退群。此事引发热议,次日该高管致歉,称"昨晚在群里的发言和表述确系我本人唐突,严重失当,给各位朋友带来了不好的影响,也破坏了与媒体之间本应相互依存、互相成就的良好关系"。

9月18日,新京报一名记者以"蜉蝣"为网名在豆瓣发表长文《为了哄大明星开心,报社主编把我开除了》,叙述了自己8月份采访某徐姓艺人,徐某团队曾多次修改采访提纲,成稿后又几乎逐句修改,甚至在截稿后再次提出修改要求,不允许提某电影的名字。记者将此情况反映给报社,没想到部门领导并没有保护记者的独家采访信息,反而直接按艺人团队意见修改后发稿。因为"他能接受你的采访,就已经是给你面子了","徐某以前帮过报社的大忙"。

"蜉蝣"连续发帖,在网络上沸沸扬扬,但是新京报方面始终未做公开回应。我们撰写本报告时发现,"蜉蝣"在豆瓣的原帖已经删除。

【点评】

这两个事件的前因后果、内幕详情都不够清晰,但足以透露出公关与媒体复杂关系的冰山一角。

长期以来,媒体与企业公关就存在互相依赖的关系。公关需要利用独立媒体的表象发布其信息,来维持其可信的表皮[1];而如果没有这些存有利益关系的消息来源的话,没有任何记者可以只靠突发新闻填满所在媒体的新闻洞[2]。

国际新闻业的研究证实,愈来愈多的新闻记者将新闻收集工作交给公关人员去完成,即使是最大的报纸,也至少有一半以上的资讯来自公关稿件(press releases)。这种情形,在中国大陆媒体中也很普遍。这意味着,公共不但在很大程度上决定了报道内容,甚至成为社会真实的首要界定者(primary definers)。[3]丹尼斯和梅里尔分别扮演正方和反方,阐述了"公共

---

[1] [英]威廉·迪南,戴维·米勒.新闻,公共关系和制造舆论[M]//[美]卡琳-沃尔·乔根森,托马斯·哈尼奇,编.当代新闻学核心.张小娅,译.北京:清华大学出版社,2014:271.
[2] [美]赫伯特·甘斯.什么在决定新闻[M].石琳,李红涛,译.北京:北京大学出版社,2009:153.
[3] 陈先红,陈欧阳.公关如何影响新闻报道:2001—2010年中国大陆报纸消息来源卷入度分析[J].现代传播(中国传媒大学学报),2012,34(12):36-41.

关系操纵着新闻"与"公共关系提供一种必要的新闻服务"这两种难以遽下断语的对立观点。但即便把公共关系看作新闻服务，也要以公关提供新闻线索——媒体独立采编报道为前提，而绝非公关给媒体审稿改稿，甚至要求媒体原封不动转发宣传稿。在媒体艰难转型的当下，企业公关对媒体的隐秘操控有愈演愈烈之势，从上述案例中对媒体人颐指气使的态度就可见一斑。

值得注意的是，国外媒体伦理教材中，对公关与新闻的关系都十分重视，大多有专门的章节加以探讨；而国内几种知名新闻院系的教材中，对这一话题大都付诸阙如，这既是学术研究上一个亟须弥补的方面，也是媒体伦理责任上亟须给受众一个交代的环节。

三、讨论与结语

本课题选取的2020年传媒伦理事件虽然只是个案，但已能管窥随着传播环境的大变革，传媒伦理出现的新趋势、新问题。

（一）新的媒介环境产生新变化

延森将媒介融合理解为经过数字技术将一对一、一对多以及多对多传播形态的网络化整合。信息在传播过程中重新编码和再媒介化，跨越不同的物质载体与感官形态。[1]查德维克（Andrew Chadwick）将这种多元行动者以及组织边界模糊的新传播生态称为混合型媒介系统（the hybrid media system）[2]。其中，特别突出的是普通用户对新闻传播的参与，使新闻从一种专业活动变成社会化活动。[3]大量伦理争议，正是在这种混杂状态下发生的。以"信息疫情"现象为例，传统媒体时代科学传播主要是建基于科学共识的信息在科学家共同体、政府决策机构、专业媒体中单向流动，经过重重把关

---

[1] 延森,刘君.媒介融合：网络传播,大众传播和人际传播的三重维度[M].上海：复旦大学出版社,2012:61.
[2] Chadwick, A.. The Hybrid Media System: Politics and Power[M]. New York: Oxford University Press,2017.
[3] 刘鹏.用户新闻学：新传播格局下新闻学开启的另一扇门[J].新闻与传播研究,2019,26(02):5-18+126.

之后才到达受众。而社交媒体时代的信息就像流行病毒一样，在社会网络中以更变化多端的路径和更快的速度更广泛地传播。学者对来自推特等国际主要社交媒体关于新冠肺炎的传播大数据进行分析，将信息传播同流行病传播模型匹配起来发现，被标记为"可靠来源"和"可疑来源"的信息在社交媒体上的传播模式几乎没有显著差异。这项研究证明信息的传播是由特定社交媒体强加的交互模式或参与主体的用户组的特定互动模式所驱动的，社交媒体平台确实存在一定的谣言放大机制。①对此，梵·迪克等提出以社交媒体为中心的网络化离心力互动模式。②其实，不仅仅是科学信息，其他领域的公共讨论中信息交流模式同样呈现巨变，难免出现种种扭曲错乱以及不适症状。

社交媒体上的信息流将事实、观点、情感等混搭在一起（hybridity），事实当中又混杂了已经发生的事实、可能发生的事实、希望发生的事实等。③即便是专业媒体的报道，在社交媒体上发布时也会与传统媒体版本呈现新闻框架的不同④，新的传播生态，无疑会改变人们对世界的认知以及公共讨论的话语面貌。

孙玮认为，"信息疫情"作为一个概念浮现，至少说明在当下"信息处置成为全球应对重大公共事件至关重要的议题。信息与人类社会的关系，展现出前所未有的复杂性：一方面，信息具有无可替代的巨大价值，是正确决策的极端重要条件；另一方面，信息也展现出惊人的破坏性力量。当前处置信息的方式遭遇挑战，人类社会现有的信息系统失灵的状况越来越明显而普遍"。⑤若干传媒伦理案例正展现了这种新传媒生态下的破坏力。

对于新的混合型传播生态，当然要重视大量错误信息甚至阴谋论等破坏性传播产生的可能，但同时也要意识到这已经成为不可或缺的信息传播渠

---

① Cinelli, M., et al..The COVID-19 social media infodemic[R/OL].(2020-10-06). https://doi.org/10.1038/s41598-020-73510-5.
② José van Dijck , Donya Alinead. Social Media and Trust in Scientific Expertise: Debating the Covid-19 Pandemic in The Netherlands[J/OL]. (2020-12-15).https://doi.org/10.1177/2056305120981057.
③ Papacharissi, Z.. Towards New Journalism(s)[J]. Journalism Studies,2015,16(1): 27-40.
④ 刘慧雯，从新闻到粉丝团：社群小编重构公共话语现象的初探研究 [J] 传播与社会学刊，2020.11(54):161-192.
⑤ 上观新闻.复旦大学教授孙玮：当信息也成为疫情，我们如何寻找真相[Z/OL].上观新闻客户端.(2020-06-20).https://xw.qq.com/cmsid/20200620A0IWNB00? f=newdc.

道，而且社交媒体具有"公众声音放大器"的效果，提供了一种平衡力量，"来平衡人们感受到的体验与官方机构提供给我们的东西之间的不匹配，以及对它们的缺乏信任"。因此，无论科学界还是专业媒体、政策制定者，都需要重视这场传播革命，邀请公民等非专家一起来寻找制定新的战略。[①]

（二）围绕新闻业边界的挑战与竞争

作为一种规范性理论，新闻学使用规范标准和道德原则来进行边界的区分：区分自己职业中的"好"和"坏"成员；区分内部人士和外部人士。[②]但在新的传播生态下，新闻业正在"解体"，以至于不再有一个稳定的实体可以贴上新闻业的标签。谁算新闻工作者，什么算新闻工作，以及什么是适当的新闻行为，什么是越轨行为，都出现游移模糊的情况。[③]多起伦理争议都是由专业媒体之外的行动者的参与而引发的。比如"西安地铁"事件中"犯错误的"是"微博运维人员"；《中国艺术报》刊出的明星摆拍，摄影者是参会的政协委员——由于疫情防控影响，记者无法进入现场，于是采取了邀请"两会"代表委员当记者的创新措施，虽然很能体现媒体融合的特色，但暴露的问题也颇有媒体融合的特点。外部行动者一旦闯入新闻传播领域，必然带入他们原来的伦理规范。比如李文亮在微信群中发布的消息，实行的是朋友间要共享重要生活信息互相帮助的伦理标准[④]；传播疫情患者隐私的不少是奋战在一线的工作人员，他们或许有炫耀自己掌握独家信息的心态，同时也不乏提醒亲友注意防范的善意。

另外值得注意的是，泽利泽（Zelizer)将新闻工作者视为一个阐释性社群，他们通过各种专业讨论共享职业价值、建构职业认知、确立职业权威、设立职业边界，同时也组成职业共同体。[⑤]但是我们也发现，在诸多议题上中

---

① José van Dijck , Donya Alinead. Social Media and Trust in Scientific Expertise: Debating the Covid-19 Pandemic in The Netherlands[J/OL]. (2020-12-15).https://doi.org/10.1177/2056305120981057.
② Singer,J.B..Out of Bounds: Professional Norms as Boundary Markers[M]//Carlson, M. , Lewis, S.C.. Boundaries of Journalism.New York:Routledge,2015.
③ Carlson, M.. Introduction: The many relationships of journalism[M]//Carlson, M., Lewis, S.C.. Boundaries of Journalism.New York:Routledge,2015.
④ 刘鹏 ."全世界都在说"：新冠疫情中的用户新闻生产研究 [J]. 国际新闻界 ,2020,42(09):62-84.
⑤ Zelizer, B. . What Journalism Could Be[M]. Malden, M.A.: Polity Press,2017.

国的机构媒体工作者尚无法形成共识，在疫情期间围绕廖君获奖等争论就反映了这个问题。

新闻实践始终处于不断变化之中，未来还会有更多对新闻业边界的挑战和竞争会以传媒伦理争议事件的面目出现。

（三）新价值观与旧宣传模式的冲突

本次疫情报道的一个突出特点就是体现了平民性：苦难不再被分成不同等级，普通人的不幸也被有尊严地记录着；医护人员、志愿者，甚至外卖员、快递小哥成为被大家记住的抗疫英雄，他们的行动让人们深刻地意识到，我们的平安、我们的正常生活，是那么依赖于这些普通劳动者的忠于职守，依赖于他们的善良、同情和特殊时期的自我奉献。报道的变化反映了社会价值观念的转型。李泽厚认为，现代社会以前，个人经常是从属于群体的，个体以群体生存、延续作为生活的目标原则，而现代社会以降，自启蒙主义突出了理性和个人，个人成为轴心并以之建立，逐渐占据统治地位。① 也就是说，对个体权利意识的尊重，是现代性观念的特征。就像一位年轻的博主"阿部部"的"热帖"所说的：我特别喜欢那个"一线抗疫战士要喝可乐，可口可乐公司马上安排"的新闻，我也特别喜欢"抗疫战士穿着好的防护服带着自豪展示给家人看"的新闻，特别喜欢"山东抗疫人员到了一线，马上就给他们蒸上了馒头"的新闻。……我们不想看到一线抗疫人员流汗还流泪，他们已经做了很多了，付出了很多了；我不想看到他们牺牲所有，他们也是别人家的孩子，也是有血有肉的普通人；我更想看到的是他们的每一滴眼泪都被珍惜，每一点心愿都能被听见，我希望他们能够在疫情结束放下担子的时候能好好地休息一下。不要让他们不敢说累，不敢说苦，不敢说痛。这种想法已成为我们社会新的主流价值观，如果媒体在宣传报道中违背这种价值观，难免受到大众的指责。

新闻宣传上的惯性和惰性，是造成伦理争议事件的重要原因，往往让

---

① 李泽厚.人类学历史本体论[M].青岛：青岛出版社,2016:41.

正面宣传反而起到负面效果。比如3月20日国务院办公厅下发的《关于应对新冠肺炎疫情影响强化稳就业举措的实施意见》提出，"合理设定无固定经营场所摊贩管理模式，预留自由市场、摊点群等经营网点"，"地摊经济"随即成为热议话题。但是一些媒体迅速推出"大排档业主：每天收入三万元""90后女子摆地摊日卖4千，520奖励自己一辆奥迪""地摊经济火了！济南老板日入4万"等报道，也引发不少质疑。这些新闻标题都在一定程度上夸大了"地摊经济"的成效，比如那位大排档业主3万元的收入是在允许出店经营的前提下挣到的，而且也不是"每天"挣3万元；而那位摆地摊的"90后"女子其实是买了一辆"二手"奥迪。这些一窝蜂、夸大拔高性质的报道，其实就是多年前新闻界批评的主题先行、带着观点找材料的做法。

另外，民族主义、女权主义等各种现代性价值观念冲突不断涌现，也对媒体如何把握好时效度、处理好伦理争议问题提出挑战。

（本文执笔：刘鹏，同济大学艺术与传媒学院兼职教授、上海报业集团高级编辑；方师师，上海社会科学院新闻研究所助理研究员；王侠，上海报业集团主任编辑。感谢上海市新闻工作者协会新闻道德委员会办公室对本课题的支持与指导。感谢课题组专家《新闻记者》特聘顾问魏永征、吕怡然、贾亦凡，复旦大学新闻学院白红义教授的指导意见。原文载于《新闻记者》2021年第1期，经作者授权转载。）

2020年中国传媒法治发展报告

中国传媒大学文化产业管理学院文化法治研究中心

2020年全年，中国传媒大学文化产业管理学院文化法治研究中心共搜集到传媒法相关事例923个，本报告在概述本年度出台的有关传媒指导方针和基本法律规定之后，对新闻出版和广播影视监管、互联网治理、信息公开、著作权保护及人格权保护这五个领域作出述评。文中未注明年份的表述时间均为2020年。

一、有关传媒的指导方针和法律规定

本年度传媒法治建设获得重大进展，《民法典》及新修订的《著作权法》《未成年人保护法》等在传媒领域具有重要意义。

5月，全国人大颁布的《民法典》，作为新中国成立以来第一部以"法典"命名的法律，是民事领域的基础性、综合性法律。其中"人格权"编就新闻报道、舆论监督与人格权益之间的关系作出明确规定，首次明确了名誉和名誉权、肖像和肖像权、隐私和隐私权等概念的内涵，扩大了个人信息的保护范围，规定了认定人格权侵权责任应考虑的因素，以及为公共利益实施新闻报道、舆论监督等行为的"合理使用"原则及其限制条件，连同"总则"编、"侵权责任"编等有关规定，建构了系统调整新闻报道、舆论监督与人格权益关系的民事法律制度。

10月，全国人大常委会修订《未成年人保护法》，篇幅较原法增加一倍以上，其中涉及媒体加强未成年人保护的内容尤为突出。增设"网络保护"一章，要求处理不满14周岁未成年人个人信息的，应征得其父母或者其他监护人同意,网络游戏服务提供者不得在每日晚10点至次日8点向未成年人提供网络游戏服务。网络直播服务提供者不得为未满16周岁的未成年人提供网络直播发布者账号注册服务,并对防治网络沉迷、网络欺凌等制定规范。同时对新闻媒体加强未成年人保护方面的宣传和舆论监督、不得侵犯未成年人合法权益等做了规定。

11月,《著作权法》在实施十年后完成第三次修订。新法扩大了"作品"定义以适应传播科技的发展;将"时事新闻"修改为"单纯事实消息",加强对新闻作品的著作权保护;完善了广播权定义,全面涵盖"以无线或者有线方式公开传播或者转播作品";在"与著作权有关的权利"下"广播电台、电视台播放"增加了"将其播放的广播、电视通过信息网络向公众传播";把报社、期刊社、通讯社、广播电台、电视台的工作人员创作的职务作品纳入职务作品范围等。另外,增设惩罚性赔偿制度,规定最低赔偿额500元,把法定赔偿上限从50万元提高到500万元。12月,全国人大常委会通过《刑法修正案(十一)》,对"侵犯著作权罪"条文参照新《著作权法》修订内容作出修正,并将最高刑期提升到十年。

有关传媒的方针政策,重点在推进媒体深度融合和依法治理网络空间。

6月,中央深改委第十四次会议通过《关于加快推进媒体深度融合发展的指导意见》,强调推动媒体融合向纵深发展,深化体制机制改革,加大全媒体人才培养力度,打造一批具有强大影响力和竞争力的新型主流媒体,加快构建网上网下一体、内宣外宣联动的主流舆论格局,建立以内容建设为根本、先进技术为支撑、创新管理为保障的全媒体传播体系。

9月,中办、国办印发《关于加快推进媒体深度融合发展的意见》,明确了媒体深度融合发展的总体要求,推动传统媒体和新兴媒体在体制机制、政策措施、流程管理、人才技术等方面加快融合步伐。

11月,《中共中央关于制定国民经济和社会发展第十四个五年规划和二〇三五年远景目标的建议》中提出到2035年建成文化强国,国家文化软实力显著增强,推进媒体深度融合,实施全媒体传播工程,做强新型主流媒体,组建并用好县级融媒体中心。

12月，中共中央印发的《法治社会建设实施纲要（2020—2025年）》列有"依法治理网络空间"专节，就完善网络法律制度、培育良好的网络法治意识、保障公民依法安全用网三方面做出规划。

二、新闻出版与广播影视监管

在疫情防控背景下，新闻出版和广播影视监管机关一方面积极为抗疫服务，推进复工复产；另一方面持续做好提升质量、媒体融合、扫黄打非等工作。

（一）新闻出版监管

1.提升出版物质量

国家新闻出版署（以下简称版署）把出版物质量检查作为重点工作。3月，版署发布《关于做好2020年印刷复制发行管理工作的通知》，提出全年抽查网上书店比例不低于20%；加强内部资料的规范，每家编印单位只可编印一种连续性内部资料，每年编印一次性内部资料不超过四种。随即版署开展图书"质量管理2020"专项工作，对2019年以来出版的社科、文艺、少儿、教材、教辅和科普类图书进行内容质量和编校质量检查，对质量不合格图书的出版单位予以处罚。

6月，版署印发《报纸期刊质量管理规定》，规定了报刊质量是否合格的判定标准、质量检查的方法和程序、质量管理的分级责任、处罚措施等，要求报纸编校差错率不超过万分之三、期刊编校差错率不超过万分之二。12月，版署印发《出版物鉴定管理办法》，对出版物鉴定机构及人员的资质、程序、鉴定文书等做了具体规定。

2.开展扫黄打非行动

扫黄打非行动持续推进。4月至11月，全国"扫黄打非"办公室部署开展"扫黄打非·新风"集中行动，推进"净网2020""护苗2020""秋风2020"专项行动，整治网络淫秽色情信息、非法有害少儿出版物及信息、新闻敲诈和假媒体假记者站假记者、侵权盗版行为等四类问题。10月，因"全民K歌"涉黄，广东省"扫黄打非"办联合省网信办约谈腾讯公司，责令全面整改，行政部门对腾讯作出行政处罚。2020年，版署共下发8份行政处罚决定书，处罚借新闻采访从事经营活动和借媒体监督进行敲诈勒索等行为，涉及华夏时报社等6家新闻单位及5名工作人员，其中3人被列入新闻采编人员不良从业行为记录，终生不得从事新闻采编工作。12月，全国"扫黄打非"办又通报了江苏常州张某某等假冒记者敲诈勒索等8起典型案件。

3.进一步管理网络文学

6月，版署印发《关于进一步加强网络文学出版管理的通知》，要求网络文学出版单位建立健全内容审核与考核机制、加强评奖推选活动管理、加强网络文学出版队伍建设、在平台上明示登载规则和服务约定，并实行网络文学创作者实名注册制度。

（二）广播电视监管

1.推进媒体融合，推进频道改革，加强广电公共服务

加快媒体融合步伐。3月，国家广电总局（以下简称总局）部署《全国有线电视网络整合发展实施方案》，组建中国广播电视网络有限公司控股主导、对各省网公司按母子公司制管理的"全国一网"股份公司。10月，中国广电网络股份有限公司成立，成为国内第四大运营商，这是在中宣部和总局直接领导下组建的中央文化企业，注册资本金额1012亿元，发起人46家。11月，总局印发《关于加快推进广播电视媒体深度融合发展的意见》，力争用1年至2年时间，新型传播平台和全媒体人才队伍建设取得明显进展，用2年至3年时间，重点领域和关键环节的改革创新取得实质性突破。逐步建立以内容建设为根本、先进技术为支撑、创新管理为保障的全媒体传播体系。

加强广电公共服务建设。1月，总局《关于加强广播电视公共服务体系建设的指导意见》从加快构建基本公共服务标准体系、切实增强公共服务适用性、扎实推进基本公共服务均等化、全面推进智慧广电+公共服务、切实强化公共服务组织保障等五方面提出了主要任务和具体举措。3月，总局发出《国

家广播电视总局关于开展智慧广电专项扶贫行动的通知》，提出统筹广播电视传统媒体和网络视听新媒体，开展智慧广电消费扶贫、教育扶贫、健康扶贫、人才扶贫工作，推进智慧广电公共服务。

2.精简机构、优胜劣汰

总局鼓励播出机构精简频率频道数量，提升质量。年初至8月，先后批准撤销7套电视频道和1套广播频率，上半年批准70个电视频道高、标清同播，13个卫视频道的高清频道通过直播卫星传输。11月，总局发布《关于进一步加强专业电视频道建设管理的意见》，强调建立优胜劣汰机制，扶持优秀电视频道做优做强，劣质频道坚决实施退出。

3.加强视听节目监管

总局对于电视剧及网络剧的监管力度不断加大，涉及导向、演员片酬、集数、细节等各方面，实现网上网下统一尺度。

11月，《国家广播电视总局关于推动新时代广播电视播出机构做强做优的意见》从打造新型传播平台，建设新型主流媒体，深化创新创优，提升产品内容竞争力、引导力等四方面提出具体要求，防止追星炒星、过度娱乐化、高价片酬、唯收听收视率等不良倾向。

2月，总局《关于进一步加强电视剧网络剧创作生产管理有关工作的通知》要求制作机构在申报备案公示时，须向有关广电主管部门承诺已基本完成剧本创作不超过40集电视剧网络剧，并要求每部剧目演员总片酬不得超过制作总成本的40%，其中主要演员片酬不得超过总片酬的70%。总局还指导中国网络视听协会出台《网络综艺节目内容审核标准细则》，从主创人员选用、出镜人员言行举止，到造型舞美布设、文字语言使用、节目制作包装等不同维度，提出94条具体标准。

11月，《国家广播电视总局关于进一步落实主体责任切实强化电视剧细节把关的通知》要求制作机构对特定画面、景观、音乐、译文译注等加强审核。在《关于切实强化网络影视剧细节把关的通知》中提出确保剧目导向正确、内容安全，是网络影视剧制作播出的第一要务，网络影视剧内容审核的重要环节是做好相关特定画面、景观、音乐、译文译注等细节把关，落实网络剧和电视剧统一尺度、统一标准的监管理念。《雷霆战将》因把"偶像剧"套路用在抗日题材上，受到批评后停播。

4.治理收视率造假

4月，总局发布《广播电视行业统计管理规定》，出现统计造假、弄虚作假行为的，所在单位的主要负责人承担第一责任，分管负责人承担主要责任，统计人员承担直接责任。10月，总局又印发《防范和惩治广播电视和网络视听统计造假、弄虚作假责任制规定》，将防范和惩治统计造假、弄虚作假责任制落实情况作为领导班子述职述廉、年度考核的重要依据。

（三）电影监管

疫情对电影行业造成巨大冲击，上半年全国总票房仅有22.42亿元。5月，财政部发布关于电影等行业税费支持政策的公告，对2020年度纳税人提供电影放映服务取得的收入免征增值税，免征文化事业建设费。

鉴于《流浪地球》等科幻电影取得的成功，8月，国家电影局、中国科协印发《关于促进科幻电影发展的若干意见》，提出对科幻电影创作生产、发行放映、特效技术、人才培养等加强扶持引导的10条政策措施。

三、互联网治理

本年度互联网治理重在全面落实已有网络法律、法规等规范，建立健全网络综合治理体系。4月，国家网信办等12个部门联合制定《网络安全审查办法》，规定了网络安全审查重点评估关键信息基础设施运营者采购网络产品和服务可能带来的国家安全风险，以及相关程序。

（一）应对疫情的网络信息治理

疫情给网络信息治理带来新挑战，平衡公共安全、社会秩序以及言论自由、舆论监督、知情权等权利成为监管的重点和难点。

1月，武汉市中心医院李文亮医生因在同学群中发布疫情信息被认为发表了不实言论遭到公安机关训诫，引发社会对疫情下的信息公开与网络谣言识别及治理的广泛讨论。国家监察委经调查，认为公安机关出具训诫书不当、执法程序不规范，武汉市公安局撤销训诫书，向当事人家属道歉，并给予相关责任人处分。

2月，国家网信办指导地方网信办查处"皮皮搞笑"、百度、"网易财经"等网站平台及账号传播疫情相关的不实信息、散布恐慌情绪的行为。6月，网民举报"@新京报我们视频"在涉北京疫情报道中存在导向错误、断章取义、混淆视听等问题，国家网信办指导北京市网信办，责令新浪微博依规依约对该账号进行禁言处置。

（二）加强网络生态治理

《网络信息内容生态治理规定》于3月实施，作为首次以"生态思维"治理互联网的规章，明确了政府、企业、社会、网民的责任，规定了鼓励、禁止和防范抵制的内容。网信部门围绕自媒体、账号、网络直播等多个领域开展多个专项整治行动。

继续加强治理网络违法违规信息。2月，国家网信办指导北京市网信办，针对凤凰网存在刊发非规范稿源新闻信息、凤凰新闻客户端持续传播低俗庸俗信息等问题，约谈相关负责人，责令停止违规行为。4月，针对百度App多个频道大量传播低俗庸俗信息、"标题党"文章等问题，约谈百度负责人，暂停更新相关频道。自4月起，针对不法网络商利用多个网络账号炒作"疫情之下的某国"之类虚假信息，组织各地网信部门开展为期两个月的网络恶意营销账号专项整治行动。自5月起，在全国范围内启动为期8个月的"2020清朗"专项行动，清理各类网络传播渠道和平台各种违法和不良信息。6月，约谈新浪微博负责人，针对微博炒作所谓"蒋某绯闻"干扰网上传播秩序等问题，责令整改，暂停更新微博热搜榜和热门话题榜一周，并要求北京市网信办对新浪微博依法从严给予行政处罚。11月，开展网络"有偿删帖"问题和"软色情"信息专项整治行动，严厉查处参与"有偿删帖"的各类账号、平台及相关人员，集中整治利用"软色情"信息博眼球、赚流量的平台和账号。

开展"三项整治"行动。即商业网站平台和"自媒体"传播秩序突出问题集中整治、"自媒体"基础管理专项治理和网络直播行业专项整治。

7月，集中整治商业网站平台和"自媒体"突出问题，重点整治违规采编发布互联网新闻信息、转载非合规稿源问题；规范移动应用商店境内新闻类App审核管理；加强社交平台运营管理；规范商业网站平台热点榜单运营管理等。9月，指导4个省、市网信办部署开展为期两个月的"知识社区问答"集中专项整治，重点针对普遍存在的"议题"设置不当、"知识"参差不齐、"专家"资质难辨等突出问题，督促20家重点"知识社区问答"平台自查自纠。10月，对手机浏览器开展专项集中整治，8款手机浏览器被纳入首批名单，整治发布"自媒体"违规采编的各类新闻信息、"标题党"文章及违背社会主义核心价值观的不良信息问题。11月，开展移动应用程序信息内容乱象专项整治，以资讯类、社交类、音视频类、教育类、电子读物类、生活服务类移动应用程序为重点，解决移动应用程序传播违法违规信息、提供违法违规服务、服务导向背离主流价值观等突出问题。

7月，开展加强"自媒体"基础管理专项治理行动，以全面排查清理问题账号为基础，以推进分级分类管理为重点，进一步落实平台、用户、属地管理责任；重点推进微信、微博等13家主要平台的公众账号分级分类，为"自媒体"账号的属地管理、精准管理、信用管理打下基础。同月，各地网信部门指导腾讯、今日头条、网易、趣头条等属地网站平台自查自纠，全面排查并处理平台内网络账号恶意营销问题。10月，就《互联网用户公众账号信息服务管理规定（修订草案征求意见稿）》公开征求意见。

6月起，国家网信办联合其他部门开展网络直播行业专项整治，共依法处置158款违法违规直播平台，封禁一批违法违规主播。首批依法依规对"皇冠直播"等44款传播涉淫秽色情、严重低俗庸俗内容的违法违规网络直播平台，分别采取约谈、下架、关停服务等阶梯处罚；针对"虎牙直播""哔哩哔哩"等10家网络直播平台存在传播低俗庸俗内容等问题，指导属地网信办约谈，分别采取处置措施，并将部分违规网络主播纳入黑名单。同时，指导中国演出协会网络直播（表演）分会制定推动网络直播行业高质量发展的管理规则和政策导向，探索实施网络直播分级分类规范，形成激励正能量内容供给的网络主播评价体系。另外，针对电商直播信息内容存在的问题，网信办、广电总局也采取措施，要求直播平台坚持社会效益优先的正确方向，对直播间节目内容和对应主播实行标签分类管理，采取有针对性的扶优罚劣措施，不为违法失德艺人提供公开出镜发声机会。

（三）加强未成年人网络保护

疫情期间，网络"云课堂"成为广大学生学习的主渠道，网信部门和教育部门与新修订的《未成年人保护法》相呼应，加大了对未成年人的网络保护力度。

7月，网信办启动为期2个月的"清朗"未成年人暑期网络环境专项整治，对涉未成年人网课平台进行专项整治，清理网站平台少儿、动画、动漫等频道的不良动画动漫产品，打击直播、短视频、即时通信工具和论坛社区环节存在的涉未成年人有害信息，严格管控诱导未成年人无底线追星、拜金炫富等存在价值导向问题的不良信息和行为。

8月，教育部等六部门联合开展未成年人网络环境专项治理行动，重点是影响未成年人健康成长的不良网络社交行为、低俗有害信息和沉迷网络游戏等问题。至9月中旬，累计关闭违法违规网站平台6000余家，清理危害未成年人身心健康的"祖安文化""黑界"等不良信息97.5万余条，处置相关问题账号、群组64.7万余个。

（四）整治互联网垄断和不正当竞争

在平台经济发展中，互联网巨头企业暴露出诸多问题，主管机关不仅继续加强不正当竞争行为治理，也高度重视互联网反垄断问题。

10月以来，市场监管总局相继出台《经营者集中审查暂行规定》《规范促销行为暂行规定》《关于加强网络直播营销活动监管的指导意见》等，修订《关于禁止滥用知识产权排除、限制竞争行为的规定》，同时开展2020网络市场监管专项行动（网剑行动），重拳打击不正当竞争行为，并对阿里巴巴集团实施"二选一"等涉嫌垄断行为进行立案调查。

法院审理了一系列涉不正当竞争和垄断的新型案件,屡创首例。

2月,杭州铁路运输法院对腾讯公司与杭州快忆公司不正当竞争及行为保全案发出禁令,认为快忆公司未经腾讯同意,以爬虫用于爬取微信公众号数据的行为,有较大可能破坏微信公众平台健康生态秩序,数据爬取过程中还会占用微信网络平台的带宽,增加平台运行成本,也可能对用户数据权益造成侵害,其行为构成不正当竞争的可能性较高,裁定禁止快忆的爬取行为。这是全国首例爬虫搬运数据案禁令裁定。

8月,广东省高级人民法院对华多诉网易滥用市场支配地位及不正当竞争纠纷、章某诉网易著作权许可使用合同及垄断纠纷两案作出终审判决,认定网易公司在相关市场内不具有市场支配地位,不具有排除限制竞争的市场能力,驳回两上诉人所有诉讼请求,维持原判。这是全国首例游戏垄断纠纷案。

9月,北京海淀法院就百度公司诉梦西游公司不正当竞争纠纷案作出一审判决,认为梦西游公司通过其"文库下载神器"插件提供百度文库用券文档和付费文档的下载服务,构成不正当竞争,判决梦西游赔偿百度经济损失200万元及合理开支3万元。这是全国首例提供在线文库文档下载服务不正当竞争纠纷案。

四、信息公开

(一)政务信息公开有新进展

国务院把基层政务公开作为本年度一项重点工作。1月,国务院办公厅印发《关于全面推进基层政务公开标准化规范化工作的指导意见》,提出到2023年基本建成全国统一的基层政务公开标准体系,要求基层政府于2020年底前编制完成本级政府政务公开事项标准目录,实行政务过程和结果全公开。县级政府门户网站作为政务公开第一平台,要集中发布本级政府及部门、乡镇(街道)应当主动公开的政府信息,借助县级融媒体中心扩大政府信息传播力和影响力。

疫情防控背景下，公共卫生信息公开成为政务信息公开的新重点。7月，国务院办公厅印发《2020年政务公开工作要点》，要求加强公共卫生信息公开，及时准确发布疫情信息，加强普及各级各类应急预案公开和公共卫生知识。

11月，国务院办公厅印发《政府信息公开信息处理费管理办法》，规定了对超出一定数量或频次范围的信息公开申请人收取费用的标准。

疫情也对全国政务数据共享提出了新要求。3月，国务院办公厅和国家卫健委会同各地区建立了"健康码"跨省份互认机制，依托全国一体化政务服务平台实现了各省份防疫健康信息共享、"健康码"互通互认。12月，全国首部省级政府数据共享开放的地方性法规《贵州省政府数据共享开放条例》实施，从政府数据管理、政府数据共享、政府数据开放、监督管理等方面着手，明确政府数据共享开放事项，推进政府数据资源的开发利用。

（二）司法公开稳步推进

裁判文书公开制度化。截至8月底，中国裁判文书网文书总量已突破1亿份，并以每日8万余份增加；至年底，访问总量达550多亿人次，成为全球最大的裁判文书公开网站。

网络庭审普遍运用。北京互联网法院成立两年以来，案件庭审直播点播量超8000万人次，先后登上微博热搜20余次，话题量超40亿。疫情期间，网络庭审成为各级法院新常态，推动了智慧法院的建设。自2月3日至7月3日，全国法院网上立案280万件、网上开庭44万次、网上调解129万次，同比分别增长46%、895%和291%，电子送达848万次。

检察公开也有新进展。10月，最高检发布《人民检察院审查案件听证工作规定》，对检察公开听证与不公开听证的案件范围做了规定。要求检察院办理各类案件时，在事实认定、法律适用、案件处理等方面存在较大争议，或者有重大社会影响，需要当面听取当事人和其他相关人员意见的，经检察长批准，可以召开听证会。检察院办理审查逮捕案件，需要核实评估犯罪嫌疑人是否具有社会危险性、是否具有社会帮教条件的，可以召开听证会。审查逮捕案件、羁押必要性案件以及当事人是未成年人案件的听证会一般不公开举行。

五、知识产权保护

4月28日，第一个在中国缔结并以中国城市命名的国际知识产权条约《视听表演北京条约》生效。此条约将表演的保护范围从现场表演、录音制品中的表演扩大至视听录制品上的表演，为表演者增加了出租权以及广播和向公众传播的权利，兼顾表演者和视听录制品制作者之间的利益平衡，提升国际社会对表演者权利保护的水平。11月，最高检以内部综合办案组织形式组建知识产权检察办公室，整合刑事、民事、行政检察职能，推动形成检察办案、监督合力，统筹加强检察机关知识产权保护的制度设计和研究指导，加强知识产权全方位综合性司法保护。

（一）加强著作权执法

著作权执法进一步加强。6月，国家版权局等四部门联合启动打击网络侵权盗版"剑网2020"专项行动，聚焦视听作品、电商平台、社交平台版权、在线教育等领域。国家版权局发布《关于规范摄影作品版权秩序的通知》，明确以新闻事件为主题的摄影作品不属于时事新闻，受著作权法保护。规定图库经营单位和网络服务商的义务，并规定收集整理著作权保护期届满及著作权人放弃财产权的摄影作品进行形成的图库，不得以版权许可使用费名义收取费用，强调教科书法定许可中摄影作品作者的获酬权。

11月，国家版权局发布《关于进一步做好著作权行政执法证据审查和认定工作的通知》，对权利证明、侵权证据、侵权认定做了具体规定。

（二）健全知识产权保护的司法规范

11月，最高人民法院印发《关于加强著作权和与著作权有关的权利保护的意见》，提出要大幅缩短涉及著作权和与著作权有关的权利的案件审理周期，完善知识产权诉讼证据规则，有效解决知识产权权利人举证难问题。妥善审理体育赛事网络直播、网络游戏直播等相关的新类型案件。《关于知识产权民事诉讼证据的若干规定》对知识产权民事纠纷中的证据提交、证据保全、司法鉴定等问题作出规定。

一些省级高级人民法院也出台司法指导意见。4月，北京市高级人民法院发布《关于侵害知识产权及不正当竞争案件确定损害赔偿的指导意见及法定赔偿的裁判标准》，规定了法定赔偿以及惩罚性赔偿各自的适用条件、赔偿数额的认定等内容；并具体规定了侵害文字、音乐、美术、摄影、视频类作品著作权，侵害商标权以及不正当竞争行为法定赔偿的裁判标准。广东省高级人民法院发布《关于网络游戏知识产权民事纠纷案件的审判指引（试行）》，对网络游戏纠纷案件的权益保护、侵权认定和赔偿原则作出明确规定。

（三）著作权司法裁判明确作品内涵

随着传播科技发展，新型作品形态层出不穷，在《著作权法》修改过程中，各地法院通过裁判不断明确作品内涵。

1月，深圳南山法院对腾讯公司诉盈讯科技公司著作权案作出一审判决，确认Dreamwriter智能写作助手创作完成的财经报道文章具有独创性，应当获得《著作权法》保护，判决被告赔偿原告经济损失及合理的维权费用1500元，这是全国首起认定AI生成内容构成作品的著作权纠纷。

2月，广州互联网法院对腾讯公司诉某文化公司、某网络公司侵害作品信息网络传播权及不正当竞争纠纷案作出一审判决，认定被告允许用户上传《王者荣耀》游戏短视频32万余条到旗下视频平台以获取盈利的行为构成侵权，判其赔偿原告480万元经济损失与16万元合理维权费用。法院认为《王者荣耀》游戏整体画面属于类电作品，受著作权法保护。

4月，高阳、邓佳欢起诉合一等公司的《追气球的熊孩子》广告视频侵害其作品的改编权、摄制权。北京朝阳法院一审认为，争议图片为相机在热气球上自动拍摄，不属于作品，驳回原告诉讼请求。北京知识产权法院二审认为，涉案图片的拍摄、形成过程中，均有充分的人工干预，体现了智力选择和编排，符合作品独创性要求，改判被告赔礼道歉并赔偿原告经济损失1万元及公证费7500元。

争议已久的转播体育赛事引起纠纷认识渐趋一致。4月,上海浦东法院对2017年央视诉聚力公司(PPTV)未经授权转播欧洲足球联赛案作出判决,认定涉案足球赛事节目构成电影类作品,判决被告赔偿200万元及合理开支15万元。7月,杭州互联网法院以同样定性判决浙江电信等公司擅自转播苏宁公司播放的体育赛事节目构成侵害后者著作权。9月,北京高院对业经北京知产法院二审判决的两案进行再审。前一案,2016年知产法院二审认为播放球赛节目不构成作品,撤销2015年朝阳法院对凤凰网构成侵害新浪著作权的判定而改判驳回新浪诉求。后一案,2018年北京知识产权法院二审认可2015年石景山法院认为赛事节目属于录像制品,维持央视诉暴风影音案被告行为侵害邻接权的定性而提高赔偿金额。北京市高级人民法院判决此两案赛事节目皆构成电影类作品,撤销原判,两案被告都构成侵害著作权。

(四)涉媒商标侵权案件增多

与传媒有关的商标侵权案件逐渐增多。8月,北京海淀法院对凤凰卫视和凤凰网起诉"凤凰通讯社"案作出一审判决,认定被告打着凤凰集团旗下媒体旗号,在商标和商号中均使用"凤凰"字样,且使用近似凤凰图形logo,构成商标侵权和不正当竞争,赔偿500万元。该案是国内首例媒体商标侵权及不正当竞争案。

9月,上海杨浦法院就上海宽娱公司与福州嘀哩公司等侵害商标权纠纷一案作出判决,认为"bilibili"商标具有一定显著性和知名度,被告使用的D站、dilidili.name网站及"dilidili"App涉及的动画在线播放服务及下载服务与涉案商标服务类别相同,使用的标识在整体外观和读音上均很近似,构成商标侵权,责令停止侵权,赔偿原告经济损失300万元及合理费用11万元。

六、人格权保护

(一)名誉权案件中的利益平衡

涉媒名誉权纠纷持续处于平稳状态。年终经查裁判文书网,本年度上传名誉权纠纷案件（含同时涉其他人格权）判决书约2800件，其中涉及新闻报道约200件，查到新闻单位及其新媒体被告53件，包括央视、四川广播电视台、南方都市报以及我国台湾东森新闻台等知名媒体，判决侵权不成立37件，侵权成立16件，两者比例约为7∶3。《民法典》的起草及颁布对于司法显然已产生影响。

1月，北京海淀法院对罗某诉中央电视台侵犯名誉权案作出一审判决，认为央视报道"罗某列车被拘"一事，是罗某在列车上扰乱社会公共秩序被行政处罚的真实事件，报道使罗某名誉在其生活圈内确有一定程度下降，但根源在于罗的违法行为，批评报道是依法履行媒体舆论监督职责，引导公民遵纪守法、遵守公共秩序，判决驳回罗某诉求。

在2019年一度形成网络热点的周立波与唐爽互评导致互诉案，上海长宁法院3月一审判决认为，唐爽关于周立波吸毒的言论系一般人判断标准，非故意捏造，不构成诽谤；周立波指责唐爽言论属于双方自然社交反应，虽有贬损含义但尚未构成诽谤或侮辱。而双方网上相互攻击都有过错，故对其赔偿主张不予支持，而判令双方删除侵权链接，互相赔礼道歉。唐爽赔付连同遭到指责的周立波妻子、另一反诉原告胡洁精神损害抚慰金和经济损失8000元。上海二中院11月二审认为，对在微博等网络空间发布的言论是否构成侵权，应当结合行为人和受害人的职业、影响范围、过错程度、行为目的、行为方式和后果等因素综合判断，判决驳回双方上诉，维持原判。

（二）加强个人信息保护

10月，全国人大常委会审议《中华人民共和国个人信息保护法（草案）》，草案订立了个人信息定义和法律适用范围，确立了以"告知—同意"为核心的个人信息处理规则，设专节严格限制敏感个人信息的传播，明确国家机关对个人信息的保护义务。

1.立法和执法以App的个人信息保护为重点

本年度个人信息保护的立法和执法把App作为重点。

3月，市场监管总局、国家标准化管理委员会发布《中华人民共和国标准

公告》，批准发布由中国电子技术标准化研究院组织修订的推荐性国家标准《信息安全技术 个人信息安全规范》替代2017版国标，明确了数据安全责任人相关要求，规范了个人信息保护负责人的相应工作职责，规定定向推送相关要求以及用户可以撤回的权利，提出了平台第三方接入责任相关要求，对第三方接入的监督管理责任进行细化，支持App安全认证。

同月，针对新浪微博因用户查询接口被恶意调用导致App数据泄露问题，工信部网络安全管理局对新浪微博负责人进行约谈，要求采取有效措施，消除数据安全隐患。

7月，全国信息安全标准化技术委员会秘书处发布《网络安全标准实践指南—移动互联网应用程序（App）收集使用个人信息自评估指南》，总结App收集使用个人信息的六个评估点，供App运营者自评估参考使用。工信部组织第三方监测机构对手机应用软件进行检查，督促发现存在问题的企业进行整改。中央网信办、工信部等四部门启动2020年App违法违规收集使用个人信息治理工作，包括制定发布SDK（Software Developement Kit，即软件开发工具包）、手机操作系统个人信息安全评估要点，针对面部特征等生物特征信息收集使用不规范、App后台自启动等重点问题，开展专题研究和深度检测等。工信部印发《关于开展纵深推进App侵害用户权益专项整治行动的通知》，要求8月底前上线运行全国App技术检测平台管理系统，12月10日前完成覆盖40万款主流App检测工作。

11月，市场监管总局和国家标准化委员会共同发布《信息安全技术个人信息安全影响评估指南》，首次详细规定了个人信息安全影响评估的适用场景、主要内容及报告形式。工信部组织召开全国App个人信息保护监管会，苏宁、蚂蚁等11家互联网企业向社会公开承诺落实相关整治工作。

2.探索制定个人信息保护的司法裁判标准

关于隐私权和个人信息的新案件不断涌现，法院就界定个人信息内涵作出探索。

1月，衢州市中院就人脸数据识别刑事第一案作出终审判决。张某、余某等6人非法获取和使用他人信息，使用软件将公民头像照片制作成3D头像并通过支付宝人脸识别认证，被以诈骗罪、侵犯个人信息罪判处有期徒刑6个月至4年8个月不等，并处罚金2000元至15000元不等。

7月，北京互联网法院在黄某诉腾讯公司侵犯隐私权案的一审判决中，认定微信读书迁移微信好友关系、默认向未关注的微信好友公开读书信息等，存在侵害用户隐私的较高风险，应就信息处理方式告知用户并征得同意。微信读书构成对原告个人信息权益的侵害，但法院同时认为不同用户对于读书信息的隐私期待有所不同，原告阅读的两本涉案书籍不具有"不愿为他人知晓"的"私密性"，故被告不构成侵害隐私权，从而力图将隐私权和个人信息加以区分。

另有凌某某诉微播视界公司隐私及个人信息侵权案，北京互联网法院认为手机号码具有可识别性，因此通过IP地址获得地理位置应征得用户同意。被告未征得原告同意，仅通过第三方通讯录的授权就收集并存储凌某某的个人信息，构成对个人信息的侵害，但这些信息不具有私密性，不构成侵害隐私权。被告认为该判决所要求的知情同意过于严苛，提起上诉，尚待二审。

疫情防控产生公众知情权与隐私权和个人信息之间的新冲突。12月，重庆渝北法院就首例涉新冠肺炎疫情侵犯公民隐私权纠纷案作出一审判决，在重庆某仓库部分进口冻白虾外包装新冠病毒核酸呈阳性事件发生后，被告重庆某营销公司在其公众号发布了包括原告赵某在内的一万多名购买进口白虾人员姓名、住址、身份证号码、手机号码等个人信息，法院认为此行为侵犯隐私权，判决被告道歉并给予精神损害赔偿。

（本文执笔：郑宁，中国传媒大学文化产业管理学院文化法治研究中心主任、副教授。感谢魏永征、李丹林、刘文杰教授的指导和帮助，感谢中国传媒大学法律协会宣传部的全体同学在收集整理案例中的贡献。原文载于《新闻记者》2021年第1期，经作者授权转载。）

2020年中国数据新闻年度观察

戴 玉　李唯嘉

2019年下半年到2020年上半年，可以被视作数据新闻的"爆发期"，这一年和新冠肺炎疫情有关的数据新闻大量涌现，诸多机构都开始致力于进行数据新闻报道。但是随着社会回归常态，从2020年下半年开始，数据新闻发展进入"收缩期"，产量呈现收缩趋势，在疫情期间突然涌向数据新闻的团队和机构也渐渐回归本职。虽然数据新闻偶有佳作，但是整体表现仍然稍显平淡，缺乏令人耳目一新的创新之作或者重磅作品。本报告从内容、形式和组织三个层面，总结回顾了这一年数据新闻的发展历程，对一年来数据新闻业的发展情况进行记录。

一、内容层面：专业化以及国际化程度加深

伴随着技术发展以及新闻生产理念的变革，数据新闻内容的专业化程度逐渐加深，主要表现为以下三个方面。

其一，从数据来源的角度看，对大数据、卫星数据、统计数据等多种数据来源的综合利用和分析能力得到提高。在2020年，卫星图越来越有效地使用到了数据新闻当中。

比如烽火数闻团队向CGTN（Chtna Global Television Network，即中国国际电视台）供稿的作品《卫星图看武汉经济的艰难复苏之路》，通过调取大量的卫星图，结合GDP统计数据和饿了么外卖订单量等数据，展示了2020年2月至8月武汉的经济社会变化。使用了夜光图、影像图、春耕图、热力图等多种卫星图像，综合且直观地展现了武汉在疫情前后的变化。

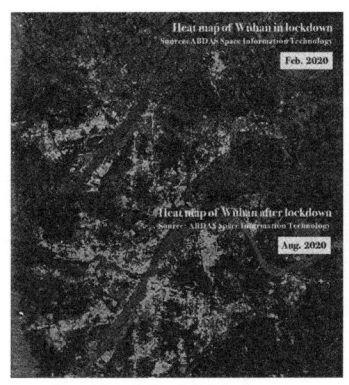 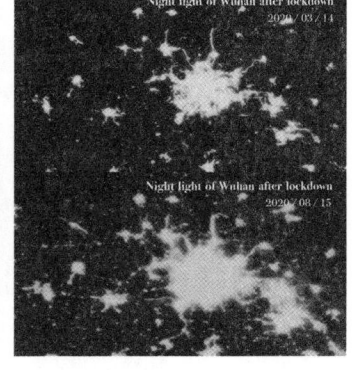

图1　2020年2月及2020年8月的武汉热力图　　图2　2020年3月及2020年8月的武汉的夜晚灯光

此外，该团队还制作了关于北京空气污染的数据新闻评论，通过对空气质量数据和卫星图的综合分析，发现事实上近年来北京的空气质量得到了提升，只不过个别空气污染事件掩盖了空气质量有所回升的事实。

解决数据的来源问题，一直是数据新闻的首要工作。随着数据保护意识的加强，一些公司主动向媒体机构提供一手数据或者大数据分析结果的意愿有所减弱。反向来看，这要求数据记者在向数据公司提出数据需求时，具有更好的技巧，能让数据分析结果更精准地戳中新闻点，否则会浪费向数据提问的宝贵机会。

从结果来看，随着数据新闻行业本身逐渐回归新闻性，数据新闻记者的数据驾驭力增强。当数据新闻的数据来源越来越广泛时，其所包含的新闻点也越来越明确，而不仅仅是基于单一数据的分析逻辑去呈现新闻性不强的分析结果。

在世界防治荒漠化与干旱日当天，新华网思客频道推出了《卫星告诉你，中国人种树有多牛》作品，运用植被遥感数据以及卫星技术，展现了中国荒漠化和沙化治理的成效。数据显示，1949年到2019年，中国的森林覆盖率由9%提高到近23%，2019年我国荒漠化和沙化面积连续15年实现"双缩减"。

其二，从数据分析的角度看，数据新闻由"呈现数据"向"洞察数据"和"解读数据"转向。

一方面，从技术层面来看，数据新闻中融入了更加专业的数据分析，由数据描述性分析向数据挖掘分析倾斜，使得结论更加可靠、深刻。除了传统的信息图表、描述统计以及词频分析，近年来的数据新闻作品引入了诸多更为深入的数据分析手段。

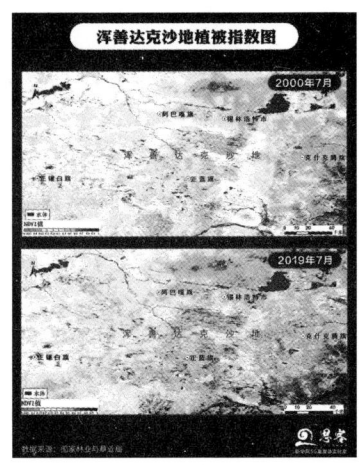

图3　浑善达克沙地2000年7月与2019年7月植被指数对比图

网易数读在《中国最魔幻的县城，两个字》中，运用社会网络分析的方式，对围绕"曹县"这一话题的讨论进行了社会网络分析，使得用户可以更为直观地理解这一议题。

另一方面，从内容制作来看，近年来的数据新闻不仅回答了"数据是什么"，同时也回答了"数据意味着什么"这个问题。

比如DT财经的作品《6成小区500米内有社区医院，北京医疗网络潜力有多大？》借鉴了贝壳研究院提供的数据，尝试盘点北京的基层医疗资源情况。数据分

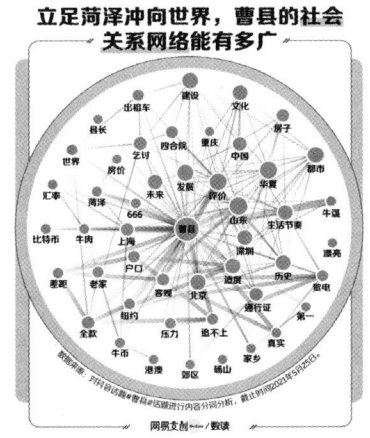

图4　曹县的社会关系网络

析显示，北京市62%的小区居民，可以在离家500米范围内找到社区医院；近九成的小区居民，最远走1公里就能到达离家最近的社区医院。这意味着疫情暴发期间的"轻症患者不一定要前往大医院就诊"的观点，放到现在仍然适用。

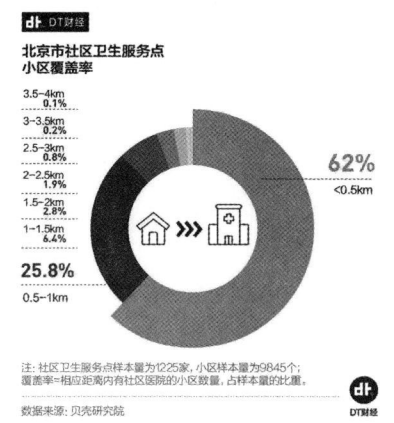 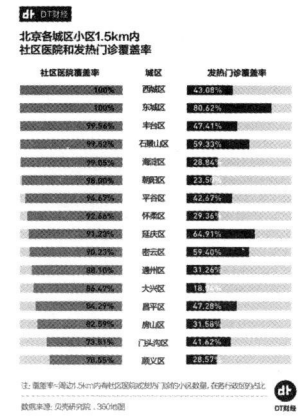

图5 北京市社区卫生服务点小区覆盖率　　图6 北京各城区小区1.5公里内社区医院和发热门诊覆盖率

再如财新网的作品《北京购车摇号家庭积分计算器：中签概率有多高》这一作品，旨在帮助读者解读北京市交通委员会2020年6月公布的摇号新政征求意见稿，从而回应"新政如何影响家庭和个人摇号的中签概率"这一问题。此外，这一作品的内置小程序还可以帮助读者计算自己的家庭摇号积分。

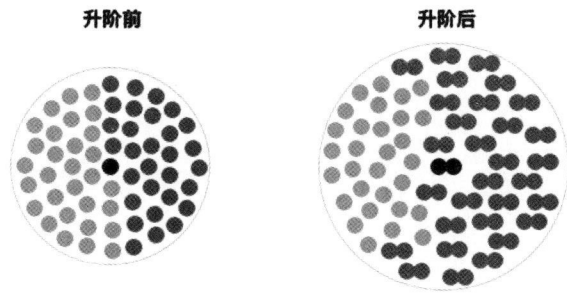

图7 财新网作品《北京购车摇号家庭积分计算器：中签概率有多高》

其三，从新闻内容和领域的角度看，数据新闻议题的国际化程度加强。

比如碳中和、美国大选、美国新冠肺炎疫情等一系列数据新闻作品，都将分析视角从国内延伸至国际，比从前更加关注国际性议题。其中 *Race gap in COVID-19 deaths reflects deep disparities*（新冠肺炎疫情凸显种族不平等）对美国不同种族的人群死于新冠肺炎的数据进行了分析，借此反映出种族不平等问题，这一作品在新浪微博中也获得了一定的反响。

二、形式层面：动态新闻的呈现形式日趋多样

数据新闻发展经历了一个从静态到动态的过程，近年来动态的数据新闻日趋多样，除了数据动图、H5新闻、交互新闻、数字动画等动态新闻之外，以3D技术为支撑的数据新闻形式也层出不穷。相关研究发现，动画可以服务于至少8种叙事任务，包括强调、比较、悬疑、转折等，从这一角度来看，动态的数据新闻不仅可以提高用户的阅读兴趣，同时也可以发挥突出重点、引导读者的作用。

比如澎湃美数课通过3D技术，模拟了台铁"太鲁阁"号出轨的事故现场，还原了山东栖霞金矿爆炸事故紧急救援的16天。二维模型很难让读者直接感受到速度以及高度的差异，然而在3D环境中，使用者可以感知到事件发生的真实尺度。

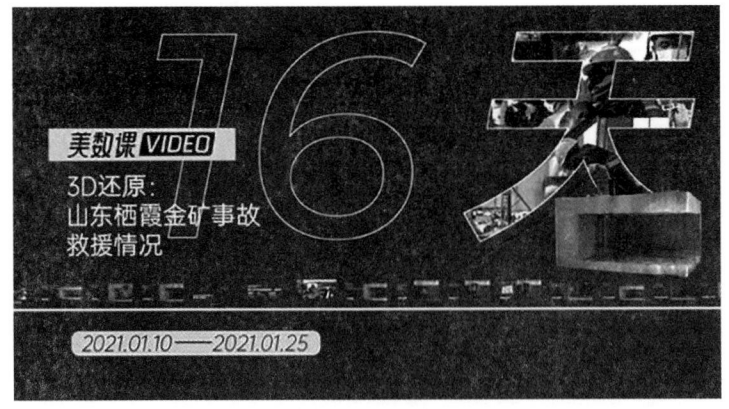

图8　3D还原山东栖霞金矿爆炸事故紧急救援的16天

需要注意的是，动态的数据新闻日趋多元，不仅仅是由于新技术带来了新机遇，同时也和新闻生产理念以及对技术的使用方式有关。

从技术难度的角度来看，数据GIF动图的制作难度并不大，属于一种早期的动态新闻方式，但正是由于GIF动图体积相对较小，易于传播，在经历了可视化技术的"炫技时期"之后，数据新闻的生产日趋理性，逐渐向GIF动图这种"轻视频"形态倾斜。比如在《中国日报》的作品《"动图"2021年一季度国民经济运行数据公布：开局良好经济稳步恢复》中，使用GIF的形式展示了2021年第一季度中国经济的运行情况，呈现的效果简洁直观，一目了然。在中国共产党成立100周年之际，新华网的作品《这就是中国共产党员的"画像"》使用GIF动图展示了党员的发展历程，对中国共产党员的构成进行了描摹。

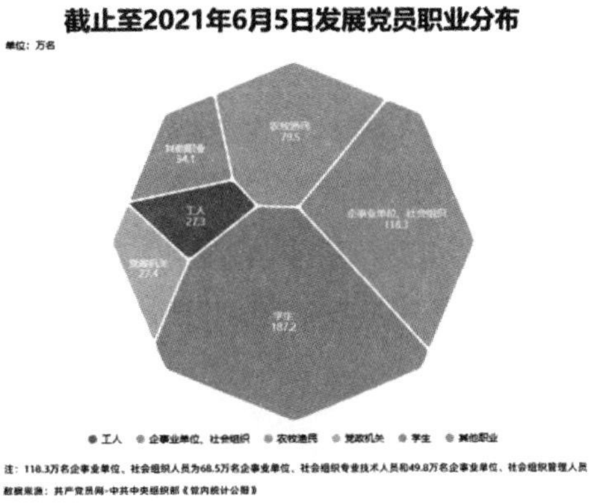

图9　新华网作品《这就是中国共产党员的"画像"》

在新华网的另一个作品《打开数据之门，走进14亿人的全面小康》中，使用数据动画的形式展示了中国的经济实力，数据翔实、生动形象，让读者直观地感受到建党百年来中国的经济变化。

图10　新华网作品《打开数据之门，走进14亿人的全面小康》

此外，另有部分媒体开始尝试对声音进行可视化处理，比如人民日报制作的作品《中国战疫数据日志》剪辑了两个月以来各类新闻语音报道，增强了事件的连贯性。新华网在2020年"两会"期间，首次运用5G+AI声像分析技术，通过视频展现了2020年政府工作报告的37次掌声，告诉读者哪次掌声持续时间最长，哪次掌声能量值最大，哪次掌声最受关注，让掌声"所听即所见"。

图11　新华网对声音进行可视化

三、组织层面：参与者日趋多元，生产流程更加成熟

从组织层面来看，参与数据新闻生产的人员日趋多元，生产流程也更加成熟完善。

首先，数据新闻的生产已不再是媒体自身独家内部运作的行为。

一方面，具备专业能力的第三方机构和个人也加入其中，通过协作为数据新闻赋能。比如基于卫星数据的作品，不仅需要传统的新闻记者和编辑的参与，同样需要掌握卫星图技术的专业团队的协助；部分技术含量较高的可视化作品也需要非新闻行业的专业技术人员的加盟。换而言之，数据新闻为了支撑形态和内容的升级，拓宽了参与者的来源。

另一方面，越来越多的高校老师以及学生也加入到了数据新闻生产的队伍中来，组成了数据新闻生产中的新鲜力量，并且可能在未来成为行业发展的主力。

比如江南大学数字媒体艺术系作品《流动的边界》对新冠肺炎疫情数据进

行了可视化处理,将数据置于三维空间中,利用了鼠标点击、滚动、拖拽等交互行为,提高用户对作品的参与感。这一作品设计精巧,令人印象深刻。

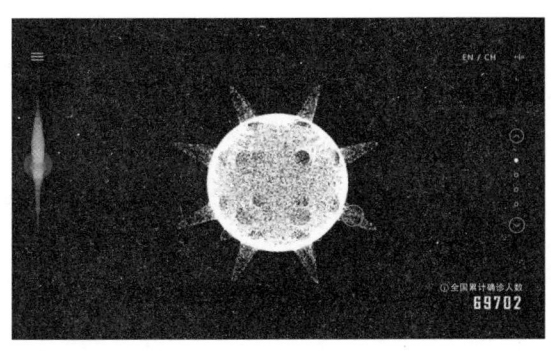

图12　江南大学数字媒体艺术系作品《流动的边界》

在一些数据新闻的教学中,课程的安排以及筹划都与业界结合得更加紧密,这让数据新闻专业的学生能学习得更为系统。不仅要求学生可以掌握数据驱动新闻的方法,同时也鼓励学生可以通过融媒体的方式去采集新闻信息、呈现数据新闻。在2020年的数据新闻学生作品中,交互式图表的比例大幅上升,图表制作手段升级,数据驱动和多种融媒体生产手段的结合使得作品更为立体。

伴随着数据新闻生产实践,数据新闻在学界和业界之间形成了共振,未来或有更多的学术产出,从研究层面去理解数据新闻,对这一行业进行更加深入的分析。

最后需要说明的是,技术发展的确降低了数据新闻的生产门槛。某些生产环节已经可以被智能技术所取代,这些工具旨在打破数据可视化对设计能力的高要求,教会用户如何科学地进行数据可视化,这或许会吸引越来越多的人加入到数据新闻生产当中。

[戴玉,烽火数讯(北京)科技有限公司CEO,历任《南风窗》记者、人民日报中央厨房数据项目负责人、上观新闻数据新闻中心数据新闻主编;李唯嘉,南开大学新闻传播学院讲师。]

2020年中国新闻摄影年度观察

杜江 王雪

2020年4月1日,中国报业协会印刷工作委员会发布了《2020年度全国报纸印刷量调查统计报告》。根据这次调查的样本单位报纸总印刷量的情况测算,2020年度全国报纸印刷总量为600亿对开张,耗费新闻纸135万吨,降幅12.9%——报纸印量经连续9年下降重回21年前水平。年印量排名前十的报纸印刷单位中仅河南日报报业集团印务公司出现了1.78%的增幅,印量在2亿印张以上印刷单位中仍有三家降幅超三成。[①]2020年11月,已休刊一年的成都晚报社被撤销编制。仅在2021年元旦前就有近30家纸质媒体宣布休刊或停刊[②],北京《新京报》也调整为周五刊(周一至周五出版,周六、日休刊)。据悉,该报作为纸媒出版内部系统仅剩7人,其余人员转型新媒体,以480多个渠道覆盖人群2.5亿,日均流量超5亿。[③]

在以印刷媒体为载体的传统新闻摄影随报纸休停刊而萎缩的同时,在《人民日报》带动下的中央及省级媒体的改版又为新闻摄影运用带来新的格局。2019年《人民日报》全新改版迈入全彩印时代,新闻图片在报纸上的地

---

① 中国报业协会印刷工作委员会.2020年度全国报纸印刷量调查统计报告[J].印刷杂志,2021(03):44-46; 马开悟.报纸印量下滑背后的回归[N].中国新闻出版广电报,2021-04-28(005).

② 计有东北地区(2家):《哈尔滨日报·都市资讯报》(1999年创刊)、吉林《松原日报·松原晨讯》(2002年创刊);华中地区(2家):湖南《益阳城市报》(1993年创刊)、河南《漯河日报·晚报版》(2007年创刊);华东地区(4家):安徽"三晨刊"——《铜陵日报·铜都晨刊》(2000年创刊)、《滁州日报·皖东晨刊》(2004年创刊)、宿州《拂晓报·皖北晨刊》(2004年创刊)、浙江《青年时报》(2011年为重组浙青传媒的旗舰,其前身是创刊于1951年的《农村青年》杂志,之后先后更名为《浙江青年》《浙江青年报》《东方青年》,曾两度停办,2001年更名为《青年时报》改版出刊),为"中国青年报刊三强";西南地区:(6家):《重庆日报·农村版》(2010年创刊)、四川"三晚报"休刊:《内江晚报》(2008年创刊)、《德阳晚报》(2009年创刊)、《广元晚报》(2010年创刊)、《遂宁广播电视报》(1993年创刊)、《遵义晚报》(1985年创刊)。

③ 齐雅文.以"人才+技术"深度建设全媒体生态[N].中国新闻出版广电报,2020-12-01(005).

位凸显，由此形成日常图片生产机制，使得《人民日报》有能力在疫情突袭时在极短的时间内策划、编辑并持续推出"视觉"版，"不仅主题突出，而且质量上乘，刊登规模和刊发频次在《人民日报》历次重大突发事件报道中前所未有"，其他中央级媒体在《人民日报》的带动下也有类似的表现。①

本报告仍从观看者（摄影机构与摄影记者）、观看对象（重大事件报道）、观看方式（视觉机器）、观看结果（新闻照片运用及新闻摄影评选）等角度出发，并尝试与新闻摄影史相结合，关注传统摄影记者与新闻摄影，同时从新闻摄影工作方式延展，对作为媒体融合作品短视频现场新闻、直播、专题报道案例进行考察。②

一、重大事件报道中的新闻摄影与媒体融合报道

[事件1]
抗击新冠肺炎疫情的中国摄影行动③

抗击新冠肺炎疫情影像传播肇自社交媒体——84岁的钟南山院士临危受命奔赴武汉，餐车小憩眉头紧锁。④2019年12月底"财新"即派出记者开始调查报道，1月23日离汉通道暂时关闭之前一次派出包括三名摄影记者在内的七人团队，此阶段投入报道的还有澎湃摄影团队。在离汉通道关闭后进入新闻摄影力量主要有：（1）人民日报、新华社、解放军报、光明日报、经济日报等中央新闻单位所成立的武汉前方报道指挥部（报道组）所属摄影（视频）记者，至3月27日中宣部调集445名组织新闻工作者赴汉，配备相应摄影记者。（2）各省援鄂医疗队随队新闻记者中所属摄影（视频）记者。以广东省为例，至3月15日有63名"新闻战士"赴鄂（工作地点为武汉、荆州），在南方都市报15人名单中就有3/4为摄影（视频）记者。

---

① （人民日报研究室）王向令.一图胜千言！看抗疫图集直击人心的力量[J].传媒评论,2020(04):45-46.
② 案例来源为中国新闻摄影学会"关于报送第三十一届中国新闻奖新闻摄影初评作品的公示"、中国记协新媒体专业委员会"第三十一届中国新闻奖媒体融合奖项和新媒体新闻专栏初评结果公示"等。
③ 杜江.抗击新冠肺炎疫情的中国摄影行动[N].中国摄影报,2020-09-04(009).
④ 黄蓉芳.南山战疫日志[N].广州日报,2020-03-30(A3).

各级媒体自2月3日（大年初十）至 4月8日离汉通道开启、4月15日最后一批援鄂医疗队撤离，以高强度记录取得武汉保卫战、湖北保卫战决定性成果的过程。以摄影专版刊发为例，《人民日报》连续三周（除周日外）每天刊登一个摄影专版；《光明日报》《中国日报》每两天刊登一块摄影专版；《经济日报》2月3日至3月22日七周时间共刊登17个摄影专版，《中国摄影报》刊登64个图片专版，头版刊登24幅通栏大照片。①

多个媒体融合报道方面，长江日报短视频《"活过来了！"19天，456个小时，我们终于救活了他》记录了同济医院光谷院区一位多次病危的重症患者经半个月抢救撤除ECMO时的感人场景，该视频报道24小时观看量近2000万，转发量总计2亿，成为湖北保卫战、武汉保卫战中的现象级短视频；《在武汉|重症ICU里的生死直击》（澎湃新闻）记录最早接收患者的定点医院之一武汉肺科医院ICU故事；《战疫影像日记|广东医疗队"零零后"：穿上防护服，我就不是孩子了》（南方日报）则以广东援鄂医疗队唯一的"00后"——惠州护士刘家怡一句"穿上防护服，我就不是个孩子了"感动中国。②

[事件2]

媒体融合助力"脱贫攻坚"

多个报道聚焦全国"三区三州"深度贫困地区：新京报记者陈杰、刘旻自首次报道"悬崖村"（四川省凉山彝族自治州昭觉县支尔莫乡阿土勒乐村）后，持续四年九次追踪其整村易地搬迁安置的过程，最终形成图片专题《走下悬崖村的孩子：新家是我去过最远的地方》；《"打工书记"的脱贫路》（珠海特区报，李建束）记录云南省怒江州福贡县子里甲乡金秀谷村党总支书记坡相夺带领村民外出打工，担当尽责、为民服务诸多细节；《大峡谷又见新溜索》（云南日报）运用微纪录片、短视频现场报道、图文直播、图解等多角度呈现福贡县马吉米村这个"直过民族"（傈僳族）村寨建设首

---

① 杜江.抗击新冠肺炎疫情的中国摄影行动 [N]. 中国摄影报,2020-09-04(009).
② 中国记协新媒体专业委员会.第三十一届中国新闻奖媒体融合奖项初评结果公示 [EB/OL]. http://www.zgjx.cn/2021mtrhj/index.htm.

条"产业溜索"的故事；图片故事《走进山南|皖藏情谊在雪域高原美丽绽放》（安徽新媒体集团）、《闽宁镇：荒滩上崛起美丽家园》（银川日报）均反映东西协作对口帮扶下西部地区的变化。①

人物专题报道方面，短视频专题《深深的脚窝》（新华社）以纪录片手法记录残疾夫妇张顺东、李国秀靠着两只脚和一只手，通过劳动实现脱贫致富的细节；《致敬李莎：大山里的"燃灯者"》（广州日报）反映在广西支教中因车祸牺牲的华南理工大学志愿者李莎感人事迹②；系列微纪录片《第一书记》（新华社）开创影视级新闻报道形式，以百位驻村第一书记群像鲜活展现"英雄出自平凡"的时代精神③。

人民日报社新媒体中心英文客户端双语版数据可视化视频《中国减贫时间线》（How China lifted 700 mln out of poverty）以3D动画形式，将"讲故事"和"摆数据"巧妙融合，生动诠释摆脱贫困这一"中国奇迹"④；图片专题《找回绿水青山，抱得金山银山》（经济日报，高兴贵）以浙江省湖州市新川村为切入点诠释了"两山论"理念⑤；《"挖"土豆》（宁夏日报）以"土豆"这个小切口反映"苦瘠甲天下"西海固的脱贫大故事⑥；《一鸡鸣三省　一桥跨天堑　一家三代路》（四川日报）以沉浸式互动全景展现刚通车鸡鸣三省大桥及脱贫长卷⑦。

---

① 中国新闻摄影学会.第三十一届中国新闻奖新闻摄影初评报送作品公示[EB/OL].http://www.cnpressphoto.com/2021-05/26/content_34876691.htm.
② 中国记协新媒体专业委员会.第三十一届中国新闻奖媒体融合奖项初评结果公示[EB/OL].http://www.zgjx.cn/2021-05/31/c_139980150.htm.
③ 中国新闻摄影学会.第三十一届中国新闻奖新闻摄影初评报送作品公示[EB/OL].http://www.zgjx.cn/2021-05/31/c_139980060.htm.
④ 中国记协新媒体专业委员会.第三十一届中国新闻奖媒体融合奖项初评结果公示[EB/OL].http://www.zgjx.cn/2021-05/31/c_139980240.htm.
⑤ 中国新闻摄影学会.第三十一届中国新闻奖新闻摄影初评报送作品公示[EB/OL].http://www.cnpressphoto.com/2021-05/25/content_34873133.htm.
⑥ 中国记协新媒体专业委员会.第三十一届中国新闻奖媒体融合奖项初评结果公示[EB/OL].http://www.zgjx.cn/2021-06/01/c_139982176.htm.
⑦ 中国新闻摄影学会.第三十一届中国新闻奖新闻摄影初评报送作品公示[EB/OL].http://www.zgjx.cn/2021-06/01/c_139982075.htm.

[事件3]

江淮抗洪抢险报道

2020年7月，我国南方多地因多轮强降雨引发1998年以来最大洪涝灾害，淮河、长江、鄱阳湖地区洪灾严重。7月20日上午，"千里淮河第一闸"——安徽阜南县王家坝闸建成以来第16次开闸蓄洪。人民日报短视频现场新闻《请记住这里，王家坝！》记录了当地群众"舍小家为大家"的奉献精神。①7月22日，得知安徽省庐江县石大圩白石天河连河段堤防发生塌陷，工人日报前方记者王伟伟奔赴庐江县以短视频现场新闻《抗洪Vlog|记者坐拖拉机赶往安徽庐江圩堤抢险现场：数千人会战守堤坝！》以多个抗洪场景串联新闻事实及幕后故事，并同时刊发摄影专题《同心抗洪　守卫家园——直击安徽省六安市固镇镇抗洪现场》（2021年7月23日第4版）；②解放军新闻传播中心网络部也第一时间奔赴抗洪一线，军报客户端7月29日以来推出《中国军网全息直播：78㎡巨大漩涡危及戴家湖大坝，抗洪国家队重装出征！》六次全息直播总时长1184分钟，被评价为"政治敏锐视角独特，主动出击抢占阵地，有效引导涉军信息，使党和军队的声音成为抗洪抢险战场上的最强音"，"开创了军媒直播的多个第一"。③

其他具有代表性重大报道还有：图片专题《利剑出鞘　守护安宁——香港国安法颁布实施纪实》（中新社摄影记者张炜、李志华）写意、写实、写情结合，以近半年跨度围绕国安法实施记录香港由乱而治的深刻变化；④《"这很中国！"》（人民日报）融合报道活动主话题#这很中国#阅读量达17.6亿次，为2020年全媒体融合报道的标杆；《中国经济复苏时间线》（经济日报）以数据可视化的形式准确、直观呈现新冠肺炎疫情下中国经济发展的

---

① 中国记协新媒体专业委员会. 第三十一届中国新闻奖媒体融合奖项初评结果公示[EB/OL]. http://www.zgjx.cn/2021-05/28/c_139975274.htm.
② 中国记协新媒体专业委员会. 第三十一届中国新闻奖媒体融合奖项初评结果公示[EB/OL]. http://www.zgjx.cn/2021-05/28/c_139975280.htm.
③ 中国记协新媒体专业委员会. 第三十一届中国新闻奖媒体融合奖项初评结果公示[EB/OL]. http://www.zgjx.cn/2021-05/31/c_139980405.htm.
④ 中国新闻摄影学会. 第三十一届中国新闻奖新闻摄影初评报送材料公示[EB/OL].http://www.cnpressphoto.com.cn/2021-05/25/content_34873536.htm.

内容，作品设计精练轻巧，举重若轻，一气呵成；①《生命接力　"移"路同行——中国器官捐献移植五年调查》由《经济参考报》联合国家卫健委、中国红十字会历时数月采写、拍摄、制作的融媒体调查类产品，并特邀张艺谋导演执导公益短片，中宣部新闻阅评小组认为该报道"视文图，相互协调，相得益彰；情理知，交汇融合，作用人心"，有效化解话题的敏感性和复杂性、打破"谈捐色变""谈'移'色变"，引导更多人消除疑虑，加入行动者行列；②《暗访西安地下赌场：美女荷官发牌，有人一天输几十万离场》（中国青年报社，新浪微博"青峰侠Bee"账号）"暗访暗拍赌博窝点，难度极大，危险性高，展现了记者的职业素养，是短视频现场新闻报道承担舆论监督职责的难得作品"③。

二、观看者：静止与流动

[观看者1]

中国摄协抗击疫情摄影小分队——为天使造像④

疫情期间，多家媒体以"口罩""勒痕"为表征塑造医务人员"最美逆行者"形象，之后《南方都市报》摄影记者钟锐钧在汉口医院拍摄了一组室内灯光人像，"那是十多张奋战在湖北抗疫一线的广东医护人员摘下口罩的照片，一张张温暖的笑脸上布满压痕，令人心疼之余又充满了力量"，这些面孔在广东21个地级市的上千块LED显示屏闪耀，进而引发全国范围为"最美逆行者"亮灯加油的公益活动。

2月20日到4月25日，受中央指导组宣传组委托，由中宣部部署，由中国摄协主席李舸带队，刘宇、柴选、陈黎明、曹旭等组成中摄协赴湖北抗击疫

---

① 中国记协新媒体专业委员会.第三十一届中国新闻奖媒体融合奖项初评结果公示[EB/OL]. http://www.zgjx.cn/2021-05/31/c_139980234.htm.
② 中国记协新媒体专业委员会.第三十一届中国新闻奖媒体融合奖项初评结果公示[EB/OL]. http://www.zgjx.cn/2021-05/31/c_139980125.htm.
③ 中国记协新媒体专业委员会.第三十一届中国新闻奖媒体融合奖项初评结果公示[EB/OL]. http://www.zgjx.cn/2021-05/28/c_139975296.htm.
④ 杜江.抗击新冠肺炎疫情的中国摄影行动[N].中国摄影报,2020-09-04(009).

情摄影小分队，为全国各地援鄂医疗队42000多名队员拍摄肖像，将所有逆行的医务工作者写入史册。①

"为天使造像"项目最终由中国摄协赴湖北抗击疫情摄影小分队协同《人民画报》、新华社、《光明日报》、《经济日报》、《中国日报》、中新社、《中国人口报》、澎湃新闻媒体摄影记者及湖北省、河南省摄影志愿者近百人组成的摄影队伍完成，其中主力队员人均拍摄医务工作者超过千人。该肖像摄影工程，是中国摄影史上乃至世界摄影史上史无前例的创举，作为在国家层面组织的主题摄影记录，为每一位身披战袍的白衣天使都留下有名有姓有血有肉的肖像照片。②

[观看者2]
"战地摄影连"——摄影记者参与纪录片生产

2021年1月22日《武汉日夜》全国院线公映，这部片长为95分钟的纪录片，是导演将31位摄影师深入"红区"拍摄的1000余个小时的视频素材剪辑而成的，这个"战地摄影连"——"在那段特殊的时期，他们就像全国人民的眼睛，见证了武汉发生的一个个动人故事。"《长江日报》陈卓、陈亮等摄影记者为该片约提供近半素材，"影片里的10个主线人物，其中7个人物的全部内容都来自《长江日报》记者的拍摄和采访"③。

此类素材辑纳型的抗疫纪录片最早由《人民日报》与新华社解除离汉离鄂通道管控节点推出，全景纪录片《英雄之城》由肖艺九、熊琦、吴鲁、霍思颖、闫然、黎云等6位摄影记者掌机同时辑60多名记者拍摄的珍贵影像；《人民日报》也以重磅纪录片《生死金银潭》（李志伟、王源宗、施佳杰、刘钰江、林渊、郑薛飞腾、鹿游原等）拍摄于收治大批危重症患者金银潭医院，记者与摄影师深入"红区"连续跟拍36个日夜真实记录发生其间的救援

---

① 小分队由中国摄协主席李舸（带队）、刘宇、柴选、陈黎明、曹旭等组成，集结了《人民画报》、新华社、《光明日报》、《经济日报》、《中国日报》、中新社、《中国人口报》、澎湃新闻等媒体的摄影记者，以及由湖北、河南摄影人组成的志愿者队伍完成拍摄任务。
② 柴选.为天使造像：一项史无前例的肖像摄影工程[N].中国摄影报,2020,33(002).
③ 引自CCTV-6电影频道《今日影评》：《战地摄影连——纪录电影〈武汉日夜〉》融媒体直播，2020年1月11日。

故事和生死时刻，这部作品也是全国最早深度报道武汉定点医院隔离"红区"的纪录片。①

与仅作为素材提供者不同，一些摄影记者在完成新闻摄影或短视频发稿任务后，依托自己拍摄的素材制作出长纪录片获得成功，如财新记者梁莹菲、魏姝敏拍摄制作的《天堂里的邓顺芝，早上好》，《时尚先生 Esquire》编辑陈玮曦在武汉同济医院重症病房拍摄纪录短片《武汉·重症区六层》（联合腾讯新闻推出），《南方都市报》视频记者赵明和同事们以汉口医院为原点拍摄了《汉口医院红区50天》等。

其实，由摄影记者转型独立纪录片导演已有相当长的历史，对诸多"记者型"纪录片导演而言，传统摄影记者必需的现场突破力、新闻敏感性、影像判断力是其成功的基础。

[观看者3]

影像攀登者——登峰测"极"

5月27日上午11点，2020珠峰高程测量登山队正式登顶珠穆朗玛峰，最终测定的珠峰新高程为8848.86米。

新华社摄影部前方记者和后方编辑密切配合，记者从5200米、6500米、7028米、7790米、8300米出发，抵达以及登顶快迅，利用自主研发的MESH（无线自组网系统）传输系统以及中国移动与中国电信两路5G信号共3条通道，首次实现珠峰高海拔5个营地的影像采集报道，独家发布全过程新闻图片，以全媒体影像方式立体、全景呈现珠峰攀登之路，新华社也成为全球首家在珠峰峰顶完成5G+4K+VR直播的媒体。②海拔6500米以上的拍摄传输任务由特约记者扎西次仁、边巴、拉巴完成，他们配备了"即拍即传"手机、VR设备和微单相机。其中特约记者、高山摄影师扎西次仁是西藏登山队的高级

---

① 中国记协新媒体专业委员会.第三十一届中国新闻奖媒体融合奖项初评结果公示[EB/OL]. http://www.zgjx.cn/2021-05/31/c_139980403.htm.
② 中国新闻摄影学会.第三十一届中国新闻奖新闻摄影初评报送材料公示[EB/OL].http://www.cnpressphoto.com.cn/2021-05/25/content_34872250_9.htm.

向导，保持着登顶珠峰15次的国内纪录。①

1960年对中国登山队首次北坡登顶珠峰的报道即采用特约摄影师拍摄，该次登山报道共发了50多张新闻摄影照片，约占半数以上是由登山队的队员拍摄的，海拔7000米以上活动的图片则全被其"包干"。摄影记者陈宗烈在海拔5800米的中绒布冰川大本营设置了临时暗房，凿冰取水冲洗照片完成发稿。②时任新华社西藏分社记者郭超人、景家栋到达海拔6600米工作高度，陈宗烈到达6400米的工作高度，拍摄纪录电影的中国新闻纪录电影厂（以下简称"新影"）摄影师王喜茂、牟森则分别到达海拔7400米、6500米的工作高度，更高海拔的镜头由登顶队员、业余摄影师屈银华、王富洲承担。由于登顶时间为凌晨4点20分，光线不足，此次登顶没有留下照片，"谁能证明他们登上了顶峰？在国际上的众多贺电中，外电的评论也沸沸扬扬提出了不少质疑"。③

首登珠峰付出了牺牲3人及冻伤多人的代价——包括登顶队员之一、特约摄影师屈银华因冻伤截除十根脚趾；在1975年首次珠峰测量（8848.13米）的拍摄报道中，新影特约摄影师邬宗岳在8500海拔米处发生滑坠失踪牺牲（该厂刘永恩此次创下海拔8200米的职业摄影师工作纪录）；三年后的1978年，该厂摄影师石明纪长眠在珠峰下海拔5800米处，以上是这些不屈的"影像攀登者"光荣而不完整的历史记录。④

三、视觉机器与技术性图像

[技术1]

新闻摄影师——"天问一号"

2020年7月27日，我国首次火星探测任务"天问一号"探测器在飞行第五天，距离地球约120万公里处调整飞行姿态回望地球，利用光学导航敏感器

---

① 普布扎西. "影像攀登者"在珠峰脚下的40个日日夜夜 [N]. 新华每日电讯, 2020-06-19(15).
② 陈宗烈. 学习登山英雄的革命斗志 [J]. 新闻摄影, 1960,7.
③ 史//增. 终极探险群英录——记参与登山探险的摄影师们 [M]// 中央新闻纪录电影制片厂, 编. 我们的足迹（下），北京：中央文献出版社, 2003:627-640.
④ 杨丽娟. 北凌绝顶——1960年中国首次登顶珠穆朗玛峰始末 [N]. 北京日报, 2019-10-04.

拍摄下一大一小均呈新月状的地月合影；在国庆、中秋双节之际，"天问一号"解锁释放一个重量仅680克的相机，以约0.2米每秒的速度逐渐远离，从而拍摄到有五星红旗闪耀太空的探测器"自拍照"。

拍摄的"摄影师"学名叫"光学导航敏感器"，由福建福光股份有限公司制造，是"天问一号"的"千里眼"，可在1000万公里的距离识别火星，拍摄地月合影实乃大材小用；而自拍相机学名"分离测量传感器"，由八院火星环绕器工程测量分系统团队研制，是一台能"分得出去、拍得清楚（分辨率为800×600像素、1600×1200像素）、传得回来、坚持得住"的一次性双摄Wi-Fi相机，其任务是对"天问一号"进行全貌可视化监测。[①]

新闻摄影师工作可谓"天问一号"的核心任务，从环绕器与火星车科学载荷方面统计，可拍摄设备占相当比例，影像拍摄是其核心任务[②]，在"登月探火"活动中"嫦娥一号""天问一号"作为视觉机器生产大量技术性图像，这些太空影像与卫星影像事实上作为新闻照片广泛传播，由此大大拓展了新闻摄影与影像传播范畴。

[技术2]

卫星+新闻

新华社2019年起打造了新华社卫星新闻实验室（与航天科技集团合作）、新华网5G富媒体实验室（与中国移动合作），推出"卫星新闻""卫星知识局"（新华网思客）等"卫星+新闻"栏目及平台[③]，如新华社副社长刘思扬所说："卫星新闻的常态化生产，让中国新闻传播史和卫星应用史产

---

① 胡喆,张建松.五星红旗耀太空！"天问一号"如何完成"太空自拍"？[Z/OL].新华社官方账号.（2020-10-01）.https://baijiahao.baidu.com/s?id=1679336173811139442&wfr=spider&for=pc.

② 环绕器配置的中分辨率相机、高分辨率相机、环绕器次表层探测雷达、火星矿物光谱分析仪、火星磁强计、火星离子与中性粒子分析仪、火星能量粒子分析仪等7台科学载荷陆续开机探测，获取科学数据，并配备一台环绕器载荷控制器对载荷进行控制和管理；祝融号火星车共携带了6种科学仪器：导航与地形相机（NaTeCam）、多光谱相机（MSCam）、火星表面成分探测仪（MarSCoDe）、火星车磁强计（RoMAG）、次表层雷达（RoPeR）和火星气象站（MCS）。参见《硬核技术指标！"天问一号"上13台科学载荷详解》,http://www.oeshow.cn/informationdetail/11746.

③ 刘思扬.构建跨界融合生态,壮大主流舆论阵地[M]//新华社卫星新闻实验室,编著.60万米高空看中国.南京：江苏凤凰科学技术出版社,2021.

生了有趣的交集。这是新华社推进系统化创新的一个成果，也是媒体融合向纵深发展的缩影。"

新华社即通过挖掘运用空间、电子、光学和地学等学科集成的卫星遥感技术最新成果推出《60万米高空看中国》（2019年8月至2020年7月）系列报道，2020年又结合"抗疫""抗洪"等热点、焦点新闻结合卫星遥感"定制化"拍摄制作《"动""静"之间，感受武汉的英雄气质》《卫星新闻|世所罕见！》《卫星新闻|这个唯一，来之不易》《卫星新闻|武汉，非同寻常30天》《卫星带你看，是什么守护淮河安澜|卫星知识局》等新闻作品。

聚焦"三区三州"脱贫攻坚的山河巨变与动人故事的《太空的见证》作为中国首部卫星新闻纪录片，系列产品全网传播量破10亿次，"让观众在直观感受和震撼体验中自然体会中国共产党精准施策、带领人民持续奋斗的伟大实践，用心用情感悟创造人类减贫史上中国奇迹背后的思想逻辑"，"该作品是主流媒体以技术引领内容创新的标杆，它证明了主流媒体拓展主题报道边界和形式的能力与勇气"。①

2019年8月人民网旗下的人民数据（国家大数据灾备中心）与中科光启空间信息技术有限公司成立"人民星云数据中心"，启动"人民号"卫星星座计划，计划在2020—2026年完成90颗卫星的发射、组网，在2020年内经两次发射完成11颗卫星的发射组网任务。据悉，"人民一号"卫星共搭载了2台光学载荷，主载荷为一个多光谱相机，地面分辨率为1米；同时搭载一台高光谱相机，地面分辨率为30米。"人民一号"卫星具有专业级图像质量、高敏捷的机动性能、丰富的成像模式和高集成的电子系统等技术特点。②一旦发射及组网成功，这支新时代大数据领域中的"国家队"当然具有自主完成"卫星+新闻"的数据及图像采集的能力。

---

① 中国记协新媒体专业委员会.第三十一届中国新闻奖媒体融合奖项初评结果公示[EB/OL]. http://www.zgjx.cn/2021-05/31/c_139980077.htm.
② 贺浪莎."人民一号"卫星成功发射　人民数据正式进军卫星大数据领域[Z/OL].中国经济网.（2020-01-15）.http://www.ce.cn/xwzx/gnsz/gdxw/202001/15/t20200115_34132392.shtml.

[技术3]

无人机与VR

在新闻报道中,无人机作为一种常规武器在"脱贫攻坚"与抗击新冠肺炎疫情中使用广泛,特别是在面对高传染性、高危险的"新冠"病毒时,无人机脱离地面、高空无接触的拍摄方式有一定安全性,《武汉火神山医院接收首批新型冠状病毒感染的肺炎确诊患者》(肖艺九/新华社)、《抢建"火神山"医院》(金振强/长江日报)等作品让人印象深刻。

中国日报香港分社多媒体部D.J.克拉克以一台GoproMax VR相机结合无人机拍摄的《理大战场》《独家航拍:香港理工大学之殇,看看暴徒对它做了什么?》分获"荷赛" 最佳年度互动视觉奖(Interactive of the Year)与第三十届中国新闻奖媒体融合奖项二等奖,成为VR报道突发新闻的经典案例。

2020年,5G+4K的视频直播模式普遍运用,5G云VR传输方案则使VR视频突破更多应用场景限制。在珠峰测量中,新华社直播团队共设立9路直播点,其中,在珠峰大本营、5800米营地、6500米营地、珠峰峰顶各设一个VR固定机位,最终在海拔8000米以上极端恶劣的环境中实现了5G"云登顶"直播珠峰测量。

国内厂商在VR摄影机上继续领跑,跟随特约记者成功登顶珠峰的VR相机Pilot Era(深圳圆周率公司生产)内置9轴陀螺仪和Pilot Steady 防抖技术以实现动态稳定直播,Pilot Lock三防全景相机分别在海拔5300米珠峰大本营、6500米前进营地、5800米过渡营地进行了近一个月的室外5G+VR慢直播;Insta360 影石宣布完成D轮融资并成为在A股上市的国内首家VR企业。

在2020年发布的VR全景相机中,VR直播与全景8K是新的市场方向,深圳圆周率公司三防版Pilot Loc 8K、泰科易公司360Anywhere 8K及平民化轻量型的小红屋s8便携式8K全景相机、QooCam 8K全景相机相继进入市场,改变了此前专业级设备8K+2D,消费级全景相机5.7K的水平,Pilot One 户外版全景直播相机更可搭载机器人小车或选择5米高空杆完成行8K全景直播。

HDMI(High Definition Multimedia Interface,即高清多媒体接口)方面,新一代VR头盔Oculus Quest 2发布,令VR一体机主流进入4K分辨率时代,作

为首款搭载高通骁龙XR2平台的VR设备将5G和AI成功结合在一起。该头显单眼分辨率提升到了1832×1920，刷新率支持72Hz与90Hz，在分辨率大幅度提高的同时更具沉浸感。同时，华为VR眼镜、爱奇艺VR多款技术成熟的消费级VR头显大量进入市场，如GoPro MAX 360度全景运动相机。

四、省、市主流媒体短视频生产

2020年9月23日，南方报业重点打造的广东权威视频发布渠道——N视频App上线，由南方都市报负责研发运营。南方都市报党委副书记、总编辑戎明昌表示：N视频App定位为"视频版的广东发布"，这意味着N视频从报社新媒体转型的短视频部门，进一步发展成为市场化的内容聚合平台。戎明昌透露，App上线后将力邀政务号、媒体号等入驻，"最终我们要打造中国一流视频平台"。启动仪式上，南方报业传媒集团、南方都市报还与暨南大学等签约共建"视频实验室"，从多个方面展开产学研合作。①

省级党报方面，起步较早的"浙视频"创立和运营主体者浙江日报全媒体视频影像部又回归为浙江日报的一个重要采编部门，既承担着浙江日报及系列报新闻图片供稿工作，又负责浙江新闻客户端视频与图片频道的发稿和运维。全年视频部共生产了短视频近5000条、新闻图片5000多组（含拍友）、移动直播501场（其中原创直播179场），其产品以"短、实、新"取胜，在连续3年5件作品获中国新闻奖之后，《超级台风"利奇马"登陆浙江温岭 浙视频记者夜闯台风眼》又获第三十届中国新闻奖融媒体移动直播二等奖。②2020年6月13日，沈海高速温岭大溪段发生槽罐车爆炸事故，浙江新闻客户端记者第一时间赶赴事故现场，以《争分夺秒！直升机紧急转运温岭槽罐车爆炸事故受伤者 到浙大二院进行抢救》为题直播浙江省内医疗系统联合救治，通过直升机和急救车快速转运伤员的过程，延续"第一时间，第

---

① N视频App上线仪式举行！南方报业传播能力新名片精彩亮相[Z/OL].南方网.(2020-09-24). http://news.southcn.com/gd/content/2020-09/24/content_191504403.htm.
② 以上数据由浙江日报全媒体视频影像部主任徐斌提供。

一现场"的风格。①

在突发事件报道中,需要摄影(视频)记者快速反应,不畏艰险挺进一线,展现出过硬素质,《四川日报》短视频报道《独家航拍!直击水龙与火龙艰苦拉锯》也是类似作品。2020年3月30日,四川凉山州泸山突发山火直逼州府西昌,该报记者以最快速度直抵火灾现场,成为唯一进入火灾救援一线的新闻媒体,跟随救援队伍转战火场,运用无人机航拍、手持相机等方式,以展现火情回应公众关切。②

在挖掘地方题材与内生资源方面,不少省、市级媒体有不俗表现,《同舟》(大众日报报业集团)借助手绘、音视频、VR、特效等融媒手法还原场景,逼真再现全国"双拥"典型荣成市人和镇院夼村"拥军船"义务为驻岛官兵运送物资、接送官兵整整60年的不平凡航程;融合创新H5作品《从这面湖奔向那片海》(无锡日报)以创造中国载人深潜新纪录的"奋斗者号"深潜器胜利归来为背景,结合其研制单位中国船舶七〇二研究所位于本区域之"地利",以神话传说开场,融合了手绘、视频、音频等多媒体形式,达成严肃科学话题的有效传播③;《在教室里"万马奔腾" 赤峰一堂音乐课火了》(赤峰日报)以内蒙古赤峰市宁城县天义镇实验小学的学习骑马舞为题材,视频、动图、评论结合,一经发布迅速蹿红网络,"作品短小精悍,传播价值却四两拨千斤"④。

五、观看结果:中国新闻奖初评、"金镜头"与"荷赛"

围绕全面贯彻落实中央《关于加快推进媒体深度融合发展的意见》精神,中国记协对《中国新闻奖评选办法》做了修订,对新闻摄影作品的评选

---

① 中国记协新媒体专业委员会.第三十一届中国新闻奖媒体融合奖项初评结果公示[EB/OL].http://www.zgjx.cn/2021-05/31/c_139980730_3.htm.
② 中国记协新媒体专业委员会.第三十一届中国新闻奖媒体融合奖项初评结果公示[EB/OL].http://www.zgjx.cn/2021-05/28/c_139975312.htm.
③ 中国记协新媒体专业委员会.第三十一届中国新闻奖媒体融合奖项初评结果公示[EB/OL].http://www.zgjx.cn/2021-05/31/c_139980181.htm.
④ 中国记协新媒体专业委员会.第三十一届中国新闻奖媒体融合奖项初评结果公示[EB/OL].http://www.zgjx.cn/2021-05/31/c_139980225.htm.

要求为"新闻性强，现场抓拍，表现力强，标题准确，文字说明简洁、要素完整"。同时，中国新闻摄影学会明确在本届中国新闻奖评选中，以"全媒体传播效果"作为重要评判标准①，《第三十一届中国新闻奖新闻摄影初评报送作品公示》（含国际传播）37幅作品中，70%的作品以抗击新冠肺炎疫情与脱贫攻坚为主题。在入围作品《一起看夕阳》中，上海复旦大学附属中山医院援鄂医疗队队员刘凯医生，在护送患者做CT的途中停下来，让已经住院近一个月的87岁患者欣赏了一次久违的日落，初评认为"患者欣赏的不只是落日余晖，还是一个令人眷恋的美好世界，彰显了人民至上、生命至上的武汉时刻，诠释了抗疫斗争始终把人民群众生命安全和身体健康放在第一位"②。

[观看结果1]

"金镜头"及中国新闻奖初评

第30届人民摄影"金镜头"新闻摄影作品评选，共收到全国近2000名摄影师的3万余幅作品，最终评选出了两个年度奖项以及七大类别的41个奖项。本年度评选奖项有压缩，除突发新闻类、非突发新闻类、日常生活和新闻人物类、自然环境新闻类外，将往年的体育新闻类与文化及经济类合并为一类即"文体及经济新闻类"，并增设"抗击疫情"新闻类。新华社摄影记者刘彬拍摄的《最高礼遇》获年度最佳新闻照片奖，新华社湖北分社摄影记者肖艺九获年度潜力记者奖，中新社《武汉志工》（作者：孙恒业、张纬宇）获新闻短视频类金奖，包括年度最佳图片专题，突发新闻类单幅金奖、银奖，自然环境新闻类单幅金奖、银奖，文体及经济新闻类单幅金奖等6个重要奖项空缺。③评出的41个奖项主要分布在中央级媒体（66%），各省、市自由摄影师（7%）和都市报（5%）等。机构媒体中新华社拿到32%的奖项，中新社则拿到20%的奖项。

---

① 第三十一届中国新闻奖评选方法 [Z/OL]. 中国记协网．（2021-04-02）.http://www.zgjx.cn/2021-04/02/c_139854653.htm.
② 中国新闻摄影学会．第三十一届中国新闻奖新闻摄影初评报送作品公示 [EB/OL].http://www.cnpressphoto.com.cn/2021-05/24/content_34871513_2.htm.
③ 第30届人民摄影"金镜头"新闻摄影作品评选揭晓 [EB/OL]. 光明图片．(2021-05-19).http://share.gmw.cn/newpic/2021-05/19/content_34857237.htm.

[评选2]

"荷赛"及其他国际新闻摄影比赛

受新冠肺炎疫情影响,第64届世界新闻摄影大赛(荷赛)的评选首次在网上进行,评委从4315名摄影师选送的74470张照片中选出28个国家的45位摄影师及其作品,但从2018年开始连续三届"荷赛"图片类都没有中国摄影师提名。在多媒体评选单元评选中,财新记者梁莹菲、魏姝敏拍摄制作的《天堂里的邓顺芝,早上好》(Good Morning, My Wife in Heaven)获短片类三等奖。本届"荷赛"评委、记者兼电影制作人Nyasha Kadandara如此评价:"这个男人(武汉人老黑)的经历令人动容……摄影师真的花了时间与他相处,能让他详细讲述自己的遭遇,我认为这非常有力量。"①

本年度新闻摄影方面获奖纪录由从PGC转型至UGC的中国摄影师吴芳创造,在密苏里大学新闻学院评出的第78届全球年度图片奖(POYI)中,他的图片专题《货车司机带着儿子跑长途》获日常生活故事类第二名。吴芳曾任《合肥晚报》摄影部主任,现为百家号"乙图"作者,是国内知名的新闻摄影内容生产者。陈玮曦以独立摄影师身份提交作品《武汉·重症区六层》(Wuhan on the 6th Floor),获得"纪录片记者"(Documentary Journalism)奖项,他联合执导的疫情纪录片《76天》获第93届奥斯卡最佳纪录片提名。②

六、结语:传播更为有效的方式依然是文字+图片

卫星新闻常态化,以及"登月探火"活动中"嫦娥一号""天问一号"作为视觉机器生产技术性图像,拓展了新闻摄影生产的标准与范畴。

但以人民摄影报"金镜头"的评选结果来看,作为"决定性瞬间"的新闻摄影,特别是单幅照片的生产能力有所下滑,尤以省、市级党报为严重。

---

① 曲俊燕,孔斯琪,编译.2021荷赛提名作品揭晓,两部中国短片入选[Z/OL].中国青年报客户端.(2021-03-12).https://s.cyol.com/articles/2021/03/12/content_18lRw9uY.html.
② 78th Annual Pictures of the Year International 2020 WINNERS'LIST[EB/OL].https://www.poy.org.

在深度媒体融合过程中，作为观看者（全媒体记者）的摄影记者工作边界不再清晰，工作内容更加复杂，由于兼顾多种类型的视觉产品的生产，其"时间—任务"矛盾更加突出，工作结果缺乏个性特征及完整性，并导致职业处境也面临更多困难，缺乏足够的职业视野与发展纵深。特别是其作品仅作为素材使用在更高层次的媒体融合产品中时，往往忽视这一切是以摄影记者的"在场性"为基础的。

中国记协原党组成员、书记处书记顾勇华曾总结新冠肺炎疫情中媒体表现："如果不是这次突发事件，所谓随着5G时代到来短视频必唱主角的论断，可以说无人怀疑。然而，这种说法在大事件中没能完全经受住考验。视频虽然有图有真相，但是，视频仍然受到时空限制，传播更为有效的方式依然是文字+图片。"[1]或许，在媒体融合过程中摄影记者存在的价值、意义，新闻摄影的难度、效能，及其受众对好照片的需求一定程度上都被低估了。

（杜江，中山大学传播与设计学院副教授；王雪，中山大学传播与设计学院2018级新闻学专业学生。）

---

[1] 顾勇华.疫情下的发声与乏声 [Z/OL].成都商报电子版.(2020-04-29).http://e.chengdu.cn/html/2020-04/29/content_674767.htm?spm=C73544894212.P99790479609.0.0.

2020年中国公益新闻与公益媒体年度观察

周如南　林咏菁

公益慈善事业是我国基本经济制度、民生保障制度和社会治理制度的重要组成部分。党的十八大以来，以习近平同志为核心的党中央高度重视发展慈善事业，着力推动慈善法治化进程，明确把慈善作为我国多层次社会保障体系的有机组成部分。党的十九届四中全会首次把"按劳分配为主体、多种分配方式并存"上升为基本经济制度，并首次明确要求"重视发挥第三次分配作用，发展慈善等社会公益事业"，从根本上确立了慈善事业在我国国民经济和社会发展中的地位。

2020年是个重要且特殊的年份。一方面，这是举国上下决胜建成全面小康社会的收官之年，也是开启"十四五"规划和2035年远景目标的关键转折之年；另一方面，2020年，新冠肺炎疫情席卷全球，极大考验了我国社会各界、官民上下的危机应对和应急防范能力，也成为促进我国加速推进治理体系和治理能力现代化的关键外部因素。在疫情形势十分严峻，线下社会生活几近停滞的关口，各类企业、社会组织、非营利机构及个人等主体构成的社会力量，扩展了疫情防控的广度和强度，为"战"疫和复工复产工作做出巨大贡献。在疫情的"催化"下，新兴技术和新的应用场景如5G、网络直播、短视频等越发蓬勃，成为各组织机构接触普通个体的新兴重要渠道，也成为公益行业必须主动或被动拥抱的技术领域。

面对国内快速发展的慈善理论和实践，现有的慈善法体系已略微落后于时代，2020年对《慈善法》执行情况的检查和慈善法体系的完善，正是回应了公益行业的这一迫切需求，也体现出了党中央对我国慈善事业的高度重视。同时，在社会转型加剧、技术日新月异、民众需求千变万化的当下，公益组织要想保有公益初心，实现公益理想，需要每一位从业人员不断适应新时代的变更，不断迎接全新的挑战，使公益事业得到更多人的认可和肯定。

本文通过对2020年度公益慈善热点事件进行梳理，呈现过去一年我国公益事业发展的重大事件。在体现新时代下新兴媒体对我国公益事业发展的重要影响的同时，也展望未来公益事业的发展方向。

一、首次检查《慈善法》执行情况，加强改进慈善立法工作

2020年8月至9月，在全面建成小康社会之际，同时也是为了回应年初的疫情大考，十三届全国人大常委会成立执法检查组，针对《慈善法》制定以来慈善理论和实践快速发展的现实，展开多维度多方面的调研研究和执法检查，并于同年10月15日发布《关于检查〈中华人民共和国慈善法〉实施情况的报告》（以下简称《报告》）。《报告》高度褒奖了我国慈善事业的发展速度和发展规模，也从多主体协同、信息公开、立法等方面提出意见与建议。

在政府和慈善行业的关系方面，《报告》明确提出了政府部门与慈善力量缺乏应急协调机制，也未能将志愿服务纳入重大公共事件应急机制，导致慈善组织孤军奋战，难以联动多方力量；同时，现有对慈善主体的鼓励激励形式单一，大量优惠政策尚未落实；此外，对慈善主体的分类监管体系尚不完善，部分基层主管部门行政监督不到位，还存在管理漏洞。而在慈善行业自身发展方面，《报告》着重强调慈善组织的专业运作能力和新技术利用能力尚有欠缺。首先，《报告》指出，目前公益慈善组织的数量、结构、公信力、执行力、信息透明度等与立法预期相比还存在一定差距；其次，公益组织对自身宣传工作还不够重视，未能及时做好信息公开和舆论引导工作，导致公益事业的公众普及度不高，部分群众对慈善事业的合法操作有误解，最终影响全行业的公众认可度。而随着技术发展，对如网络慈善等新兴领域，《报告》提出，应当系统规范网络慈善的定义边界、募捐办法、法律责任，明确个人求助的条件和义务等改革要点，引导行业恰当使用新工具和新平台，尽可能避免或者消减后者不利影响。可以说，《报告》从顶层设计角度

对我国慈善事业的健康永续发展进行了反思和探索，体现出了党中央对我国慈善事业的高度重视，特别是在未来应对重大灾害和重大公共卫生事件时，对于真正发挥第三部门和第三次分配的力量，具有重要的推动意义。

中央各部门也高度关注公益慈善行业的发展状况，并及时立法规范。2020年5月21日，财政部、税务总局、民政部发布了《关于公益性捐赠税前扣除有关事项的公告》（以下简称《税前扣除公告》），对公益性社会组织获得公益性捐赠税前扣除资格作出新的规定。新规解决了旧政策中不能及时确定组织是否拥有税前扣除资格、异地捐赠不能抵税、民办非企业单位（社会服务机构）不能获得税前扣除资格等长久困扰公益慈善事业的问题，解决了不少困扰公益行业发展的"心病"。此外，2020年，上海市、广东省、江苏省、浙江省等多地出台（修订）志愿服务条例，确保本地法规政策与此前民政部下发的《志愿服务条例》精神一致，在规范志愿服务行为、完善志愿服务信息平台建设、落实固化志愿者优待优惠等方面推动志愿服务制度化和标准化，不仅进一步明确政府、行业协会、志愿组织的职能定位，同时也保障志愿服务相关主体合法权益，促进志愿服务良性健康发展。

尽管目前我国的慈善法体系还未能尽善尽美，新的法律法规和已有政策细则存在冲突，对互联网慈善等新兴领域的规范还处于探索阶段，但我们相信，在各方努力下，我国的公益慈善行业一定能够尽快走向制度化、规范化、标准化的道路。

二、疫情激发公益正能量，推动行业拥抱新媒体

2020年，新冠肺炎疫情席卷全球，让各国的经济和社会生活陷入停滞，带来严重的生命财产损失。在疫情暴发初期，党和政府迅速决策，坚强领导打响疫情防控阻击战。全国各类慈善组织和社会组织快速响应，争分夺秒筹集款物、对接资源，将大量紧缺物资及时送达重点疫区和最需要的地方，向社会展现了公益力量。从民政部2020年第二季度例行新闻发布会上获悉，截至4月23日，全国各级慈善组织、红十字会接收社会各界的捐赠资金约419.94

亿元；捐赠物资约10.94亿件；累计拨付捐赠资金约345.19亿元；拨付捐赠物资约10.49亿件。①

由于疫情阻碍了人们的线下行动，互联网等新兴技术和人们的生活联系得愈加紧密，这也同样体现在公益慈善事业运作和防疫抗疫工作中。

互联网平台提供人际联结的新方式。 战"疫"期间，阿里健康、腾讯健康、好大夫在线、丁香医生、平安好医生等互联网医疗服务平台，利用平台和科技优势，与政府部门、社会各界密切协作，提供居家防护、导诊建议、心理咨询等在线义诊服务，既减少了线下接触避免交叉感染，又为民众健康提供了支持。而以腾讯和阿里巴巴等互联网巨头为代表的公益平台与深圳市慈善会、壹基金、中国红十字基金会等官方机构发起公开募捐支援防疫工作，避免了线下人员聚集，同时又为一线防疫事业提供了巨大支持。

互联网平台提供优化资源调配的解决方案。 互联网平台利用先进的数字技术手段，快速发掘和调动空余资源，并精准匹配物资需求，从而实现最优、最安全的资源调配和调拨目标。如腾讯云、阿里、京东等互联网平台上线抗灾救助物资平台、防疫直采全球寻源平台、应急资源信息发布平台等，从全球采购口罩、乙醇、防护服等物资运往抗疫一线，有效缓解了疫情防控物资供应压力。

互联网媒体提供跨时空信息对接的渠道。 此次疫情防控中，大量公益从业人员和民间志愿者通过微信群、QQ群聚集，将群组变为信息沟通平台，完成信息对接、物资调配、通勤保障等工作；还利用社交媒体上的舆情信息和自身的地方知识，及时捕捉社区防控风险点，发挥补位作用，成为基层社区疫情防控中不可或缺的辅助和支撑力量。

互联网媒体提供信息呈现和确证的新形式。 微信、支付宝等互联网信息平台利用自身所存储的居民身份信息，和政府公安平台对接，助力政府数字化防疫，满足社会对个人健康状况自查和核查，以及个体获取疫情最新数据信息的各类需求。国家信息中心还和腾讯公司共同启动"数据长城"计划，

---

① 民政部举行2020年第二季度例行新闻发布会[EB/OL].(2020-04-24).http:// www.mca.gov.cn/article/zwgk/xwfbh/n23/zxzb.html.

将其作为一个中长期系统性、公益性、开放性建设工程，以疫情防控为起点纳入更多社会治理和应急管理支撑功能。"数字政府""智慧政府"的理念在战"疫"期间得以实践。除此之外，疫情暴发前的热词"区块链"技术，也在防控疫情中发挥了不可忽略的作用，切实应用在药品生产与流通、防疫物资溯源与流通、慈善物资捐助管理等具有公益性质的场景中。如北京大学信息科学技术学院区块链研究中心等机构开发建设的"博雅医链"战"疫"医疗物资捐赠存证公益平台，免费提供物资确认、可信存证、信息查询等在线服务，为社会各界提供公开透明、可追溯、可反馈的监督途径。未来，借助区块链技术，还可能实现以大众电子设备的闲置算力进行疫苗和特效药开发的相关运算等技术应用，让"人人参与公益"具有更多的可能性。

尽管国内的新冠肺炎疫情已经进入常态化防控阶段，但疫情期间出现的技术应用场景并不会随之销声匿迹，而是成为技术更新和行业发展的"明灯"，指引公益行业有效利用新技术和新媒体手段，实现自己的公益梦想。不过，互联网技术也伴随着逐渐凸显的"马太效应"。从2020年中国互联网公益峰会上获悉，截至6月初，通过互联网募集善款18.67亿元，其中仅通过腾讯公益平台募得的善款就超过6.06亿元，约占总互联网募集总额的1/3。[1]中小型公益组织的社会知名度和品牌效应难以脱离现有平台渠道而得以彰显，募资渠道越发受限。

三、先行机构创新公益理念，培养公益行为新模式

在现有的互联网公益平台中，"99公益日"是腾讯公益联合数百家公益慈善组织、知名企业、明星名人、爱心媒体共同发起的一年一度的全民公益活动。腾讯利用自身强大的资源调度能力和产品线分布，充分发挥互联网的"裂变"能量，使得"99公益日"成为国内最大的全民互联网公益日之一，在全社会有着一定的号召力。

---

[1] 2020年中国互联网公益峰会：去年互联网募集善款超54亿元[EB/OL].新浪网.(2020-07-16). http://k.sina.com.cn/article_3711023500_dd31b98c00101bxx8.html.

2020年，"99公益日"在玩法上全面升级。腾讯公益在原有的"小红花""一起捐"等社交式募捐基础上，还设计出"订制接龙""自媒体合伙人计划"等形式，联合120多家明星粉丝团、上百家爱心公众号、二次元知名IP，超过100个KOL①组成"自媒体公益战队"，充分发挥互联网意见领袖的作用，意在用轻松互动的形式，发动更多的人便捷、快乐地参与公益。这场年度全民公益活动，启动30分钟后参与捐款网友突破600万人次，互动量也在一小时内从400多万增长到4000多万，翻了十倍。三天，共计5780万人次、数千家公益机构、超1万家爱心企业参与，共筹得善款30.44亿元，创下中国公益新纪录，再次证明了国内最大互联网公益节日的影响力。

每一场成功的试验都会催生行业变革。从这个角度来看，腾讯公益作为业界领先的互联网公益平台，通过设立全新且有效的规则，成功倒逼公益机构改革。一方面，腾讯公益要求公益组织实现90%甚至100%的财务披露才能参与"99公益日"，让各大公益机构不得不增强数据透明性和组织专业性。腾讯公益平台技术团队还推出"公益SaaS计划"（Software-as-a-Service），通过提供必要的技术支持，主动助力公益机构伙伴上"云"用"数"，协助深耕互联网公益的透明度、数字化、生态效率。另一方面，公益募捐玩法的不断创新也要求公益机构更新自身的宣传和活动形式，积极拥抱互联网，让更多的年轻人了解和认可本机构的慈善理念，从而获得更多的捐助款项和更强的传播度。这也迫使更多的公益机构向数字化和专业化转型，帮助公益机构快速驶入现代化轨道。更重要的是，"99公益日"一直坚持和倡导多数人在自愿基础上进行多次小额捐赠的活动形式，而不是传统的少数人的大额捐助，正试图从根本上改变人们对公益的认知和参与公益的习惯，让"一块儿做好事"成为更多人的生活方式，让公益成为人们日常生活的一部分，成为全社会的、全面性的、日常性的事情。在以腾讯公益为代表的新公益平台的引领下，"互联网+公益"必将成为公益行业的发展方向之一，而"随手做公益"理念的实现也将带动公益行业的变革和繁荣。

---

① KOL，Key Opinion Leader，一般指关键意见领袖，通常被定义为：拥有更多、更准确的产品信息，且为相关群体所接受或信任，并对该群体的购买行为有较大影响力的人。——编者注

四、舆论倒逼信息公开，媒体影响机构形象

疫情期间，武汉作为疫情的原发地和重灾区，于2020年1月23日宣布"封城"，严格管控进出人员流动，新冠肺炎疫情防控达到刻不容缓的地步。在这样紧急的情形下，新冠肺炎疫情的防控情况受到全国各地高度关注。社会捐赠款物能否及时有效地被输送到最需要它们的地方，既是对公益机构专业调配能力的严峻考验，也是人们关注的重要议题之一，因而也成为引爆网络舆情的"雷区"之一。但公益机构的总体表现参差不齐。

如武汉和湖北两级红十字会等官办公益机构承载着巨大的物资调配压力，但旧有的员工规模、运作模式和信息披露程度都不足以应付本次疫情"大考"。仅1月26日到2月1日短短五天时间内，光是武汉红十字会，就面临了三次舆情质疑。先是有网友声称武汉市红十字会利用职务之便，在物资运输过程中收取物资服务费。随后又有网友披露"山东寿光地区捐赠蔬菜被武汉红十字会低价售卖"。面对两次舆情质疑，市红十字会都未能及时辟谣，导致群众对红十字会已先入为主地留有负面印象。而1月30日晚的第三波舆情更是来势汹汹。有网友发现，抗疫一线的武汉协和医院物资告急，仅收到3000个普通口罩，1.2万元捐款，相对地，以整形、生殖为主业的武汉仁爱医院拿到了1.6万个N95口罩，并分得36万元捐款中的一部分。这在网上引起轩然大波。红十字会在本次事件中暴露出的统筹调度能力不足、分配不公，以及在舆情爆发初期未能及时回应等问题，导致其公信力再次下滑，许多捐赠企业、个人、民间组织宁愿自己承担运费和税费，也要定向捐赠物资，极端者甚至放弃捐赠，这非常不利于公益募捐活动的开展。

而相对地，部分民办基金会，如每天都会公布捐赠明细、在武汉市"封城"两天后送达第一批支援物资并筹集完成第二批物资的韩红爱心基金会，成为高效精准、公开透明的公益慈善机构代表，在网上饱受赞誉。2020年1月24日至2月1日下午5点，韩红爱心慈善基金会发起的"韩红爱心驰援武汉"项目已收到3.29亿元善款，正证明了一个运作良好、组织公信力佳的公益机构是

能够得到公众认可并实现自己的公益初心的。①

突发的新冠肺炎疫情极大考验了公益人的专业素养、应对能力和专业积累，如捐赠物资积压、分配效率不高、信息披露不及时甚至有误等不良事件多次发生，正说明还有不少公益机构未能实现专业规范的管理。除此之外，在社交媒体时代，人们更多依赖身边人即普通民众的认知和态度来建立自己对外界事物的认识，故而公益人和公益机构需要重视新媒体平台上的公关工作，以建立机构良好公信力，树立机构良好形象，从而更好地在平台上开展募捐和宣传工作。因此，及时监控舆情舆论，及时辟谣或回应负面新闻，以及提前对舆情舆论进行预判，都将成为公益行业从业人员的专业能力之一。尽管这未免变相加重了公益人的工作负担，但从另一个角度来看，网络上的诸多批评和质疑也体现了公众对公益事业健康永续发展的殷殷期待，同时，也让社会各界看到了慈善公益事业在现代化治理体系中的重要性和不可替代性。

五、网络平台屡屡爆雷，再引"公益"和"商业"之争

近年来，互联网平台降低了公众参与公益的门槛，如网络公益平台让更多的人可以以在线转账的形式，随时、小额参与公益。如"电商助农"等"直播+公益"形式帮助积压农产品走向消费市场，帮助农户走出困境；如"水滴筹""轻松筹"等互联网众筹平台为个体"大病求助"提供渠道……以上种种都体现了互联网技术对公益行业的巨大助益。但是，在缺乏监管和行业自律的情况下，商业资本的参与往往会让项目的公益本质变味。

（一）电商直播助农，是"公益"还是"狂欢"？

随着国家新基建助农兴农和"快递进村"政策的部署，直播带货的兴起为打通农产品滞销"最后一公里"带来了希望。拼多多、淘宝、京东、快

---

① 北京市民政局. 北京市民政局关于对举报北京韩红爱心慈善基金会有关问题调查结果的通报[EB/OL]. "北京社会建设和民政"微博账号. (2020-02-20). https://weibo.com/2417817553/Iv7mXe9Rm?from=page_10010624 17817553_profile&wvr=6&mod=weibotime&type=comment.

手、抖音、微视等电商、短视频平台纷纷开设专题页面，联合地方政府和热心企业，采用直播、补贴等多种方式推销农产品，销售额过亿元。而一些头部MCN①机构、头部主播主动加入"电商助农"行列，利用自身的影响力为农户囤积的产品代言，部分主播更是声称完全免费"带货"。

但是，根据中国社科院和同济大学于2020年5月联合发布的《新冠肺炎疫情期间互联网平台消费助农评估报告》，部分直播平台所售卖的农产品存在质量差、重量不足、食品安全问题、售后服务差等问题，同时，平台对自身的直播结果仅有销售成绩，没有任何助农成效方面的数据。②也就是说，部分平台打着"电商助农"旗号开展的直播行动，很可能还是噱头大于实际成效。缺乏相关佐证数据的公开和第三方机构对整个价值链的监督，导致直播助农很可能只是"网红经济"下的又一场直播狂欢。而以优惠促销为主要营销手段，量大便宜为主要的产品选择标准，不仅不能切实为农户和消费者提供便利，相反，农户的利益可能被再次压榨和剥削，而真正贫困农户的产品难以得到关注。归根结底，一方面，直播电商还是要加强信息公开和产品溯源工作，明确公益导向，并在"带货"过程中培养消费者的公益意识；另一方面，也希望能有更多公益机构参与到"直播带货"价值链营造的工作中，发挥"第三次分配"作用，切实保障农户和消费者的利益。

（二）互联网个人救助，是"公益"还是"侵权"？

2019年9月，23岁的吴花燕在父母双亡、弟弟罹患间歇性精神病、自身饱受病痛折磨且极度营养不良的情况下，再度被诊断存在严重的心脏问题，需要20万元左右的手术治疗费用。2020年，9958（中华少年儿童慈善救助基金会的项目之一，全称是9958儿童紧急救助中心）在未征得吴花燕本人的同意的情况下，在某公益平台发起了80万元的筹款计划（后调整为60万元），随

---

① MCN，Multi-Channel Network，即多频道网络，一种多频道网络的产品形态，是一种新的网红经济运作模式。这种模式将不同类型和内容的PGC（专业生产内容）联合起来，在资本的有力支持下，保障内容的持续输出，从而最终实现商业的稳定变现。——编者注
② 朱迪,章超,等.新冠疫情期间互联网平台消费助农评估报告[EB/OL].中国社会科学院社会学研究所.(2020-05-15).http://sociology.cssn.cn/shxsw/swx_kycg/swx_yjbg/202005/t20200515_5129614.html.

后，9958又在另一平台发起两期筹款，共计40万元，而吴花燕从始至终都不知情。直到吴花燕去世后，民众才发现，筹得的100万元善款一共只给医院打了2万块，从而引发网络舆情。①

"吴花燕事件"只是目前互联网众筹平台乱象的一个缩影，是商业力量介入公益行业之后，未能清晰区分"机构盈利"和"公益行为"的后果。同时，像水滴筹、轻松筹等互联网众筹在法律上会被定性为"个人求助"行为。由于其受益人的确定性，在目前法律规定中，暂不具备公益性，因此不受《慈善法》约束。但是，在受众眼里，这类项目由于故事性更强、能够直观看到受助家庭情况的改变，更受捐款人的信任和欢迎，并将对此类项目的捐助视为公益行为的一部分。

这种定义上的冲突和模棱两可导致有些公益慈善机构为了能够在互联网平台上筹集更多款项，主动发起针对个人的募捐项目，或者有意将一特定关键人物求助信息作为某群体捐助项目的文案主体，渲染博眼球的故事，有意引导和消费民众的同理心和公益心，侵害捐助者权益。这一方面容易对公众产生误导，另一方面也导致过度披露求助人信息，不仅有违《慈善法》规定，也有悖于慈善初心，侵害受助者权益。除此之外，互联网个人筹款天然存在"马太效应"，往往是本身具有强社会资源和关系网络的受益人更容易筹款，而毫无资源、学历偏低、更需要受助的人难以获得足够的物资支持，事实上加剧了社会不平等。而此类事件如果长期得不到规范、一味野蛮生长，很可能不仅"互联网众筹"行为会像"P2P"平台一样被法律取缔，公众的公益热情和利他心理也将被消磨殆尽。

六、结语

2020年，疫情极大考验了公益人和公益团队的专业能力和专业素养，更高效的统筹、更规范的运作、更及时的信息公开，是公益组织必然走向的

---

① 2020公益界十大新闻事件投票[EB/OL].腾讯网.(2021-02-01).https://new.qq.com/omn/20210201/20210201A0B4EP00.html.

改革之路。同时，疫情也促使公益行业拥抱新兴媒体，深挖网络募捐，做强直播公益。亦有越来越多的商业公司积极摸索和尝试新的公益慈善模式，履行企业的社会责任。捐赠行为正从大机构、大企业、知名人士等"头部群体"，扩散到全民手中，实现"人人公益""指尖公益"，甚至从"人人可参与"走向"人人可发起"，使得公益事业和公益热忱走向千家万户。而从"募捐款物一律上缴"到允许民间公益组织参与，再到接纳民间公益从业者和志愿者进入疫区参与防疫抗疫工作，我们可以看到，政府对民间公益组织的接受度正逐渐提升，公益慈善有能力，也合理合法地进入国家治理体系。

面对新时代下新的使命和挑战，公益机构只有不忘初心，方得始终。而公益机构能否协助实现公共利益最大化，需要政府和社会各界的监督和监管，也需要机构和行业自身的不断反思和自我规范。回顾2020年中国公益事业的瞩目成就，我们不仅需要顺应时代的东风大步前进，也要谨记昔日的磨难与低谷砥砺前行。在经济科技政治迅速发展的碰撞下，我们期待2021年中国公益事业更进一步。

（周如南，中山大学传播与设计学院副教授；林咏菁，中山大学传播与设计学院硕士研究生。）

第四辑
中国新闻业年度观察报告（2021）

年度调查

2020年电视新闻节目收视回顾

娜布琪

一场席卷全球的疫情让2020年成为人类历史上无法抹去的一份印记,随着新冠疫苗的成功研发和广泛接种,疫情带给国人的阴霾逐渐散去,那一段"居家战疫"的特殊经历却已刻在了每个人的生命里。从国家层面的抗疫政策,到前线医护工作者的无私奉献,各大媒体对疫情期间重大新闻事件的及时报道,都使新闻类节目成为最受关注的节目类型。此外,5月《中华人民共和国民法典》的颁布,6月《海南自由贸易港建设总体方案》和《中华人民共和国香港特别行政区维护国家安全法》的通过,10月纪念中国人民志愿军抗美援朝出国作战70周年大会的隆重举行等诸多事件,都受到人们的高度关注。本文将通过CSM媒介研究2020年全国109个城市的收视调查数据,对新闻节目的收视状况进行分析和梳理,了解其播出与收视现状。

一、新闻节目整体收播状况

(一)新闻节目人均日收视时长增幅达到33%,资源利用效率大幅提升

2012—2019年,新闻类节目的播出比重走势一直比较平稳,在11%上下小幅波动,收视比重也稳定在14%左右,2018—2019年收视比重略降,均为13.3%。2020年的一场疫情,让观众对新闻节目的关注度大幅上升,尤其是在上半年,"抗疫"成为举国上下关注的首要内容,电视媒体亦紧扣主题,积极投入到最新疫情动态和抗疫进程的报道中,发挥了巨大的影响力与传播价值。2020年,人均每日收看新闻类节目的时长为17.3分钟,比2019年提升了4.3分钟,增幅达到33%,收视比重也从2019年的13.3%增加了3.5个百分点至

16.8%，资源利用率暴增至68%，创近9年新高（见图1）。

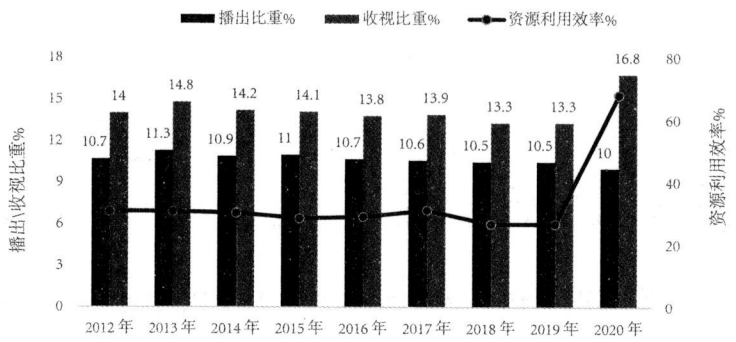

图1 2012—2020年新闻节目收播比重及资源利用效率（历年所有调查城市）
资料来源：CSM媒介研究。

（二）广州、昆明、贵阳新闻节目人均收视总时长位列三甲

电视收视通常存在一定的地域性特征，中国幅员辽阔，全国各地观众的作息、生活习惯各有不同，其媒介接触习惯、偏好类别也会呈现出较大的差异。2020年晚间17:00—24:00时段，在35个中心城市（包括直辖市、省会、计划单列市）中，广州、昆明、贵阳的新闻节目人均收视总时长位列三甲，总时长都在6000分钟以上，与2019年同期相比，均有1000分钟左右的增长，广州地区收视总时长由上一年的第三位上升到2020年的第一位。成都和哈尔滨地区的新闻节目人均收视总量也近5800分钟，高出其他城市较多（见图2）。

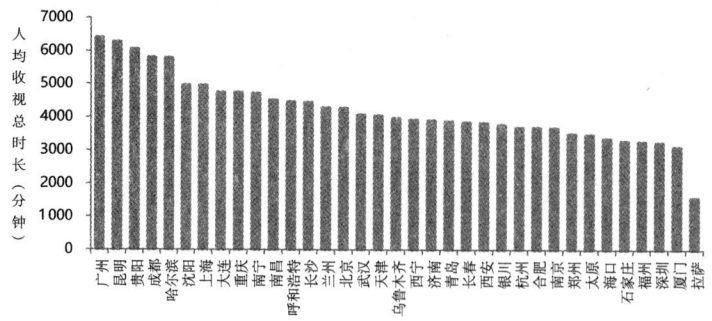

图2 2020年晚间新闻节目的人均收视总时长（17:00—24:00，35个城市）
资料来源：CSM媒介研究。

(三)新闻节目全天多个时段收视出现增长

新闻节目的收视主要集中在晚间18:00—20:00时段,2020年,在这一时段开播的新闻节目人均收视时长达到10.5分钟,占全天新闻节目收视时长的一半之多,较2019年同期增长了4分钟。上午和下午时段是传统意义上新闻节目的收视低谷,但由于2020年1—4月"居家抗疫"引发的生活模式转变,这两个时段的新闻节目收视量也有明显提升,上午10:00—11:00时段和下午14:00—15:00时段分别较上年同期增加了0.35分钟和0.42分钟,涨幅分别为135%和198%。18:00—19:30时段,是各级频道新闻节目播出最为集中的时段,也是新闻收视峰值所在的时段,2020年的收视高峰更为突出,比上一年同时段增长1.88分钟,增幅达到33%。此外,晚间20:30—22:00时段新闻节目收视也不容小觑,对疫情的报道和权威解析直接促使新闻节目后晚间时段的收视获得28%的增幅(见图3)。

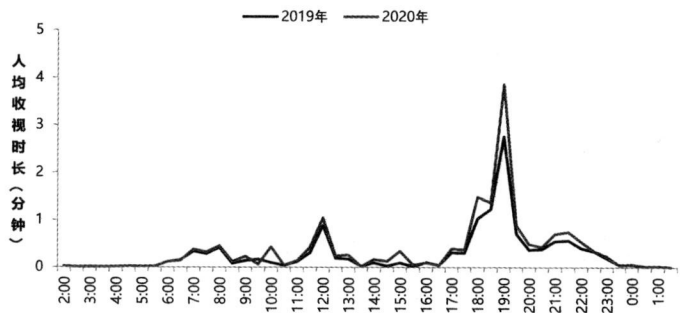

图3　2019—2020年新闻节目全天各时段收视情况(历年所有调查城市)
资料来源:CSM媒介研究。

(四)疫情、"全国哀悼日"活动、全国"两会"等重大时事对新闻收视影响明显

2020年1月23日,恰逢除夕前夜,千万人口的武汉宣布"封城",全国人民度过了一个史无前例的春节,以及随之而来长达数月的"居家抗疫"阶段。电视媒体强化主流媒体责任担当,迅速响应推出抗疫特别节目,彰显出

强大的传播力和影响力，新闻节目收视也从2020年第4周开始迅速蹿升，并在很长一段时间内保持高位。足见在重大新闻事件面前，传统媒体公信力的不可替代性。

整体来看，第5至第9周的收视增幅最大，新闻节目人均收视时长均值达31.2分钟，各周同比增幅均超过100%，其中第6周新闻节目收视时长达到全年顶峰，单周人均收视时长为35.3分钟，同比涨幅近200%。3月起，随着疫情形势逐步缓解，复工复产有序推进，受众对新闻节目的关注度也有所降低，但整体依旧保持较高水平。第10至第13周新闻节目人均收视分钟数在21—25分钟波动，各周同比涨幅均超过60%。

4月4日，为表达全国各族人民对抗击新冠肺炎疫情斗争牺牲烈士和逝世同胞的深切哀悼，全国和驻外使领馆下半旗志哀，全国范围内停止公共的娱乐活动。在这个特殊而又沉重的日子里，中央广播电视总台适时推出两档清明特别节目《深切悼念新冠肺炎疫情牺牲烈士和逝世同胞》和《战疫情清明特别节目》，多频道并机直播，受众通过电视大屏追思英雄、缅怀同胞，将新闻节目收视推向新的高潮。第14周人均收视分钟数高达27.7分钟，同比增长了15.4分钟，涨幅126%。

2020年的全国"两会"召开时间推迟，会议日程缩短，会议形式有所调整，各级电视频道共推出70余档聚焦"两会"的新闻类节目。5月21日，央视四套的《十三届全国人大三次会议新闻发布会特别报道》在CSM所有调查城市获得了0.59%的收视率；5月22日，十三届全国人大三次会议开幕，开幕当天由央视综合频道和央视新闻频道并机播出的《2020全国两会特别报道》获得近11%的市场份额，成为受众关注的焦点；上海东方卫视的《十三届全国人大三次会议全国政协十三届三次会议特别报道》、江苏卫视《直通北京全国两会特别报道》等多家省市级频道的报道节目都为"两会"精神的传播贡献了重要力量。涵盖全国"两会"的第21至第22周收视明显提升，人均收视分钟数在17分钟左右（见图4）。

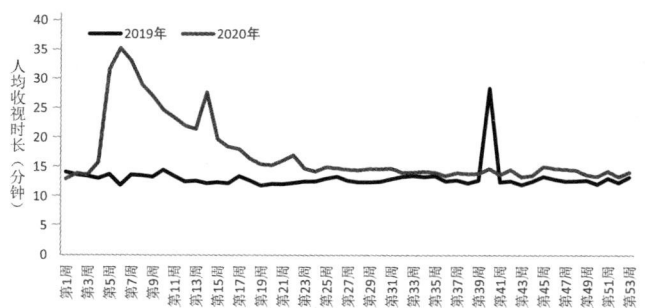

图4 2019—2020年新闻节目人均收视时长分周走势（历年所有调查城市）
资料来源：CSM媒介研究。

二、新闻节目收视竞争格局

（一）上星频道收视份额均有所提升，省、市两级地面频道份额略降

2020年全国电视新闻节目收视市场中，中央级频道以48.1%的收视份额占据着绝对优势，较2019年同期增加了近5个百分点；省级上星频道以22.3%的收视份额位居第二，较上年增长了2个百分点；省级非上星频道和市级频道的传播范围和影响力不及上星频道，两类频道累计获得了26.7%的新闻节目收视份额，较上年份额分别下滑了4.1个和2.5个百分点；其他频道组新闻节目收视份额为2.9%，较上一年保持稳定（见图5）。

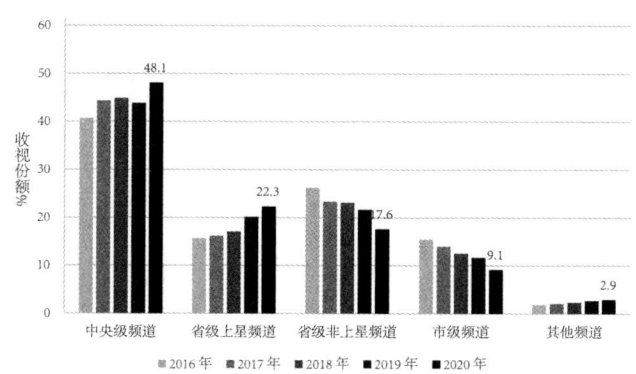

图5 2016—2020年新闻节目各级频道收视份额（历年所有调查城市）
资料来源：CSM媒介研究。

（二）中央级频道的新闻评述类节目优势突出，地面频道以民生新闻为代表的其他新闻节目更受关注

在不同的新闻节目类型中，评述类节目通常是指具有一定专业优势的新闻评论员或电视机构对当前具有较高新闻价值的事件、问题或社会现象所表示的意见和态度进行解释分析，具有一定的时效性和指导性，也是近几年资源利用率最高的新闻节目类型。针对此类节目，中央级频道的专业性和权威性无疑具有先天优势，2020年在新闻评述类节目中，68.4%的收视份额都来自中央级频道，较2019年的61.5%增长了近7个百分点；省级上星频道在综合新闻类型中的收视份额占比较高，达30.7%；"新闻/时事其他"类节目中包含了大量的各地民生新闻，此类节目取材贴近当地群众生活，自然是省、市两级地面频道的主要收视市场，两者累计获得了41.4%的收视份额（见图6）。

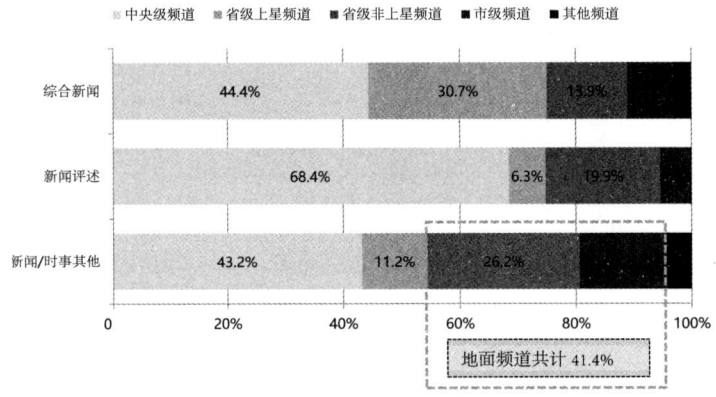

图6　2020年各级频道不同类型新闻节目收视份额（历年所有调查城市）
资料来源：CSM媒介研究。

（三）部分省级上星频道新闻节目收视增长明显

2020年部分省级上星频道新闻节目收视增长明显，其中湖北卫视提升最为迅猛，涨幅高达221%。身处抗疫阵地最前沿的湖北广电，疫情发生后率先打破常规编排，湖北卫视成为全国最早开始多时段、大时段直播疫情防控的

省级上星频道，全天开设6档新闻直播和1档演播室访谈，第一季度平均每天播出的新闻节目近460分钟，是2019年同期的4倍之多。

江苏卫视收视增幅位居第二，达到89%。江苏卫视除《江苏新时空》《新闻眼》和《晚间新闻》三档强势新闻节目外，疫情期间还增设了《抗疫情特别报道》等栏目，及时直播疫情防控的最新情况，满足了受众对疫情信息的渴求。

上海东方卫视较上一年同期增幅为74%，位居第三，同时，其收视总量和增长绝对值也最高，分别达到224分钟和95分钟。在疫情和"两会"等重大新闻事件面前，上海东方卫视新闻栏目报道篇幅扩容，并增开专题报道，及时、权威、高效地传递新闻资讯，促其成为2020年新闻类节目人均收视总时长最高的省级上星频道（见图7）。

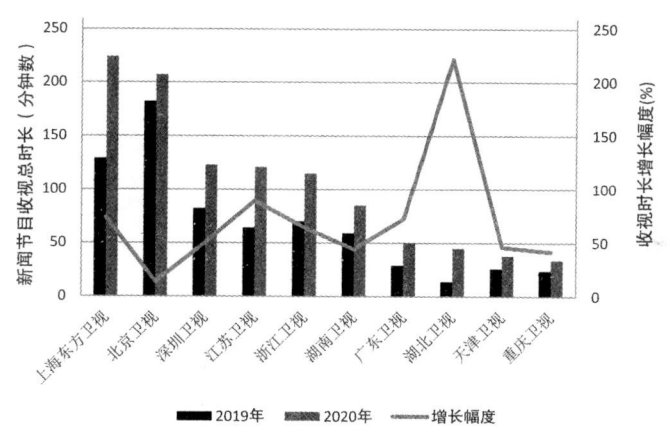

图7　2019—2020年部分省级上星频道新闻节目收视时长变化
（历年所有调查城市）

三、新闻节目观众特征

（一）年轻、高学历受众回归大屏

全国电视整体观众构成中，女性观众略多于男性，而新闻节目的观众构成则为男性多于女性，2020年收看新闻节目的男、女观众比例之间的差距较往年有所缩小，女性对新闻节目的关注度提升；从观众年龄构成来看，45岁以上观众是新闻节目的收视主力人群，占比达七成，2020年，4—14岁和15—24岁观众构成较上一年增长明显，涨幅分别为6%和10%；高中教育程度观众在连续下降四年后的2020年出现增长，而大学及以上受教育程度观众继2019年止跌回升后，呈现出更大幅度的提升，涨幅7%（见图8）。

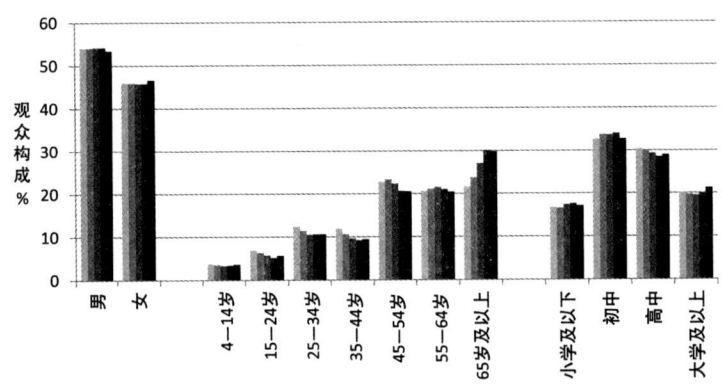

图8　2016—2020年新闻节目观众构成（历年所有调查城市）
资料来源：CSM媒介研究。

（二）男性、高学历观众对"新闻评述"类节目情有独钟

不同观众对不同类型的新闻节目关注程度也不尽相同。男性观众更偏爱"新闻评述"类的新闻节目，女性观众则对"综合新闻"和"新闻/时事其他"更为关注；25—34岁、大学及以上受教育程度的观众都表现出更多收看"综合新闻"和"新闻评述"类节目的共性，而55—64岁、初中受教育程度的观众对"新闻/时事其他"类节目的收视占比相对其他两类新闻节目更高（见图9）。

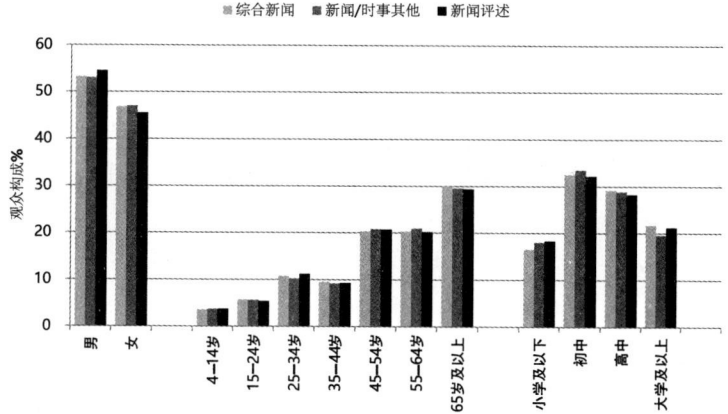

图9　2020年各类型新闻节目观众构成（历年所有调查城市）
资料来源：CSM媒介研究。

四、结语

2020年的一场疫情，凸显了电视大屏作为主流媒体的传播价值和引领作用，全年新闻收视时长同比增长31%，疫情发展最为严重的第一季度增幅更是高达80%，广电媒体在重大新闻事件面前的不可替代性再一次得到印证。同时，随着5G时代的到来，国家对广电媒体融合的大力推进，也为电视新闻媒体的变革和发展带来了更多挑战与机遇。

［文章来源：中国广视索福瑞媒介研究（CSM）。］

2020年媒体短视频账号的现状分析及展望

林功成　姚　尧　聂　鑫　李　伟

【摘要】

本文基于发布指数、播放指数、关注及互动指数等指标对媒体抖音号在2020年的表现进行评估。研究发现：疫情进一步推动主流媒体开设短视频账号，样本抖音号的数量同比增长71.37%，样本平均粉丝数同比增长87.88%。其中，中央级媒体持续发力，凭借优质的新闻来源、强大的新闻策划和聚合能力以及持续的原创内容供给，保持了头部账号的领先地位。

【关键词】

主流媒体；短视频；抖音；新冠肺炎疫情

2020年是全面建成小康社会的收官之年，也是"十四五"规划的谋篇之年。2020年9月，两办印发《关于加快推进媒体深度融合发展的意见》（以下简称《意见》），对媒体融合发展提出了新要求。《意见》指出，要推动主力军全面挺进主战场，以互联网思维优化资源配置，占领新兴传播阵地。在党和政府的政策引领下，越来越多的主流媒体扎根短视频领域，聚焦新冠肺炎疫情等年度重大事件，探索出视觉化新闻产品的多种形态。其中，抖音作为重要的短视频社交App，已经成为传统媒体向融合传播转型的重要依托平台和强大抓手，而主流媒体持续、优质的内容供给也为抖音平台带来了源源不断的活力。就此，我们以境内主流媒体在抖音上开设的账号为样本，共抓取6000多个账号并对它们在2020年度推送的约10万条短视频进行采集，包括播放量、评论量、点赞量、分享量以及粉丝量等。研究根据对账号数据的统计，对媒体抖音号的总体特点和发展态势进行了讨论。

一、媒体抖音号的总体态势

随着新冠肺炎疫情的暴发，大量媒体机构入驻抖音进行相关报道，通过及时准确传递疫情信息、开展防疫知识科普、直播中央及各地政府发布会等形式助力国内疫情防控。此次抓取已认证的媒体抖音号逾6000个，相较于2019年增长71.37%。从地域划分来看，媒体抖音号主要集中在华北地区，以山东省、河南省、北京市和河北省的媒体机构最多，其次为广东省、四川省、浙江省和江苏省的媒体机构，整体来看，中国东部和中西部经济较为发达地区的媒体机构入驻较为积极，宁夏、青海、西藏等地区亦不乏一定数量的媒体机构入驻。

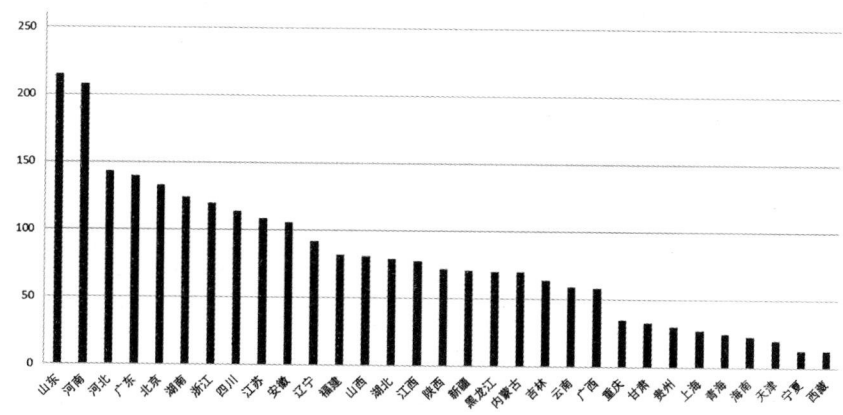

图1　2020年主流媒体机构抖音号地区分布

2020年，样本媒体机构抖音号的平均粉丝数达到41万，同比增长87.88%。对于头部抖音号来说，千万级粉丝媒体机构数量达30个，较2019年增长172.73%，其总计粉丝量高达7.49亿。其中，《人民日报》（1.19亿）、央视新闻（1.08亿）、人民网（4339.7万）继续领跑。其他千万级账号则包括：四川观察（3687.5万）、新闻联播（2884.5万）、《中国日报》（2812.3

万）、央视网（2336.7万）、《光明日报》（2291.1万）、新华社（2243.6万）、河南广播电视台民生频道（2130.1万）、《湖北日报》（2030.5万）、环球网（1980.2万）、东方卫视（1954.8万）、新闻快车（1816.2万）、央视网快看（1734.5万）、《中国青年报》（1643.9万）、中国网直播（1581.6万）、浙江卫视（1537.7万）、湖南卫视（1469.1万）、中国经济网（1437.3万）、红星新闻（1430.5万）、封面新闻（1388.8万）、国＋社区（1371.6万）、央视国家记忆（1371.2万）、直播日照（1311.8万）、《大河报》（1278.7万）、解放军新闻传播中心融媒体（1102.8万）、《经济日报》（1057.5万）、南阳网（1011.3万）和生活帮（1002.8万），共计30个。

我们将粉丝数超10万的账号称为高粉丝账号，本次样本中共计有1788个。接下来，我们按照粉丝量将其划分为6档：10万—50万、50万—100万、100万—500万、500万—1000万、1000万—5000万、5000万以上，具体分布情况如图2所示。拥有百万级粉丝的账号有476个，较2019年增长220.25%，占总媒体机构抖音号的8.10%，而这一数字在2019年只有4.36%；拥有十万级粉丝的账号有1282个，数量较2019年增长189.79%，占总媒体机构抖音号的28.61%，而在2019年同期十万级账号只占17.11%。在地域分布上，高粉丝账号呈现"东多西少，北多南少"的格局。华东与华北地区分别占比31.99%、20.92%，其中，华北地区的高粉丝账户大部分来自北京，北京地区高粉丝媒体抖音号占比高达62.03%。

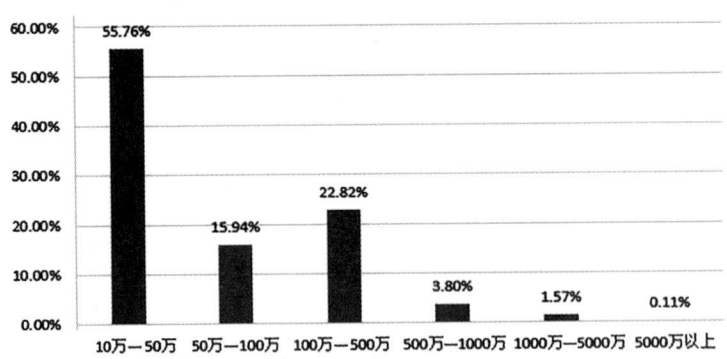

图2　高粉丝媒体机构抖音号数量分布情况

根据所抓取的后台数据，我们针对粉丝量超过10万的媒体抖音号的用户进行了画像。在性别分布上，这部分媒体抖音号的粉丝群体中男女比例分别为59%与41%。结合2021年3月CNNIC发布的第47次全国互联网调查，中国网民的男女比例是49%与51%，可见媒体机构抖音号的男性粉丝明显多于女性。在年龄分布上，30—35岁粉丝群体占比最高，为22.25%；其次是24—29岁，为18.95%。从数据上看，18—35岁的青年群体总占比59.42%，可见青年群体是媒体抖音号的主要粉丝来源。

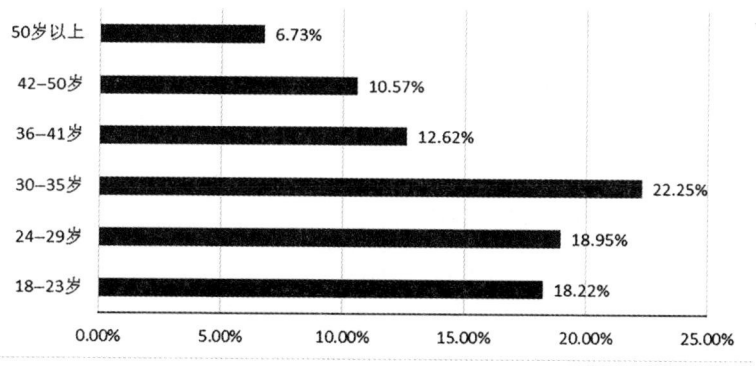

图3　粉丝量超过10万的媒体抖音号的粉丝年龄分布

由于媒体抖音号推送的视频数量较大，我们依据播放量高低进行排序，并抓取了高播放量的前10万条视频。我们采用了共词分析的方法对视频标题进行了分析。共词分析法主要是利用文本集中词汇对或者名词短语共同出现的情况，来确定该文本集中各主题之间的关系。研究利用分词工具，对10万条媒体抖音号标题进行分词，并进行清洗，得到频次最高的75个关键词。根据文章标题，将清洗过后的前75个高频词进行共词矩阵转换。由于篇幅限制，表1仅列出前14个高频词的共词矩阵。

表1 标题高频词共词矩阵（以前14个高频词为例）

	抖音	中国	疫情	美国	武汉	确诊	病例	新冠肺炎	口罩	加油	湖北	特朗普	回应	病毒
抖音	12568	0	0	0	0	0	0	0	0	0	0	0	0	0
中国	661	6270	0	0	0	0	0	0	0	0	0	0	0	0
疫情	947	703	6265	0	0	0	0	0	0	0	0	0	0	0
美国	451	1067	574	4950	0	0	0	0	0	0	0	0	0	0
武汉	438	239	617	69	3849	0	0	0	0	0	0	0	0	0
确诊	304	121	633	418	281	2973	0	0	0	0	0	0	0	0
病例	223	95	438	283	159	1584	2183	0	0	0	0	0	0	0
新冠肺炎	232	239	633	414	232	705	488	2269	0	0	0	0	0	0
口罩	251	256	296	192	111	44	18	68	1841	0	0	0	0	0
加油	312	425	336	38	680	78	77	66	62	1907	0	0	0	0
湖北	215	50	318	3	361	173	167	118	55	164	1990	0	0	0
特朗普	110	223	128	794	8	79	45	100	57	2	0	1650	0	0
回应	157	219	108	147	62	20	22	35	49	14	39	64	1695	0
病毒	457	314	601	400	389	409	314	162	111	110	85	153	66	3048

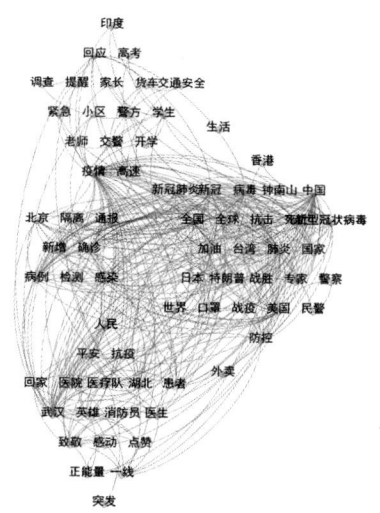

图4　视频标题所呈现的语义网络关系图

根据在共词矩阵基础上所绘制的语义网络关系图，媒体抖音号中高播放量视频可以分为四类。

第一类的关键词是"人民""平安""正能量""英雄"等，主要宣传战疫正能量，歌颂抗击疫情的一线医护人员。对涉医议题的关注以及人民对医护人员的赞颂、致敬是此次疫情期间抖音视频传播的主旋律。《人民日报》、央视新闻等主流媒体主动设置议程，在对医护人员进行报道时主要集中于各地医疗队驰援武汉、医护人员在一线艰苦的工作环境和超常的工作强度以及医患共战等议题，选取有温度、有力量的人物及事迹，强化了大众对"白衣天使"的形象感知，凸显人民心中的"英雄"形象，呼吁大家众志成城、共同抗疫。

第二类的关键词是"全球""美国""日本""台湾"等，主要报道全球疫情形势，并重点关注美国、日本、中国台湾地区糟糕的疫情防控现状。新冠病毒是全人类共同的敌人，在全球抗击疫情中，中国人民心系全球。媒体在报道疫情的框架中，关注其他国家人民抗疫过程中面临的艰难现状，并投以深深的关切。

第三类的关键词是"北京""隔离""检测"等,主要关注北京新发地疫情状况,通过媒体抖音号传播疫情防控政策和检测安排。北京作为世界看中国的窗口,其疫情防控工作直接影响世界对中国疫情现状的判断,因此新发地疫情发生之后也获得了网友的广泛关注。短视频化的传播方式被广泛应用到突发事件的报道上,媒体抖音号以视频的方式叙述北京新发地抗疫动态,能够更快引发公众情感上的共鸣。

第四类的关键词是"高考""开学""警方"等,主要涉及社会热点新闻和社会时事新闻报道。除关于国家和政策宣传等宏大叙事外,抖音视频中大部分内容也关照社会心理和日常生活。关乎社会公共利益的社会实时事件的报道总能引起网民的广泛关注从而成为热点,尤其在疫情期间,公众对于能否如期举行高考、顺利开学等与自身息息相关的问题更为关注。

二、媒体抖音号影响力分析

我们共建立了4个一级指标和8个二级指标,其中部分指标沿用我们以前发表的研究,包括:"关注及互动指数"(占比40%,其中粉丝数、条均视频点赞数、条均视频评论数和条均视频分享量各计10%),"播放指数"(占比30%,其中总播放量10%、条均视频播放量20%),"发布指数"(占比10%,即账户全年共发布的视频数)等。结合该指标体系,通过对抖音号的各指数分值的加权计算,我们梳理出2020年表现突出的媒体抖音号,并根据最终分值的自然排序,得到不同媒体属性的抖音号排序如下。

表2 影响力前十名的广电类媒体抖音号

账号	认证信息	发布指数	播放指数	关注及 互动指数	总分
央视新闻	央视新闻官方抖音号	83.50	96.31	96.36	95.79
新闻联播	央视《新闻联播》节目官方抖音号	73.63	93.48	82.04	88.22
浙江卫视	浙江卫视官方抖音号	90.10	90.30	69.26	83.80
四川观察	四川广播电视台新媒体	88.90	94.41	81.41	83.78

续表2

账号	认证信息	发布指数	播放指数	关注及互动指数	总分
东方卫视	东方卫视	86.87	91.62	69.63	83.02
河南广播电视台民生频道	河南广播电视台民生频道官方抖音号	79.67	92.84	77.95	83.00
江苏卫视	江苏卫视	86.04	88.79	68.30	82.56
央视一套	央视一套微视频官方抖音号	77.09	90.56	69.12	82.53
湖北新闻	湖北广播电视台新闻中心官方抖音号	88.81	90.68	75.34	82.22
湖南卫视	湖南卫视	88.86	91.78	70.25	81.52

广电类媒体拥有着强大的资源调度能力和先进成熟的技术体系。其中，央视矩阵保持高水平的稳定表现，有效传达国家的声音，与其他省级广电媒体达成均势。"浙江卫视""东方卫视""湖南卫视"等强娱乐性的卫视号，通过高频推送卫视热播综艺和剧集片段，盘活明星红人资源，形成节目口碑流量和抖音号互动数据的联动。值得一提的是，河南广播电视台民生频道，作为全国首家以"民生"命名的电视媒体，其抖音号从2018年10月25日开通，现已拥有近2500万粉丝，以求助帮忙的形式聚焦民生问题。该账号以"小莉帮忙，一帮到底"的形象深入人心，通过主打"新闻+政务+服务"的传播模式，将镜头下沉呈现市井生活的千姿百态，解决跟普通百姓切身利益相关的问题，将主流媒体的话语权让渡给普通百姓，急民之所想，解民之所忧，收获了过亿点赞。

表3 影响力前十名的平面媒体抖音号

账号	认证信息	发布指数	播放指数	关注及互动指数	总分
人民日报	人民日报官方账号	80.78	97.74	96.71	96.08
中国日报	中国日报社官方账号	84.93	93.39	71.23	85
光明日报	光明日报官方账号	81.84	93.7	71.49	84.89
中国青年报	中国青年报社官方账号	81.75	92.70	71.15	84.44

续表3

账号	认证信息	发布指数	播放指数	关注及互动指数	总分
湖北日报	湖北日报官方账号	87.19	93.56	73.08	84.02
新京报	新京报官方账号	83.27	89.56	68.05	82.41
红星新闻	成都商报官方账号	86.27	92.33	73.76	81.83
豫视频	大河报官方账号	84.15	92.72	73.90	81.79
海峡导报	海峡导报官方账号	81.15	89.9	75.14	81.14
解放军新闻传播中心融媒体	解放军新闻传播中心官方账号	75.84	88.84	66.15	80.7

平面媒体包括报纸和杂志。凭借成熟的内容生产机制、稳定的推送频率、庞大的粉丝基数、差异化的原创特色，以及强大的母媒体公信力等因素，中央级平面媒体构建起相对稳固的头部流量格局。与之形成鲜明对比的，则是采取故事化、情感化、在地化、生活化传播逻辑的地方性平面媒体。"豫视频"是大河报官方账号，其话题引领意识贯穿整个疫情防控期，产生极大的导向效应，大量自采新闻原创作品借此走上全网传播平台，借助头部流量分发释放引导力。其最具运营特色的内容就是"最爆款"系列合集，视频多取材于极具河南本地特色的社会新闻，表现形式多样、爆款频出，播放量不断刷新纪录，推动本地新闻在全网平台"攻城略地"。

表4 影响力前十名的网络/新媒体类（综合类）抖音号

账号	认证信息	发布指数	播放指数	关注及互动指数	总分
新华社	新华社官方抖音号	81.43	91.4	83.15	88.82
央视网快看	央视网新闻频道官方抖音号	82.81	93.31	80.59	88.51
环球网	环球网官方账号	84.38	93.74	81.91	88.32
人民网	人民网官方账号	82.67	93.53	77.49	87.32
新华每日电讯	新华社《新华每日电讯》官方账号	84.15	90.45	72.43	84.52
中国网	中国互联网新闻中心官方抖音账号	86.36	88.81	71.28	83.79
新华网	新华网官方账号	85.26	89.99	70.47	83.71

续表4

账号	认证信息	发布指数	播放指数	关注及互动指数	总分
封面新闻	封面新闻－华西都市报官方账号	87.98	92.92	76.72	83.36
中国网直播	中国互联网新闻中心中国网直播官方账号	85.16	92.16	75.87	82.51
央视网	央视网官方账号	88.81	90.39	65.65	82.26

网络/新媒体类包括具有新闻登载权并建立独立域名的新闻网站、通讯社等，其既具有传统媒体的优良传统，又带着与生俱来的互联网基因，与其母公司之间保持独立的运作。中央级网络新媒体和国家通讯社通过自身及所属报刊或栏目开设众多抖音账号，打造媒体传播矩阵，凭借优质且广泛的新闻来源、出色的新闻策划和聚合能力持续领跑。省级网络新媒体在坚持对重要政经事件播报的同时，将更大的权重让渡给引发受众强烈关注的民生热点话题。例如，"封面新闻"的视频多采用个体化叙事的表达手法，呈现一个个关乎社会伦理道德的事件，以小寓大，情理兼达。

三、主流媒体短视频的运营策略及建议

经过4年多的发展，媒体短视频已显示了蓬勃的生命力，中央媒体率先设置议程，地方媒体紧随其后，在一系列重大时政新闻和社会热点事件的报道中，逐渐形成了从中央辐射至地方的媒体矩阵。基于对抖音平台的观察和上述案例分析，2020年媒体抖音号在内容策略上主要有以下特点。

第一，多形态传播，布局防疫、民生宣传的"立体网络"。

在新冠疫情期间医务人员救助他人的视频被反复播放，例如，《再见，武汉！战"疫"英雄要回家了。一路平安！》。这些内容吸引了大批网友关注并引发了网友的强烈共情。以"正能量、暖新闻"为总基调的短视频内容正在成为主流媒体抖音号运营的发力点，内容价值通过平台获得进一步凸显。疫情期间，对全国各地进行立体化跟踪报道的中央级媒体充分发挥了其

权威性与公信力；河南广播电视民生频道、四川观察等地市级媒体的新闻栏目着力于将专家对疫情的最新分析、当地官员对细节信息的公开、其他本地社会新闻资讯的搬运等信息，通过多渠道、多层级、多背景化的抖音平台二次曝光，让权威信息一次又一次占据舆论的潮头。在融媒体传播思路下，部分媒体抖音号，如广州交通电台等充分发挥新媒体的直播优势，相继开设线上"抗疫频道"，24小时不间断地通过"字幕+解说"的形式完成宣推工作，实现了及时发声、权威发声、联动发声。

第二，头部央媒持续领跑，省市级媒体强势入围。

央媒以主流权威代言人的身份成为抖音平台上的"头部"内容生产者，其中媒体直播渐成热点。央视新闻充分利用白岩松、康辉等知名新闻主播的评论形成IP优势，持续吸引用户关注和互动。而省级电视台等受地域、资源等多方限制的"腰部"内容生产者，在平台现行的流量分发机制下也能够获得较大的关注，从而发挥了舆论引导的职能。对于更低一级的地市级媒体来说，除了发挥地缘优势向上级媒体抖音账号提供优质投稿外，地方级媒体还常常在"头部"账号已发起的抖音话题中进行热点跟进和素材再创造，同时通过点赞、评论等"社交"方式，实现账号内容间的相互引流和不同层级用户群的强势覆盖。例如，"四川观察"采用24小时不间断的慢直播形式，展现地域城市风貌。"四川文旅"借助理塘丁真的热度推出康巴汉子合集，利用省内旅游资源进行内容输出，拉近受众距离，提高和带动整体旅游文化宣传效果。

第三，广电类媒体抖音号竞争激烈，其他类型媒体资源深度整合。

不同类型媒体抖音号基于自身优势、整合融媒体资源，对传统媒体渠道内有价值的新闻素材进行亮点提炼和二次挖掘，多场景、多角度对热点话题进行短视频化呈现，实现传播效益的增长。平面媒体和网络媒体抖音号的短视频内容重视事实呈现和结果发布，多使用解说性字幕和醒目的标识帮助受众迅速获取关键信息；广电类媒体抖音号则更偏向对传统长视频素材的再剪辑。如央视新闻发布的一条"央视记者亲历明尼苏达游行现场，突遇示威人群骚动，拍摄被中止！"新闻短视频，就从现场记者的第一视角对美国街头骚乱的实况进行直观呈现，与权威的新闻报道和来源不明的网络素材相比，更具真实性和现场感。

不过，媒体抖音号的发展还存在诸多亟待解决的问题，例如，区县级媒体抖音号的粉丝数、播放量和互动情况等指标普遍偏低，部分基层媒体抖音号缺乏明确定位，社交属性弱；发布内容杂乱，整体性较差；运营人员专业技能滞后，缺乏互联网思维等。为此，本文认为，区县级媒体抖音号未来发展应当围绕本地群众的衣食住行精准定位，充分挖掘本地特色，让抖音号成为维系本地用户、离家在外工作的用户、对该地感兴趣用户人群的情感纽带。同时，地方媒体可利用UGC（User Generated Content，即用户原创内容）模式发起相关活动，从用户生产内容中选取优质内容发布，提升互动性。区县级纸媒、广电媒体、网络与新媒体等媒体可以按照区域分布、业务需求、功能定位、用户需求划分衍生出栏目抖音号、达人抖音号等多个抖音账号，与其官方媒体抖音号形成"一主多辅，多号并进"的抖音号矩阵。做强立体传播"矩阵"，让主阵地更加坚实。各种媒体抖音号相互引流，多重曝光，努力实现规模化协同发展。最后，媒体抖音号在生产精彩内容、强化议程设置效果的同时，还需进一步平衡抖音平台的娱乐性与重大新闻时事发布的严肃性。主流媒体必须充分把握社交媒体时代短视频受众的传播心理——网络社群小众化、关注议题圈层化等特征，在用户细分的基础上整合内容并进一步凝聚主流共识。

[林功成，中山大学传播与设计学院副教授；姚尧、聂鑫，中山大学传播与设计学院博士；李伟，中山大学传播与设计学院研究生。本文的参与者还有中山大学传播与设计学院李静宇、张悦、殷鑫豪、罗卉、陈俏丽，他们对于本文亦有部分贡献。本文是委托课题"中国媒体抖音发展报告2020"（负责人：张志安）的成果之一，同时系广东省舆情大数据分析与仿真重点实验室、广州大数据与公共传播研究基地的系列成果之一。]

2020年媒体MCN的发展状况、运营策略及建议

林功成　姚 尧　李静宇　吴浩旖

【摘要】

本文以2020年主流媒体所开设的MCN公司为研究对象，对其在抖音平台的账号进行了数据抓取。研究发现：MCN已成为广电融媒体改革的主要方向之一。截至2020年底，入驻抖音的媒体MCN已近百家。省级广电MCN机构主要集中在中部偏南地区及东部沿海地区，地市级广电MCN则主要集中在沿海地区。研究选择了芒果MCN和鹊华MCN进行案例分析，并发现媒体MCN在运营上主要采用了矩阵化垂直化运营，强化MCN机构账号和增强网红主持人IP价值等策略。

【关键词】

主流媒体；短视频；MCN；抖音

多频道网络（Multi-Channel Network，MCN）是内容产业重要的参与角色，为签约账号实现内容持续输出、资源扶持、内容分发、交互推广、合作管理等多种服务，最终实现账号商业变现的组织或公司。① MCN模式源于国外成熟的网红经济运作，其发展经历了三个阶段：2012—2013年短视频行业起步，MCN也随之发展，在内容变现上采用以"流量分成+广告"为主的商业模式；2015—2016年，短视频PGC创业浪潮兴起，逐步建立以专业内容垂

---

① 张美娟,黄靖,于千雯.MCN模式:出版知识服务运营创新研究[J].出版广角,2020(24):15-18.

直深耕的商业模式，从单一账号到多账号矩阵孵化发展；2017年以后，短视频行业高速成长，MCN进入资本、内容创作者以及流量平台多方面因素影响下的爆发期，机构定位类型也更加细分，涌现了一批广电系、电商系的MCN机构。①

以5G为代表的新技术使得新闻传播的权力持续发生着再分配，为了推动产业持续升级，挖掘新的发展路径，一批主流媒体先后入局MCN领域，在实践中不断摸索，找寻对主流价值观传播及盈利模式的全新可能性。其中，在传统媒体转型的背景下，广电类媒体凭借视频内容创作的先天优势布局MCN，选择与自身资源匹配的垂直内容矩阵，从内容IP打造到常态化运营，再到商业化探索，广电MCN雏形初现。截至2020年底，全国20余家省级广电布局了MCN业务。在内容逐渐市场化的大趋势下，广电MCN机构还将持续增长。就此，我们与抖音合作，以境内主流媒体所成立的MCN为对象，根据对账号数据的统计，对2020年媒体MCN的总体特点和发展态势进行了分析。

一、媒体MCN的总体态势

在市场MCN和直播带货的热潮下，媒体MCN依托电视媒体自身的资源优势迅速崛起，从地市台和地面频道发端，向更大范围拓展，它们期望通过优质内容输出和跨矩阵的IP打造实现商业变现。2020年，广电MCN延续蓬勃发展的态势，已经成为广电融媒改革的主要方向之一。

（一）增长趋势

根据对抖音平台上MCN公司账号的抓取结果可知，截至2020年底，入驻抖音平台的媒体MCN已近百家，覆盖全国20余个省，既有省级广电主导的MCN，也有地面频道、地市广电组建的MCN，且媒体MCN的增长速度在进

---

① 李金聪.5G背景下广电媒体如何以MCN模式发力短视频[J]. 传媒,2021(04):49-51.

一步加快。具体来看，媒体MCN机构数量与旗下账号数量均显著提升。截至2020年底，旗下签约账号超过100个的媒体MCN机构超过10家。其中，黑龙江广视新媒体旗下账号达600多个，是拥有账号最多的MCN机构。与2019年相比，入驻抖音平台的媒体MCN机构数量同比增长150%，媒体MCN机构旗下创作者同比增长500%。

（二）地区分布

面对移动互联时代碎片化传播的特征和平台经济的崛起，MCN成为传统媒体融合转型的重要方向。而在这场行业变革的浪潮之下，各省市广电媒体利用完备的技术优势、独有的人力资源和品牌公信力，大胆创新，格局初显。其中，北京、上海、广州、深圳、杭州等文娱产业发达的城市，MCN的密度高，体量也较大。而其他地区，如湖南、四川、山东、河南等地，也以省会为中心涌现了大批媒体MCN机构。媒体MCN机构数量不断上升，基本覆盖全国各省份，多个广电集团都成功打造出一批具备区域影响力的媒体MCN机构。

我们将行政级别与地区分布进行了交叉分析，省级广电MCN机构主要集中在我国中部偏南地区及东部沿海地区，地市级广电MCN则主要集中在沿海地带。与这些省份相比，湖北、江西等中部地区，新疆、西藏、青海等西北地区的媒体MCN发展还相对缓慢。总体而言，媒体MCN抖音号在地区分布上发展尚不均衡，媒体资源丰富的地区更容易建立MCN机构。媒体MCN入驻情况一定程度上反映了传统广电集团的转型速度，其中湖南广播电视台娱乐频道旗下芒果MCN是布局最早的媒体MCN，体现出传统媒体时代即占有优势地位的湖南广电对MCN转型的迅速反应。

（三）孵化能力和头部MCN公司

经过一段时间的摸索，媒体MCN在内容能力方面有了较大提升。截至2020年底，孵化或签约了粉丝量超过一百万的账号的媒体MCN机构就有26家，这26家媒体MCN中账号粉丝量超过百万的有450个。我们根据2020年度媒体MCN在抖音平台活跃账号数量、粉丝量、投稿量、播放量等数据维度综合计算，以下15家MCN机构得分居于前列。

表1　2020年媒体MCN机构排名

媒体MCN机构名称	上级媒体机构	媒体MCN抖音指数
芒果MCN	湖南广播电视台娱乐频道	1629.0
Lightning TV	山东广播电视台	1498.1
广视新媒体	黑龙江广播电视台	1465.0
马栏花开	湖南广播电视台经视频道	1463.2
荔星传媒	江苏广播电视总台	1446.4
莲花	四川广播电视台	1415.1
中广天择	长沙广播电视（台）集团	1393.2
鹊华MCN	济南广播电视台	1369.5
广州市广播电视台	广州广播电视台	1363.0
腾格里超媒	内蒙古广播电视台	1332.1
黄金眼	浙江广播电视台民生频道	1326.6
广东广电MCN	广东广播电视台	1326.2
梦马视频	江苏省广播电视总台交通广播	1322.1
威海电广传媒	威海市广播电视台	1291.3
钱江视频	浙江电视台教科影视频道	1274.7

芒果MCN以综合指数1629.0位列第一。芒果MCN是湖南广电旗下娱乐频道的新媒体和内容服务机构，打造了流量生产和变现的全产业链条。该机构已经初步形成互联网内容生产、发行、变现的完整生态链，旗下创作者数量约480个，其中有380个账户的粉丝量超过十万。位列第二的Lightning TV隶属山东广播电视台，以MCN机构化运营模式撬动省、市、县三级主流媒体创作能力，聚集山东全省正能量主持人、专业领域达人等优质内容创作者，疫情期间更是发挥了主流媒体MCN的优势，以百亿创作体量助力正能量宣传，形成主流价值的下沉传播。黑龙江广播电视台旗下的龙广电MCN则致力于打造区域媒体人及达人矩阵，签约账号数在全网媒体MCN机构中遥遥领先，并打造出"汉水路333"这一主持人群像账号，内容优质，深受

粉丝喜爱。

二、媒体MCN案例分析

有研究者认为，广电MCN机构的转型探索可分为"广电原生型"和"广电机构与商业MCN的嵌入合作型"。①前者以芒果MCN为代表，是指由广电机构将原有的节目制作团队转型成为短视频内容制作团队，并通过频道或全台层面的架构重组，为这些内容团队提供支撑服务。后者则是指一些"底子薄"的广电机构通过引入市场性MCN机构进行深入合作，由外部资源助推广电机构进行MCN化改革，济南广电与贝壳视频共同打造的鹊华MCN即属于此类。贝壳视频主要以生产影视剧穿帮吐槽内容以吸引用户。自2019年底，贝壳视频与济南广电、黑龙江广电等签署合作协议，开创了民营MCN机构和传统媒体结合的先例。②因此本文选择这两家典型MCN公司进行案例分析。

（一）芒果MCN

芒果MCN由湖南娱乐MCN转型而来，作为湖南广电旗下新媒体和内容服务机构，已经初步围绕互联网打造了流量生产和变现的全产业链条。自2018年底组建至今，在两年多的时间里，芒果MCN已基本稳固行业头部地位，这得益于其明确的发展策略，即坚持以内容建设为中心，打通上下游产业链，完成媒体传播价值的闭环。③目前，芒果MCN全网粉丝超过4.23亿，在广电MCN中排名第一。

脱胎于广电湘军的芒果MCN拥有天然的市场化娱乐基因，因而可以在转型后充分发挥自身在明星艺人资源方面的优势，通过陈小纭、蒋梦婕、张双利等艺人的加盟，精准把握明星娱乐赛道的定位，芒果MCN以"明星娱乐第

---

① 周逵,史晨.正当性的互嵌：广电MCN机构的创新动因与模式分析[J].新闻与写作,2020(10):47-56.
② 曲直.专访贝壳视频创始人、CEO刘飞：从IP内容到头部MCN机构"模式蜕变"[J].电视指南,2020(08):60-61.
③ 人民资讯.芒果MCN 2021品牌升级 打造市场TOP明星娱乐MCN[Z/OL].人民网人民科技官方账号.(2021-01-25).https://baijiahao.baidu.com/s?id=1689837785233058146&wfr=spider&for=pc.

一MCN"的战略定位进入大众市场。除此之外,芒果MCN搭建了达人孵化产业全链条,通过对签约达人进行定制化的内容制作和账号运营,利用各方资源实现KOL价值的最大化,成功打造以"张之助竟然""丸糯本丸""潘大甜"为代表的草根达人IP矩阵。明星、草根网红与头部MCN强强联合,在母婴、美妆、美食、娱乐、剧情、运动体育等内容赛道全面布局,其中,明星娱乐、母婴生活、萌宠等三个领域的表现最为突出。2020年下半年,芒果MCN还新增了抖音账号代运营、信息流推广等业务,为客户实现粉丝流量变现,层层赋能。①

表2　2020年芒果MCN旗下部分账号表现(同比增幅)

	视频数增长率	粉丝增长率	播放量增长率	点赞量增长率	评论量增长率	分享量增长率
张丹丹的育儿经	83.78%	182.86%	333.43%	232.49%	61500%	251.90%
主持人王燕	83.78%	238.75%	333.43%	232.49%	1953.33%	251.90%

基于市场用户品效合一的诉求,芒果MCN深耕短视频内容电商业务,"张丹丹的育儿经""马可""主持人王燕"等传统湖南广电主持人在芒果MCN短视频直播业务孵化下实现了在新媒体赛道上的破圈。②数据显示,2020年"王燕生活节专场直播"单场成交总额超500万元;"双十一"期间,芒果MCN主播矩阵累计成交总额超过2000万元,主持人马可成为湖南第一电商带货主播,张丹丹跻身为抖音母婴绘本赛道TOP达人。③广电MCN的主持人在专业素养和观众基础上都具有不可比拟的优势,电视台主持人的身份使其传播内容的可信度和影响力大大提升。同时,不同于电视节目中的严肃形象,电视台主持人在短视频中接地气的表达也提高了观众的新鲜感。

---

① 张颖.广电MCN五大案例解析,视听指南[Z/OL].(2020-12-22).https://www.sohu.com/a/439874754_697084.
② CMTE新媒体技术展.芒果资讯|芒果MCN 2021品牌升级　打造市场第一明星娱乐MCN[Z/OL].微信公众号"CMTE新媒体技术展",2021-02-07.
③ 人民资讯.芒果MCN 2021品牌升级 打造市场TOP明星娱乐MCN[Z/OL].人民网人民科技官方账号.(2021-01-25).https://baijiahao.baidu.com/s?id=1689837785233058146&wfr=spider&for=pc.

"张丹丹的育儿经"是芒果MCN内容矩阵中影响力最大的账号,该账号定位于2—3岁婴幼儿的教育问题分享,以核心IP主持人张丹丹的育儿经验为主题,分析用户育儿过程中的"痛点""难点"作为获客渠道,首个短视频在发布48小时内,带货金额超过55万元,月营收额超过百万元,仅仅三个月的时间就进入了母婴类头部阵营。① 内容分析显示,"张丹丹的育儿经"的短视频内容带有明显的困境设置和问题导向,如"孩子总爱哭怎么办?""孩子看的动画片怎么选择?""二胎难相处怎么办?"等。在视频中,张丹丹以一位养育着两个孩子的"硬核"妈妈身份向受众娓娓道来她"过来人"的经验,通过设置生活中的具体情境并用极具亲和力的语态让焦虑的家长们得到情感的释放。此外,张丹丹还通过绘本系列短视频辅助商业变现,如"如何让孩子更快记忆更好理解?这套学习必用书你值得拥有"等。

湖南广电主持人马可的抖音号内容则以方言歌曲为特色,"方言唱长沙""方言唱家乡特色""原来方言可以这么有气势""原来方言也可以唱出深情"是其短视频的主要配文。演唱会、节目现场录制和配MV翻唱是其主要的内容形式。"主持人王燕"的视频则专注女性情感领域,作品类别有"精致女人""生活小妙招""婚姻之道""爱情相处""女性必看"等,视频内容可分为"婆媳关系""夫妻关系""情侣关系""女性自我关系"等的处理。其中,婆媳关系类短视频的代表作品有"婆家对你不好,只有一个原因";夫妻关系类短视频则有"家庭中夫妻关系高于一切";女性情感忠告类短视频侧重女性风险意识强化,如"成为全职太太的风险""长得漂亮,不如活得漂亮""这四种男人千万别嫁"等。

随着互联网的"去中心化"趋势越发明显,芒果MCN的业务团队采用扁平化、模块化的管理,依据业务的开展状况进行取舍、精简和整合。依托于具有市场信赖度的传统媒体,芒果MCN始终注重运用和发挥传统电视媒体优势,积极引进、熟练利用新的IT技术,通过把优质内容推向互联网、移动端,搭建起"电视大屏+互联网小屏+线下活动"的新电视服务体系,将电视

---

① 周逵,史晨.正当性的互嵌:广电MCN机构的创新动因与模式分析[J].新闻与写作,2020(10):47-56.

观众转化为用户，不断提升权威性和公信力，促进传统媒体影响力向新媒体的延伸和拓展。

（二）鹊华MCN

鹊华MCN是济南广播电视台为加速推进媒体融合转型发展而成立的IP孵化机构，致力于构建"圈层共融、开放共享、合作共赢"的短视频孵化新业态。①作为全国首个城市广电与头部短视频机构共建的MCN品牌，"鹊华MCN"适应舆论生态和媒体格局的深刻变化，助力济南新媒体之都城市形象的打造。其旗下创作者数量70余名，截至2020年底创作者累计粉丝数达1000万，粉丝量超过十万的创作者共计15个。

在内容建设方面，鹊华MCN坚持IP化、垂直化、竖屏化的生产方式，讲好济南故事。通过短视频IP建设，助力主流媒体挺进主战场："济南广播电视台""济南电视台生活频道"等一大批旗下媒体账号积极输出媒体资讯类优质内容，单条播放量过亿作品屡见不鲜；打造主持人账号，知名主播分享"幕后"生活，影响力不断提升；疫情期间，旗下30多位主持人录制疫情防控短视频1300余条；公益歌曲《防疫Disco》MV单条视频播放量超2200万次；联合三大平台，发起《我的战"疫"生活》短视频征集展播，共收到6万多件作品，累计播放量超4.5亿次；孵化"马欣教授""高芹医生"等医疗专家学者账号，传递健康知识，助力"康养济南"建设，深受用户的认可和喜爱。②鹊华MCN对城市经济赋能最典型的案例是在疫情期间通过主持人直播带货与打造网红县长，助力济南农副产品拓宽营销渠道，助力复工复产，促进济南经济回温向暖。③

---

① 全国首例！城市广电与头部机构共建短视频孵化品牌——"鹊华MCN"亮相济南[Z/OL]. 济南网.(2020-11-16).http://jnbt.ijntv.cn/news/2019-11-16/524055.html.
② "鹊华MCN"亮相2020年中国广播电视学术年会 济南广电融合发展模式备受瞩目[Z/OL]. 天下泉城新闻客户端.(2020-12-21).http://jntxqc.tianxiaquanchengApp.com/rd1/264850.shtml.
③ MCN转型背景下的广电"众生相"[Z/OL].微信公众号"传媒1号",2021-02-01.

表3 2020年鹊华MCN部分账号表现

	视频数增长率	粉丝增长率	播放量增长率	点赞量增长率	评论量增长率	分享量增长率
主持人yoyo酱	270.59%	729.31%	1949.86%	645.30%	1004.17%	13275.23%
新闻主持人张紫琦（小紫妹）	2%	63.99%	112.49%	225.57%	280.65%	−67.1%
娘家记者晓宁	55.56%	45.93%	314.74%	245.72%	−100.00%	6633.33%
王子同学W	118.75%	1310.85%	7713.13%	11811.13%	−86.11%	3230.00%

鹊华MCN已成为济南广电参与打造济南"直播经济的总部基地"。[①]鹊华MCN依托和延伸传统广电优势资源，致力于通过短视频输出一系列年轻、时尚、潮流的济南主持人IP，助力济南新形象建设。[②]"新闻主播劲彬"的抖音短视频大多以济南新闻的直播间为背景，围绕时下社会讨论的热点话题进行短新闻播报；"主持人yoyo酱"的内容则以短剧策划为主，将主持人的工作片段以搞笑、戏谑的方式呈现在大众面前，凭借靓丽的外形和精心的视频剪辑编排，其短视频条均点赞量上万次；"新闻主持人张紫琦（小紫妹）"则通过演艺才能在短视频中展现个人形象魅力，唱歌和舞蹈是其主要视频内容表现形式；"娘家记者晓宁"的视频内容多为"说新闻"的形式，通过对当地民生新闻的快评打造邻家记者形象；"王子同学W"也凭借出众的外貌和表演才能获得大量点赞，其视频内容有现场歌曲演唱、街拍、男生穿搭等多种类型。

鹊华MCN积极建立"媒体+直播+电商"模式，将网红孵化与直播经济相结合，延伸打造了"鹊华严选"电商品牌，输出"选品、价格、物流、售

---

① "鹊华MCN"创新案例被编入全国网络与新媒体系列教材！[Z/OL]. 济南广播电视台官方账号.(2021-03-09).https://xw.qq.com/cmsid/20210319A04HMA00?f=newdc
② MCN转型背景下的广电"众生相"[Z/OL]. 微信公众号"传媒1号",2021-02-01.

后"一条龙的电商服务,通过媒体传播品牌价值,通过电商实现商品价值。①在电商直播方面,鹊华MCN已经进行了供应链整合、自有电商链路搭建、与商场合作开播等创新尝试。2020年4月21日和24日,济南广播电视台两位主持人——"济南闺女"小鱼儿和新晋小花旦yoyo现身"银座云扫货"抖音直播,与本地主要商业机构合作,打破传统销售模式,用新的营销方式助推复工复产,有效促进消费扩容提质,为全市经济社会发展赋能。②助力乡村振兴也是鹊华MCN的亮点之一,针对济南市对口支援的湖南省湘西州策划重点扶贫项目,开展"茶旅古丈、情动泉城"系列专场直播、"我在古丈有亩茶"茶园认领计划等活动,巩固脱贫攻坚成果;发起"微爱助农""百名县长的山东味"等助农、助企、助商系列直播带货活动百余场。

本地政府部门、大型平台型企业是广电媒体的天然强势资源,济南广电通过整合政府部门与平台的资源,把旧有客户向新的经济业态嫁接,组织了一系列有声有色的新媒体城市品牌宣传和电商服务类活动。为助力打造济南直播经纪总部基地建设,鹊华MCN与央视新闻、济南市文化和旅游局联合策划"'二安'带您游泉城——济南文旅'云端好物节'"等多场直播活动,成功打造城市IP。

三、媒体MCN的运营策略及建议

主流媒体在社交媒体时代积极探索、适应和寻求改变,逐渐创新其内容生产的形态、延伸其内容传播的渠道。短视频行业的急速发展为媒体机构转型提供了新方向,各大主流媒体开始入驻短视频平台进行产业布局和实践。基于对抖音平台的观察和对上述案例分析,2020年媒体MCN在运营策略上主要有以下两个特点。

第一,MCN机构走向矩阵化垂直化运营。

---

① "鹊华 MCN"创新案例被编入全国网络与新媒体系列教材![Z/OL].济南广播电视台官方账号.(2021-03-09).https://xw.qq.com/cmsid/20210319A04HMA00?f=newdc

② 央级新媒体平台集中推介济南广电"鹊华 MCN"直播带货经验做法[Z/OL].微信公众号"济南广播电视台",2020-04-30.

以优质内容作为衡量标准，探索与创新是目前媒体MCN的主旋律。当平台经济进入存量争夺的下半场，优质的内容生产能力成为媒体MCN突破重围的关键，如何将媒体属性与带有互联网基因的MCN属性有机耦合，避免内容制作的浅表化和过度娱乐化，已成为媒体MCN面临的主要问题。从表现优秀的媒体MCN来看，成功的经验包括致力于内容垂直化，通过优质原创积累核心用户资源，以实现可持续的引流和变现。例如，账号"先锋乒羽"深耕体育类，及时跟进最新的热点赛事，并进行直播讲解和精彩竞技片段的制作；"第一财经"则主打财经内容，通过专业财经主持人出镜，加上有趣的剪辑，在保证信息权威的同时，也很好地契合了娱乐化叙事的传播风格，形成了差异化的表达策略。

第二，强化MCN机构主账号的同时，增强网红主持人的IP价值。

媒体机构的MCN布局已成为主流媒体经营策略的主要转变方向之一。MCN模式的日渐成熟，也为媒体机构运营和转型带来新契机。在坚持原有账号特色，维持原有粉丝量的同时，媒体机构纷纷涉足MCN，孵化相关的机构账号，打造媒体人IP，形成矩阵化传播，多账号联动，扩大了自身话语声量。其中，比较成功的黑龙江广视新媒体，其旗下账号已超过600个，其中粉丝量超过百万的账号已达450个。该MCN机构重点打造具有东北特色的剧情化内容产品，同时针对台内自有IP进行产品孵化。例如，主持人叶文在音频端具有良好的听众基础，龙广电MCN即围绕叶文进行IP开发，打造具有黑龙江广电特色的自有IP，同时将这种模式加以推广，扩大台内更多主持人的全媒体影响力。总的来看，依托媒体自身资源优势，进行账号裂变扩大营收，成为媒体MCN机构在2020年运营的新趋势。

不过，相对于市场上灵活成熟的MCN机构，媒体MCN仍存在观念落伍、制度壁垒和转型"不适"等缺陷。媒体MCN不仅需要在内容逻辑上转变，更需要相应配套的体制机制、薪酬改革、组织架构。作为媒体融合转型的新业态，广电MCN如何充分利用传统媒体在网络技术舆论引导、主流价值观确立和综合信息服务等方面的优势，推动媒体融合向建立跨媒体、跨体制的新型综合性媒体集团发展，仍值得进一步探索。就此，针对MCN的未来发展，我们提出如下建议。

第一，媒体MCN不宜过度娱乐化，而是要孵化传播正能量内容的账号。

目前，媒体MCN实现了从商业化探索到内容IP打造，再到常态化运营的转变。媒体MCN布局初见规模，这是媒介转型利好的象征，旗下孵化的账号也让传统媒体重新掌握了在新媒体平台的话语权。不过，媒体机构有采编权和政府的资金支持，在享受MCN带来经济红利的同时，未来媒体MCN的运营也要用好自身的话语权，警惕媒介娱乐化的陷阱。媒体孵化MCN账号是为了获取流量要符合大众口味，但不能过度迎合低俗趣味去媚众。一味地生产娱乐化内容会消解账号主题背后政府和媒体的权威性。因此，未来媒体MCN机构运作时应多培育正能量偶像，孵化传播正能量内容的账号。媒体MCN商业化运作时，旗下账号务必保证内容的正确导向，在突发公共事件中更要肩负起自身作为媒体的公共性价值。

第二，媒体MCN机构在获得账号流量成功的同时，还应加大对粉丝社群运营的投入，增强粉丝黏性和互动。

互联网短视频领域中，相同类型的网红数不胜数，主播的风格化和人格化形象塑造是吸引受众长期留存的关键。成功的粉丝社群运营对后期的商业价值变现具有直接转化作用，稳固的粉丝社群可以使粉丝群体建立起对媒体MCN博主的情感信任，从而成为忠实观众，继而转化为周边产品的消费者。因此，媒体机构可以利用抖音后台反馈的数据，精准分析自身账号粉丝群体的年龄、地域、学历等属性分布。熟悉自身粉丝画像后，根据不同账号不同粉丝群的特点，制定精准化传播策略。例如，对以青年粉丝为主的媒体账号，多生产青年关心的就业、房价等视频内容；对以中老年粉丝群体为主的抖音账号，多生产老年人关注的民生、养老内容。此外，媒体机构还可以与大数据分析公司联合，实时监测分析粉丝的转发互动曲线、点赞、互动峰值，视频分时段观看数据等，借助分析结果，描摹粉丝心理，提高视频分发与消费效率。

[林功成，中山大学传播与设计学院副教授；姚尧，中山大学传播与设计学

院博士；李静宇、吴浩漪，中山大学传播与设计学院研究生。本文的参与者还有中山大学传播与设计学院李伟、张悦、殷鑫豪、罗卉，他们对于本文亦有部分贡献。本文是委托课题"中国媒体抖音发展报告2020"（负责人：张志安）的成果之一，同时系广东省舆情大数据分析与仿真重点实验室、广州大数据与公共传播研究基地的系列成果之一。］

地位、理念与行为：
中国调查记者的职业认同变迁研究

曹艳辉　张志安

【摘要】

　　本文基于中国调查记者的两次全国性"普查"数据，旨在从职业地位、职业理念、职业行为三个维度考察此群体的职业认同变化及影响因素。研究发现，调查记者的职业地位认同呈现危机态势，主要表现为职业能力、职业声望评价的显著下降；职业理念认同较为稳定，"准确、公正、客观"仍是最重要的新闻价值追求，相比过去更重视报道平衡性与吸引力；职业行为认同部分指标有所波动，对同行协作的必要性评价下降，却更加认可协作可以降低职业风险。性别、媒介角色认知、职业理念认同会显著影响调查记者的职业地位认同。

【关键词】

　　调查记者；职业认同；历时变迁；影响因素

一、引言

　　职业认同不仅可以增强新闻人的职业归属感，还可以内化为自我约束的道德力量，影响个体的新闻实践。[1]多学科研究还发现，职业认同有助于提升

---

[1] 丁汉青,王军.冲突与协调：传媒从业者后备军职业认同状况研究——以北京某高校新闻学院在校生为例[J].国际新闻界,2019,41(02):113-131.

员工的工作满意度、降低离职倾向①，甚至能够帮助从业者应对行业变化的不确定性。②从长远的行业发展来看，职业认同更关系到从业者的社会地位及职业合法性。但从业者职业认同是建构的产物，因此"灵活、多元，而非固定、单一，与职业意识形态、组织归属、社会地位等紧密联系"，并随着个体与职业环境不断作用而变化。③互联网，尤其是移动互联网的兴起，打破了新闻从业者的职业边界。新闻业不仅陷入受众流失、广告下滑等商业危机，更面临职业权威消解、职业认同下降等文化危机。④在人人都可以是新闻人的大背景下，新闻从业者的专业地位受到质疑，对职业价值和意义产生怀疑与困惑。⑤新闻从业者自嘲为"新闻民工"、知名媒体人高调离职等行业现象，更是凸显新闻业的职业认同危机。⑥

调查记者向来是新闻从业者中颇受关注的群体，因揭露事实真相、伸张公平正义、推动社会进步等专业实践，自认为也被其他新闻从业者奉为角色模范，在同行中享有更高的声望、地位及收入。⑦2010—2011年，张志安、沈菲的首次全国性调查记者普查发现：这一群体虽然规模不大，但具有相似的职业理念，不轻易受名利诱惑，倾向于通过同行协作的方式扩大报道空间、促进行业共同体的形成。⑧但自2012年起，传统媒体经营危机凸显，调查记者在行业内部"双重推力"与外部职业"单维拉力"作用下开始大规模向外流动，2015年又出现流出小高峰。⑨由此，本文欲探讨新闻危机话语弥漫、职业

---

① 魏淑华，宋广文.教师职业认同与离职意向：工作满意度的中介作用[J].心理学探析,2012,32(06):564-569.
② Grubenmann,S., Meckel,M.. Journalists' Professional Identity[J]. Journalism Studies, 2017,18(6):732.
③ Fredriksson,M., Johansson,B.. The Dynamics of Professional Identity[J]. Journalism Practice, 2014,8(5):587.
④ 曹艳辉.职业权威与工具理性：新传媒生态下调查记者的"忠诚话语"研究[J].新闻记者,2019(07):26-37.
⑤ 彭增军.权力的丧失：社交媒体时代新闻人的职业危机[J].新闻记者,2017(09):65-69.
⑥ 韩晓宁，王军.从业体验与职业志向：新闻实习生的职业认同研究[J].现代传播（中国传媒大学学报）,2018,40(05):151-155.
⑦ Tong,J., Sparks,C.. Investigative Journalism in China Today[J]. Journalism Studies, 2009,10(3):340.
⑧ 张志安，沈菲.中国调查记者行业生态报告[J].现代传播（中国传媒大学学报）,2011(10):51-55+73.
⑨ 曹艳辉."双重推力"与"单维拉力"：中国调查记者的职业流动研究[J].新闻大学,2019(07):53-67+122-123.

忠诚度下降等新传媒生态下，中国调查记者的职业地位认同是否呈现明显的危机态势？他们曾信奉的职业理念是否会有所动摇？对同行协作行为的认同程度是否也会有所变化？针对这些问题，笔者拟以两次全国性调查结果做历时性比较分析，探究中国调查记者的职业认同变迁及影响因素。

二、文献回顾

（一）职业认同的理论起点与内涵

关于职业认同（professional identity）的理论起源，有两种常见的说法。一种认为职业认同是由埃里克森提出的"自我认同"（ego identity）概念上演化而来的，该理论认为青少年在建立自我认同的过程中会逐渐认识到自身在职业社会中的角色定位。[1]而另一种则倾向于认为职业认同起源于"社会认同"理论，因为职业认同是社会认同的重要构成领域，可以理解为"个体归属于某个职业群体的知识，以及归属于某个职业群体所获得的情感、价值意义"。[2]

尽管职业认同的理论起源存在一定争议，但其理论意涵却有相通之处，都意旨"个体从职业语境中去理解自我"[3]及"个体对所从事职业的肯定性评价"[4]。一些研究者还指出，职业认同不仅是一种状态，还是一种过程。从过程层面讲，职业认同是"从业者与其职业持续地动态地相互作用的过程"，这种相互作用可能开端于个体从事该职业之前，始终伴随其职业生涯的全过程，过程的每一个时间点上，从业者的职业认同程度是变动的。[5]因此结合职业认同理论起源与"过程说"的理解，我们可以将其定义为"个体对

---

[1] 陶建杰,张涛.上海地区新闻专业本科生的职业认同及其影响因素[J].国际新闻界,2016,38(08):116-133.
[2] Grubenmann,S., Meckel,M.. Journalists' Professional Identity[J]. Journalism Studies, 2017,18(6):733.
[3] Fredriksson,M., Johansson,B.. The Dynamics of Professional Identity[J]. Journalism Practice, 2014,8(5):587.
[4] 潘杨.高校教师职业认同、组织认同与创新行为研究[D].西南财经大学,2014.
[5] 樊亚平.从历史贡献到职业认同研究——新闻史人物研究的一种新视角[J].国际新闻界,2009(08):101-104.

职业的认可、感知和接受的过程及状态"。①与相对稳定的记者职业角色研究路径不同,职业认同研究更倾向于采用动态视角来考察从业者职业意识与行业变化的相互作用。

(二)职业认同的测量维度及影响因素

职业认同有多重维度,既包括个体对职业理念、职业能力、职业情感、职业行为等内部维度认同,也包括个体与"他者"关系地位比较所产生的外部维度认同。②已有研究主要针对教师、医生、警察等群体的职业认同情况设计了相关测量量表。如魏淑华等人针对国内教师群体,从职业价值观、角色价值观、职业归属感、职业行为倾向四个维度,编制了《中小学教师职业认同量表》。③

受此启发,国内新闻学研究者将教师职业认同量表改编应用于新闻专业学生/新闻实习生的职业认同情况研究,并进一步探究影响未来记者职业认同的因素。陶建杰和张涛率先针对上海地区新闻专业本科生进行研究,将职业认同划分为职业价值、职业自信、职业兴趣和职业预期四个维度,其中职业价值包括"我认为新闻职业非常崇高""我认为新闻工作者的社会地位高"等关于职业地位认同的陈述;该研究发现,新闻专业学生的职业认同度普遍较低,校内教育和校外实习对他们的职业认同有显著促进作用。④与此相似,韩晓宁、王军对9所高校新闻实习生的职业认同进行调研,从"认知、情感和行为倾向"等方面设计11个题项,将提取的公因子分别命名为"职业价值观""角色价值观""职业归属感""职业行为倾向",与魏淑华等人的测量结果基本一致;该研究发现,从业体验层面的实习经历、职业志向层面的理想媒体类型及媒体功能认知,都会显著影响实习生的职业认同水

---

① 韩晓宁,王军.从业体验与职业志向:新闻实习生的职业认同研究[J].现代传播(中国传媒大学学报),2018,40(05):151-155.
② Nygren,G., Stigbrand,K.. The Formation of a Professional Identity[J]. Journalism Studies, 2014,15(6):841-858.
③ 魏淑华,宋广文,张大均.我国中小学教师职业认同的结构与量表[J].教师教育研究,2013,25(01):55-60+75.
④ 陶建杰,张涛.上海地区新闻专业本科生的职业认同及其影响因素[J].国际新闻界,2016,38(08):116-133.

平。①近期，丁汉青等研究者又以北京某高校在校本科生和硕士生为样本，从"职业认知""职业情感""职业行为"三个方面探究了新闻院系在校生的职业认同情况，发现三种不同类型的职业认同危机。②

此外，国内外一些质化研究也考察了新闻从业者对职业理念、职业角色、职业地位等方面的认同情况及影响因素。如舍伍德和奥唐纳（Sherwood & O'Donnell）将职业认同定义为从业者所持有的"一套价值观和工作实践"，并采用开放性问题询问失业后的记者是否还认同"新闻伦理规范、媒体监督功能（the watchdog function）、记者职业身份"等，其研究发现澳大利亚失业记者的职业认同普遍消退，可见记者的职业认同与组织合法性关系密切。③尼格兰和斯蒂格布兰德（Nygren & Stigbrand）认为职业认同包括内部认同和外部认同，并从择业动机、能力性格、新闻理想价值（journalistic ideals and values）、与政治商业等领域的关系四个方面比较了不同媒介体系国家新闻专业学生的职业认同，其研究发现全球化时代未来记者并没有单一或相同的职业认同，而是受普适新闻价值观与各国政治社会文化影响的"混合型"职业认同。④而国内的一些质化研究发现，当下中国新闻从业者素质参差不齐、社会对记者的评价越发多元，导致从业者面临深刻的社会认同危机，记者们自我贬斥为"新闻民工"；而记者职业神圣感丧失、职业伦理下滑等系列问题又反向加速了记者职业地位的下滑。⑤有研究者以《中国青年报》记者群体为例，通过深度访谈中从业者的"自我言说"，发现"国家—媒体"边界关系、读者正向反馈、群体内部互动对记者职业身份认同建构发挥重要作用，但普遍存在"半官、半商、半文、半武"的身份尴尬，给记者群体

---

① 韩晓宁，王军. 从业体验与职业志向：新闻实习生的职业认同研究[J]. 现代传播,2018,40(05):151-155.
② 丁汉青,王军. 冲突与协调：传媒从业者后备军职业认同状况研究——以北京某高校新闻学院在校生为例[J]. 国际新闻界,2019,41(02):113-131.
③ Sherwood,M., O'Donnell,P.. Once a Journalist, Always a Journalist?[J].Journalism Studies, 2018,19(7):1024+1026+1028-1033.
④ Nygren,G., Stigbrand,K.. The Formation of a Professional Identity[J]. Journalism Studies, 2014,15(6):841-858.
⑤ 赵云泽,滕沐颖,杨启鹏,解雯迦. 记者职业地位的殒落："自我认同"的贬斥与"社会认同"的错位[J]. 国际新闻界,2014,36(12):84-97.

的职业认同带来挑战。①

综上所述，新闻从业者的职业认同包括内部认同与外部认同等多重维度，新闻人的职业认同危机已然引起学界的关注和担忧。但国内已有量化实证研究多聚焦于传媒后备军——新闻学院在校生或新闻实习生，对新闻精英人才的职业认同研究较少。调查记者乃新闻从业者中的角色模范，其行为和理念可能更具行业风向标效应。基于此，笔者将从职业地位、职业理念、职业行为三个维度考察中国调查记者的职业认同变迁及影响因素。

三、研究方法

本研究主要采用问卷调查法，一手数据源自笔者对中国调查记者的第二次全国性调研，对比数据来自张志安、沈菲的首次全国性调查记者"普查"。笔者此次调研距离张志安、沈菲的首次调研已经相隔6年，而这6年正是调查记者行业生态的激荡变化期：一方面是传统报刊纷纷撤销或裁减深度调查报道部门，另一方面是澎湃、界面等新兴媒体机构为调查记者开辟了新的职业空间。②

与首次全国性调研相似，本研究将调查记者界定为"主要从事调查性报道的记者，报道题材以社会、时政、财经等领域的负面题材为主，有被遮蔽的真相要记者进行突破调查"；调研名单的确立同样建立在张志安、沈菲的首次调研基础上，首次"普查"共核查报刊媒体总数80家，成功回收有效调查问卷259份。③本次调研程序具体分三步走：先是媒体样本库的确立，根据传媒行业生态变化及原来名单人员的职业流动，适当扩充了媒体名单库，最终核查媒体样本覆盖《新京报》、《南方都市报》、《中国青年报》、财新传媒等85家传统报刊媒体，新增澎湃新闻、界面新闻、封面新闻等11家新媒

---

① 甘丽华.记者职业身份认同的建构与消解——以《中国青年报》记者群体为例[J].新闻记者,2014(08):40-46.
② 张志安,曹艳辉.新媒体环境下中国调查记者行业生态变化报告[J].现代传播,2017,39(11):27-33.
③ 张志安,沈菲.中国调查记者行业生态报告[J].现代传播(中国传媒大学学报),2011(10):51-55+73.

体；然后联系各媒体编辑部主编或调查报道部门负责人，根据研究定义初步确立调查记者名单，并获得记者联系方式；最后由笔者与初步名单人员一一沟通是否符合我们的对象界定，并请他们根据人际关系网络推荐调查记者同行名单与联系方式，由此确立最终的调研名单并发放调查问卷。

整个调研过程历时半年，前期媒体样本名单确立、调查记者名单核实及联系方式获取花费了近4个月的时间，调研问卷的填写回收主要集中在2017年3—4月。名单核实过程证实，不少传统媒体已经没有主要从事调查性报道的记者。经确认，85家传统媒体机构只有55家保有调查记者，共130名，其中122人填写并返回有效调查问卷；11家新媒体机构拥有调查记者43名，其中39人接受调查并返回有效问卷；另有2名记者主要依托自媒体平台发布调查报道线索或调查报道，自我定位为"独立调查记者"且被不少同行认可，也填写并返回问卷。由此，本次调研最终成功回收有效问卷163份，问卷回收率高达93.1%。根据已有职业认同文献回顾，本研究对调查记者职业认同三个维度的具体测量指标设计如下。

（一）"职业地位认同"

该指标的测量参考社会认同理论。泰弗尔（Tajfel）、特纳（Turner）等人认为，个体归属于某一群体会获得群体资格所赋予的情感与价值意义，而这种认同很大程度上来自内群体和相关外群体的比较。①由此，本研究设计3道陈述对调查记者和条线记者进行比较，如"调查记者比一般条线记者更受人尊敬"，并采用十点量表，询问受访者对相关陈述的认同程度，1表示"非常不认同"，10表示"非常认同"。

（二）"职业理念认同"

新闻从业者内部或多或少有一些共享的新闻价值理念，比如客观性、及时性、准确性等，这些价值理念是构成新闻从业者职业认同的基石，也是合

---

① [澳]迈克尔·A.豪格，[英]多米尼克·阿布拉姆斯.社会认同过程[M].高明华，译，北京：中国人民大学出版社，2011:4.

法化他们行为和赋予新闻业可信度的"策略性仪式"。① 本研究采用10道陈述测量调查记者对"报道客观""保持公正"等新闻价值追求的评价，同样采用十点量表，1表示"非常不重要"，10表示"非常重要"。

（三）"职业行为认同"

首次全国性调查发现，中国调查记者是同行协作较为紧密的"共同体"。本研究采用11道陈述测量调查记者对同行协作行为的评价，如同行协作有助于"克服采访报道的困难""扩大行业的报道空间""推动职业共同体的塑造"等，同样采用十点量表，1表示"非常不同意"，10表示"非常同意"。

除此之外，笔者还对11名调查记者进行深度访谈。每位受访者的访谈时间为1—3个小时，旨在深入理解调查记者个体对职业地位、职业理念、职业行为的具象感知，以此解读统计数据背后的原因。

四、研究发现

（一）调查记者的职业认同变迁

1.职业地位认同显著下降

整体来看，调查记者仍然倾向于认为他们比一般条线记者的"综合素质更高""对社会更重要"，且"比一般条线记者更受人尊敬"。但与2010—2011年的首次全国性调研结果相比，当前调查记者群体的职业地位认同呈现明显危机态势，主要表现为他们对自身综合素质、职业声望的评价显著降低，对"调查记者比一般条线记者更受人尊敬"这一陈述的认同程度均值仅有5.71分（1—10分量表）。

访谈发现，大多数调查记者仍相信"新闻从业者内部从来没有否认过调查记者绝对王牌的地位，因为调查记者有能力去揭露被遮蔽的真相"，但同

---

① Deuze, M.. What is journalism?:Professional Identity and Ideology of Journalists Reconsidered[J]. Journalism,2005,6(4):446-447;Nygren,G., Stigbrand,K.. The Formation of a Professional Identity[J]. Journalism Studies, 2014,15(6):841-858.

时也感叹"中国很多好的调查记者都离开了,不仅调查记者所获得的尊重感在下降,整个记者的职业声望都在下降"(受访者1号,财新传媒)。由此可见,"采访突破能力"和"揭露事实真相"是调查记者职业地位认同的重要资本,也是他们区别于一般条线记者的重要能力。而职业能力、职业声望认同感的下降,除了受新媒体环境下新闻生产职业边界被打破之影响,另一个更直接的原因是优秀调查记者的离职转型。正如受访者2号(中国青年报)所言:"媒体平台对优秀调查记者的吸引力下降,2013年我出去跑的时候,还能看到那些名记者,越往后面,他们都不见了,改行做公关去了。"

表1 调查记者"职业地位认同"的历时性比较

职业地位认同	2016—2017年调研		2010—2011年调研		两次调研结果比较
	均值	标准差	均值	标准差	p值
调查记者比一般条线记者的综合素质更高	6.74	2.572	7.54	2.253	0.000***
调查记者比一般条线记者对社会更重要	6.66	2.642	6.79	2.479	0.520
调查记者比一般条线记者更受人尊敬	5.71	2.577	6.41	2.478	0.001**

注:*表示$p<0.05$,**表示$p<0.01$,***表示$p<0.001$;2010—2011年调研数据均来自张志安、沈菲对中国调查记者的首次全国性普查,下文不再赘述。

2.职业理念认同比较稳定

两次调研结果对比显示,调查记者对各项新闻价值追求的重要性排序呈现高度一致性,可见职业理念认同的延续性和稳定性。对于调查记者而言,"保持事实准确"(M=9.49)是第一位的,紧随其后的是"保持公正"(M=9.10)和"报道客观"(M=9.04)。排在第二梯队的新闻价值追求有"挖掘更深入"(M=8.85)、"报道要平衡"(M=8.64)。

相对来说,"抢时效"(M=7.14)、"报道有新意"(M=7.26)等新闻价值并非调查记者首要看重的价值追求。因为调查性报道通常需要花费较长的时间去调查取证,其报道价值在于深度还原事情的来龙去脉和揭示被遮蔽的真相,而非快速提供碎片化信息。从历时性比较来看,当前调查记者对"报道要平衡""写作引人入胜"等新闻价值的重视程度要显著高于2010—2011年的调研,前者折射出他们对"立场先行、观点偏激"自媒体舆论场的批评反思,后者体现了他们对"多元主体参与新闻生产、争夺读者注意力"行业生态变化的观念调适。

新媒体环境下如何保持调查性报道的专业性与文本吸引力,引发了一些受访者思考,如"好的调查报道,证据要扎实,别人没办法反驳你;文本也要好,一些无关紧要的话不要写,保持克制、客观、理性,不去煽情"(受访者4号,界面新闻);"现在碎片化信息不断涌现,谁都可以加入到报道中来,对调查记者的要求越来越高,要提供有吸引力的增量信息。你看十几年前《南方周末》的一些报道,当时大家都觉得写得特别好,但是多年之后再看其实也没那么好。为什么那会儿觉得那么好?因为没有那么多信息接触渠道。现在如果再写到《南方周末》当年那个水平,对于读者来说这些信息我早就知道了,没有提供多少增量信息"(受访者10号,凤凰周刊)。

表2 调查记者"职业理念认同"的历时性比较

职业理念认同	2016—2017年调研		2010—2011年调研		两次调研结果比较
	均值	标准差	均值	标准差	p值
保持事实准确	9.49	.812	9.41	1.063	0.206
保持公正	9.10	1.142	9.19	1.238	0.339
报道客观	9.04	1.340	9.24	1.273	0.062
挖掘更深入	8.85	1.151	8.86	1.233	0.936
报道要平衡	8.64	1.498	8.21	1.959	0.000***
得到独家报道	8.05	1.728	7.87	1.831	0.188
写作引人入胜	7.65	1.616	7.29	1.818	0.005**
报道要全面	7.31	1.919	7.25	2.089	0.706
报道有新意	7.26	1.825	7.41	1.999	0.308
抢时效	7.14	2.091	7.11	2.112	0.868

注:*表示$p<0.05$,**表示$p<0.01$,***表示$p<0.001$。

因子分析结果显示,调查记者对新闻价值方面的理念认同包括两个重要维度:一是"专业导向",包括报道客观、事实准确、报道平衡、保持公正等;二是"商业导向",如报道有新意、写作引人入胜等。由于"得到独家报道""抢时效"在两个公因子上的载荷相似,区分度不高,所以被剔除。从统计结果来看,调查记者的新闻价值认同呈现出鲜明的专业导向。

表3 调查记者职业理念认同的因子分析与归类

职业理念认同归类	职业理念认同子项目	载荷	Cronbach's Alpha	均值	标准差
专业导向	报道客观	0.842	0.84	9.03	0.950
	保持事实准确	0.838			
	报道要平衡	0.753			
	保持公正	0.736			
	挖掘更深入	0.593			
商业导向	报道有新意	0.882	0.76	7.41	1.475
	写作引人入胜	0.753			
	报道要全面	0.742			

注:KMO=0.83,$p<0.001$,可累计解释66.3%的方差。

3.职业行为认同部分指标有所波动

数据显示,调查记者仍普遍认为同行协作是必要的(M=6.87),有助于他们"克服采访报道的困难"(M=7.02)、"更大程度地传播真相"(M=6.96)、"扩大行业的报道空间"(M=6.59)、"提高记者的工作效率"(M=6.53)等。相对来说,他们对同行协作能够"提升受众的公民意识"(M=5.18)、"促进公共监督"(M=4.80)、"扩大个人的行业口碑"(M=4.54)等衍生价值评价并不高。

两次调研结果对比发现,当前调查记者对同行协作行为的认同感有所下降,突出表现为对"同行协作必要性""促进公共监督"等方面的评价有显著下降。访谈发现,调查记者与同行之间有或多或少的协作关系,但协作的频次与紧密程度大不如从前,更多时候是"单打独斗"。究其原因,一是调查记者的职业流动加剧,许多熟悉的同行早已离职转型;二是受舆论生态变化与媒体商业危机影响,不少媒体和媒体人放弃或懈怠对新闻热点事件的调查跟进。但他们对"同行协作能够分担或降低报道风险"的评价却有了显著提升,主要原因是对于敏感性题材或自身所在媒体不能报道的选题,受访者通常愿意通过同行协作来扩大报道空间和化解职业风险。

受访者10号(凤凰周刊)透露,尽管媒体同行之间存在竞争,但为了不把媒体舆论监督权让渡给自媒体,两种情境下同行是愿意分享独家资源或共同采访报道的:一是当地媒体做不了本地监督报道,就爆料给既感兴趣又能做的异地媒体同行;二是几家媒体共同做能形成声势,"如郭文贵那个事,腾讯和财新两家媒体就是共同采访、资源共享、一起报道"。

因子分析结果显示,调查记者对同行协作的价值评价同样包括两个维度。一方面是对同行协作的本职价值评价,如"克服采访报道的困难""提高工作效率""降低报道风险"等;另一方面是对同行协作的衍生价值评价,如"促进公共监督""提升受众的公民意识""推动职业共同体的塑造"等。均值比较显示,调查记者明显更加认同同行协作的"本职价值"。

表4 调查记者"职业行为认同"的历时性比较

同行协作认同	2016—2017年		2010—2011年		调研比较
	均值	标准差	均值	标准差	p值
同行协作能够克服采访报道的困难	7.02	2.216	7.03	2.358	0.948
同行协作能够更大程度地传播真相	6.96	2.340	7.05	2.525	0.637
调查记者同行协作是必要的	6.87	2.381	7.47	2.633	0.002**
同行协作能够扩大行业的报道空间	6.59	2.405	6.27	2.678	0.096
同行协作能够提高记者的工作效率	6.53	2.380	6.50	2.628	0.869
同行协作能够分担或降低报道风险	6.40	2.598	5.93	2.813	0.024*
同行协作能够推动职业共同体的塑造	6.22	2.362	6.06	2.683	0.383
同行协作能够提升行业的操作水平	5.96	2.513	5.64	2.720	0.111
同行协作能够提升受众的公民意识	5.18	2.623	5.47	2.745	0.160
同行协作能够促进公共监督	4.80	2.780	5.79	2.922	0.000***

续表4

同行协作认同	2016–2017年		2010–2011年		调研比较
	均值	标准差	均值	标准差	p值
同行协作能够扩大个人的行业口碑	4.54	2.576	4.60	2.506	0.779

注：*表示$p<0.05$，**表示$p<0.01$，***表示$p<0.001$。

表5 调查记者职业行为认同的因子分析与归类

职业行为认同归类	职业行为认同子项目	载荷	Cronbach's Alpha	均值	标准差
同行协作的本职价值认同	调查记者同行协作能够克服采访报道的困难	0.834	0.93	6.62	2.010
	调查记者同行协作能够提高记者的工作效率	0.822			
	调查记者同行协作能够更大程度地传播真相	0.791			
	调查记者同行协作能够分担或降低报道风险	0.783			
	调查记者同行协作是必要的	0.747			
	调查记者同行协作能够扩大行业的报道空间	0.732			
	调查记者同行协作能够提升行业的操作水平	0.616			
同行协作的衍生价值认同	调查记者同行协作能够促进公共监督	0.848	0.83	5.19	2.107
	调查记者同行协作能够提升受众的公民意识	0.802			
	调查记者同行协作能够推动职业共同体的塑造	0.696			
	调查记者同行协作能够扩大个人的行业口碑	0.637			

注：KMO=0.90，$p<0.001$，可累积解释69.7%的方差。

（二）职业地位认同的影响因素研究

鉴于调查记者的职业地位认同呈现明显下降趋势，笔者欲进一步探究职业地位认同的影响因素。因变量"职业地位认同"由三道陈述的平均分构成，三道陈述得分的克朗巴哈系数（Cronbach's Alpha）为0.78，信度可以接受。多元线性回归分析结果表明，性别、媒介角色认知、职业理念认同都会显著影响调查记者的职业地位感知。

具体来看，男性调查记者对职业地位的认同明显高于女性调查记者（$M_{男}$=6.64，$M_{女}$=5.14，t=3.55，$p<0.001$）。媒介角色认知方面，越是重视媒体的"信息传播"功能，或越是不重视媒体的"文化娱乐"功能，对目前调查记者职业地位的认同就越低。反之亦然。由此可推测，调研对象越是不认可或不适应媒体的商业价值追求，就越容易感受到职业地位下降。近年来，不少媒体在生存危机下规避严肃报道，使部分受访者感受到职业价值的失落，而财新、澎湃等媒体受访者，因为媒体在考核层面对调查性报道倾斜而更加认可职业地位的重要性。

表6 调查记者"职业地位认同"的多元线性回归分析

	自变量	标准回归系数	t	Sig.
人口统计变量	性别	0.207**	2.750	0.007
	年龄	0.063	0.749	0.455
	新闻传播专业	−0.110	−1.440	0.152
	媒体类型（新媒体/传统媒体）	0.026	0.342	0.733
媒介角色认知	信息传播	−0.213*	−2.025	0.045
	政策解释	0.099	0.906	0.366
	舆论监督	0.133	1.388	0.167
	文化娱乐	0.276**	3.010	0.003
职业理念认同	专业导向	−0.090	−0.982	0.328
	商业导向	0.182*	2.006	0.047
同行协作认同	本职价值	0.082	0.766	0.445
	衍生价值	0.009	0.079	0.937

注：回归模型F=4.703，$p<0.001$，调整后的r^2=0.227；*表示$p<0.05$，**表示$p<0.01$。

五、总结讨论

本研究对中国调查记者进行第二次全国性问卷调查及深度访谈,并与张志安、沈菲2010—2011年的首次全国性调查结果进行对比,探究了新传媒生态下我国调查记者的职业认同变化及影响因素,主要发现如下。

第一,职业地位认同呈现危机态势。尽管调查记者仍然普遍认为他们比一般条线记者的综合素质更高、对社会更重要、更受人尊敬,将"采访突破能力"和"揭露事实真相"视为职业地位认同之重要资本,但各项得分并不高,对自身职业能力、职业声望的评价显著低于6年前的调研结果。究其原因,一方面是因为优秀调查记者人才流失严重,新入行者采访突破经验不足,导致职业能力和职业声望评价双重下降;另一方面是新媒体环境下新闻生产的职业边界被打破,新闻从业者的职业声望整体下滑。

第二,职业理念认同相对稳定。调查记者仍然非常重视"报道客观""保持事实准确""报道要平衡"等专业导向(M=9.03,sd=0.950)的新闻价值追求;相对不那么看重"报道有新意""写作引人入胜"等商业导向(M=7.41,sd=1.475)新闻价值追求。两次调研结果对比发现,当前调查记者明显更为重视"报道要平衡""写作引人入胜"等价值理念,前者是对自媒体舆论场"评论走在事实前、文本过度煽情化"的批评反思,后者是对新媒体环境下"提升报道吸引力、争夺受众注意力"的文化调适。

第三,职业行为认同部分指标有所波动,整体上也呈现出认同危机。一方面表现为调查记者对"同行协作必要性""促进公共监督"等方面的评价显著下降,另一方面体现为受访者普遍反映同行协作的频次与深度不如以往。但他们仍然普遍认可同行协作对完成本职工作的积极作用,尤其是对"同行协作能够分担或降低报道风险"的评价有显著提升,侧面反映了媒体调查性报道空间收紧及同行竞争压力下调查记者愿意资源共享的动力机制。此外,该维度比较还通过因子分析区分了同行协作的"本职价值认同"与"衍生价值认同",衍生价值的低水平认同折射出调查记者对职业公共价值有限性的冷静认知。

第四，鉴于调查记者职业地位认同方面的显著变化，笔者进一步探究发现：男性调查记者对职业地位的认同普遍高于女性调查记者，显示出职业认同的性别差异；越是不认同或不适应媒体的商业价值追求，越是容易感受到职业地位下降，具体表现为媒介角色认知、职业理念认同对职业地位认同的影响，反映了调查记者在媒体商业价值导向与新闻职业理念冲突下的职业认同矛盾。

综上所述，这一历时性比较研究不仅宏观呈现了调查记者职业地位、职业行为方面的认同危机，还深层揭示了同行职业流动、媒体商业导向、新闻舆论环境等因素对其职业认同的消极影响，可见职业认同是个体与职业环境持续互动的结果。需要警惕的是，这些维度的认同危机可能会反向加速新闻精英人才的流失、职业共同体的消逝及外部群体对新闻职业价值的质疑。比较乐观的研究发现是调查记者的职业理念认同保持相对稳定态势，依旧信奉"客观""准确""平衡"等专业信念，并对新媒体环境下如何保持报道专业性与文本吸引力做出文化调适，这对当下新闻业职业权威的反思具有积极意义。

[曹艳辉，湖南大学新闻传播与影视艺术学院助理教授；张志安，中山大学传播与设计学教授，中山大学互联网与国家治理研究中心主任，中国外文局中山大学粤港澳大湾区国际传播研究中心主任，中国新闻史学会应用新闻传播学会会长。本文系中央高校基本科研业务"新媒体语境下调查记者的职业流动与文化调适"（项目编号：531118010022）的研究成果。此次调研设计及对比数据建立在香港城市大学媒体传播系副教授、中山大学传播与设计学院珠江讲座教授沈菲的前期研究基础上，特此感谢！]

转型与重构：网络新闻工作者的职业身份认同与职业理念认知

——一项广东地区的实证调查

唐嘉仪

【摘要】

随着互联网传播技术的不断深入发展，以数据新闻、自媒体新闻、算法新闻、人工智能等为代表的新闻行业实践正在不断重塑着新闻业的生态环境。研究围绕网络新闻工作者的职业身份认同和新闻职业理念认知问题，通过问卷调查和深度访谈的方法，以广东地区的网络新闻工作者为研究对象，对职业身份认同如何影响网络新闻工作者新闻职业理念的认知情况展开讨论。研究发现：在开放式的新闻生产情境下，在网络新闻工作者职业身份角色不断重塑的语境里，新闻职业理念的未来不是消亡，而是转型与重构。

【关键词】

网络新闻工作者；新闻职业理念；职业身份认同

一、研究起源与关键概念

关于新闻工作者职业身份问题的解答实际上是回应新闻工作者关于"自我"的建构历程，也是在回应新闻工作者的本质问题——新闻工作者是什么？对新闻工作者的分类可以根据不同标准有不同定义，目前常见的分类方式是根据新闻工作者所在的媒体平台对其进行简要分类，如报纸新闻工作者、电视新闻工作者、电台新闻工作者和网络新闻工作者。陈晨认为,广义的网络新闻工作者指的是网络新闻信息的发布者。①陶建杰和张志安将网络新闻从业者定义为"新闻网站中,与新闻采集、编辑、加工、制作等内容生产直接有关的正式工作人员"②,技术人员和经营人员则不在此范围。本次研究参考这一定义,将研究对象限定为在互联网新闻行业工作的、除技术人员和经营人员以外的新闻工作者。此外,本次研究并未纳入政府网站的新闻工作者,且研究对象不仅限于新闻网站工作者,也包括来自微博、微信、新闻客户端等平台的新闻工作者,以更大范围地涵盖不同网络平台的研究对象。

新闻职业理念自20世纪60年代在美国兴起和流行后,在20世纪末传入中国,并逐渐获得学界和业界的关注。郭镇之是国内最早发表新闻职业理念研究的学者,她认为新闻职业理念所坚持的独立性和客观性是媒介社会地位的基础和保证。③尽管对新闻职业理念的原则、定义和内涵一直处于争论之中,但是对一些基本理念和原则的界定,在业界和学界都有一定程度的共识。早在2002年陆晔和潘忠党就提出了新闻专业性的几项基本原则:服务公共的意识和态度、观察和报道社会事实的工作准则、信息流通"把关者"的基本角色、以科学理性的标准评判事实的职业信念。④陈力丹和王亦高认为新闻职业理念的基础与核心是客观报道,而这也是评判新闻工作的重要标准。⑤芮必峰认为尽管新闻职业理念在中国的现实语境中既不具"描述"意义,也难起"规范"作用,但是客观公正、自由独立、服务公众作为中国新闻实践经验和传统文化的"底色",是谈及新闻职业理念时必不可少的内容。⑥丁方舟和韦路也提出,

---

① 陈晨. 网络新闻记者的职业现状与角色重构 [D]. 暨南大学,2011.
② 陶建杰,张志安. 网络新闻从业者的基本职业状况——上海地区调查报告之一 [J]. 新闻记者,2013(12):44-50.
③ 郭镇之. 舆论监督与西方新闻工作者的专业主义 [J]. 国际新闻界,1999(05):32-38.
④ 陆晔,潘忠党. 成名的想象:社会转型过程中新闻从业者的专业主义话语建构 [J]. 新闻学研究,2002,71: 17-59.
⑤ 陈力丹,王亦高. 深刻理解"新闻客观性"——读《维系民主?西方政治与新闻客观性》一书 [J]. 新闻大学,2006(01):8-10+16.
⑥ 芮必峰. 描述乎?规范乎?——新闻专业主义之于我国新闻传播实践 [J]. 新闻与传播研究,2010,17(01):56-62+111.

新闻职业理念角色的基本描述词包括"真相""事实""监督"。①

尽管有学者提出职业理念已经"离场"的悲观论述②，甚至有学者认为，在数据新闻不断发展的今天，传统新闻知识分子已经丧失对公共议题的发言权和议题主导权，为职业理念唱响"挽歌"的时代已经到来③。但是近年来有调查发现，"职业理念"角色依然是中国新闻社群认同程度最高的一种规范性角色④，而且随着网络新闻成为业界主流现实的不断发展，对新闻职业理念的呼唤再次成为焦点，有学者相信，以客观性为代表的新闻职业理念对当下的社会语境来说仍然是一种具有解放意义的力量⑤。吴飞和田野也认为，尽管当下互联网的发展对新闻生产带来了一定的冲击和影响，但是新闻职业理念并不会消失，而是进入了"新闻职业理念2.0时代"⑥。有学者相信，由于新闻业依然是"作为民主的公共生活不可或缺的一部分"，探讨新闻职业理念依然具有重大意义⑦。

对新闻职业理念的讨论需要结合具体的时代和社会背景，诚如史安斌教授所言，"新闻职业理念不是一个一成不变的理论模式，而是一种特定语境下的社会化建构"⑧，而互联网所构建出来的场景和传播特征恰恰是当下社会最重要的语境之一。随着互联网传播技术的不断深入发展，以数据新闻、自媒体新闻、算法新闻、人工智能等为代表的新闻行业实践正在不断地重塑新闻业的生态环境，有学者以"后真相"来形容当下的新闻传播环境，描绘出网络时代新闻生产和传播空间的喧嚣和混杂。近年来，转型时代的中国新闻业界出现不少乱象，新闻职业理念范式受到巨大的挑战，网络新闻工作者的社会责任受到极

---

① 丁方舟,韦路.社会化媒体时代中国新闻人的职业困境——基于2010~2014年"记者节"新闻人微博职业话语变迁的考察[J].新闻记者,2014(12):3-9.
② 李艳红,陈鹏."商业主义"统合与"专业主义"离场：数字化背景下中国新闻业转型的话语形构及其构成作用[J].国际新闻界,2016,38(09):135-153.
③ 王维佳.专业主义的挽歌：理解数字化时代的新闻生产变革[J].新闻记者,2016(10):34-40.
④ 丁方舟,韦路.社会化媒体时代中国新闻人的职业困境——基于2010~2014年"记者节"新闻人微博职业话语变迁的考察[J].新闻记者,2014(12):3-9.
⑤ 白红义.汹涌的网络民意对新闻专业主义的挑战——以近期几起公共事件报道为例[J].新闻记者,2011(06):8-11.
⑥ 吴飞,田野.新闻专业主义2.0:理念重构[J].国际新闻界,2015,37(07):6-25.
⑦ 潘忠党,陆晔.走向公共：新闻专业主义再出发[J].国际新闻界,2017(39):91-124.
⑧ 史安斌.当代中国媒体生态的变迁与新闻专业主义的重构[J].新闻与传播评论,2003(00):95-100+246.

大冲击和侵蚀。受此影响，新闻职业理念和主张受到广泛的关注和讨论，如何在新闻职业理念的指导下，使中国新闻媒体在互联网时代重塑自身的合法性与新闻权威，是一个不容忽视的问题。

Samia等人提出，职业身份认同和个人的职业角色有关，是个人对自身作为特定职业角色中的成员的定义。①借由追问个体的职业身份认同问题，人们反思自身职业群体的特点、角色、地位和意义，并构建出一种自我认可的社会形象，从而确认在从事职业过程中所具有的期望和行动模式。②牛元梅指出，尽管身份认同理论属于社会学研究的学术范畴，但是近年来已经被引入新闻传播学研究中，其中媒介从业者的身份认同建构是主要研究的话题之一。③新闻从业者的职业身份认同，可以在一定程度上反映其对新闻报道功能的认知和新闻价值观念的理解情况。从文献梳理情况可以发现，目前国内对新闻工作者职业身份认同的研究主要有两种取向：一种是从职业社会学的角度切入，以描述性的方式讲述新闻工作者的职业身份认同现状④，也有部分研究以特定类型的记者职业身份认同情况进行研究⑤，或是以发展性的观点梳理不同时期新闻工作者的职业身份认同变迁和历程⑥。另一种取向从建构主义的角度切入，讨论影响新闻工作者职业身份认同的因素⑦，部分研究讨论了网络时代业态环境和

---

① Samia Chreim, B. E. (Bernie) Williams and C. R. (Bob) Hinings. Interlevel Influences on the Reconstruction of Professional Role Identity[J]. The Academy of Management Journal, 2007, 50(6):1515-1539. 转引自张淑华，李海莹，刘芳. 身份认同研究综述心理研究[J]. 心理研究，2012(01):22-28.
② 李维. 编辑职业发展中的专业身份认同[J]. 出版发行研究, 2010(12):33-35.
③ 牛元梅. 身份认同理论在媒体运用中的三种模式[J]. 新闻世界, 2011(08):293-294.
④ 甘丽华. 中国记者职业身份认同的建构与消解：以《中国青年报》记者群体为例[M]. 武汉：华中师范大学出版社, 2015; 曲岩. 社交媒体中职业记者身份认同与受众新闻偏好[J]. 现代视听, 2013(02):63-65; 袁莉. 新闻记者职业认同现状研究——以河南省新闻记者为例[D]. 郑州大学, 2017.
⑤ 白红义. 汹涌的网络民意对新闻专业主义的挑战——以近期几起公共事件报道为例[J]. 新闻记者, 2011(06):8-11; 冯剑侠. "无冕皇后"还是"交际花"：民国女记者的媒介形象与自我认同[J]. 妇女研究论丛, 2012(06):59-64; 杨开妮. "集体记忆"视角下调查记者群体认同现状研究——以《楚天都市报》调查记者群体[D]. 华中师范大学, 2016.
⑥ 甘丽华. 中国记者职业身份认同的建构与消解：以《中国青年报》记者群体为例[M]. 武汉：华中师范大学出版社, 2015; 李春雷, 赖二招. 话语体系与职业场域:1895—1937年记者群体身份的社会认同——以记者职业化进程为视角[J]. 新闻界, 2015(16):31-35; 王肖潇. 从身份认同看建国后记者的职业身份转变[J]. 新闻传播, 2011(06):127-128.
⑦ 陈楚洁. "从前有一个记者，后来他去创业了"——媒体创业叙事与创业者认同建构[J]. 新闻记者, 2018(03):4-22; 胡沈明, 冯淑闲. 转型期媒体人职业存在感的建构策略与困境——基于2016年记者节媒体人言论表达的分析[J]. 北京理工大学学报(社会科学版),2018,20(03):165-172; 田中初. 规范协商与职业认同——以阮玲玉事件中的新闻记者为视点[J]. 新闻与传播研究, 2010,17(02):11-20+108.

技术语境下新闻工作者的职业身份认同情况受到的影响和冲击①。

一如有学者提出的，"记者的历史使命发生了变化，社会角色的内涵更加复杂。记者需要用新的职业身份介入传播过程以期获得更好的新闻传播效果和信息服务水平"②，随着传播技术的不断发展，以及网络新闻平台形式和类型的不断丰富，网络新闻工作者已经成为真正意义上的职业。此外，在媒介融合和媒体转型的时代下，网络新闻媒体的数量已经大大超过传统媒体，网络新闻工作者业已成为国内新闻业务领域的主力军。尽管自陆晔和潘忠党发表《成名的想象：中国社会转型过程中新闻从业者的专业主义话语建构》一文以来，国内学者对新闻职业理念的研究汗牛充栋，但是总的来说大多数研究依然是对新闻职业理念这一个概念进行辨析和讨论，以及对新闻职业理念的研究现状进行归纳和总结。鉴于当前国内学者的研究相对缺乏将新闻职业理念与其他学术概念相结合的综合分析和探讨，笔者在本次研究中引入职业身份认同的概念，将其与网络新闻工作者的新闻职业理念认知情况进行分析，以探讨网络新闻工作者的职业身份认同如何影响他们对职业理念和内容的认知与判断。樊昌志和童兵曾提出身份认同与新闻职业理念之建构关系③，但其研究主要探讨社会权力结构关系对传媒机构的身份认同以及由此构建的新闻职业理念的影响，与本文所希望研究的在互联网时代网络新闻工作者的身份认同特征如何影响他们对新闻职业理念的认知情况问题有较大差异。正如周裕琼所讲，"随着互联网影响力的不断扩大，网络对新闻生产行业带来的影响会被内化到记者的职业准则甚至角色认同中，改变新闻职业理念的落实和推行，进而推动中国新闻业改革的进程"④。在网络新闻成为新闻业主流实践的当下，讨论网络新闻工作者的职业身份认同对其新闻职业理念认知的影响，显然具有一定的时代意义和理论价值。

---

① 丁汉青,苗勃.网络时代新闻从业者职业认同危机研究[J].当代传播,2018(04):19-23；薛晓薇.网络新闻工作者的职业认同——以西安为例[D].陕西师范大学,2017.
② 朱庆好.消解与重构：媒介文化对不同社会群体的观念及行为变迁的影响[M].杭州：浙江工商大学出版社,2013:71.
③ 樊昌志,童兵.社会结构中的大众传媒：身份认同与新闻专业主义之建构[J].新闻大学,2009(03):22-29+9.
④ 周裕琼.互联网使用对中国记者媒介角色认知的影响[J].新闻大学,2008(01):90-97.

二、问题意识

（一）网络新闻工作者的职业身份认同现状

职业身份认同考察从业者的职业心理状态，主要研究的是从业者对自己所从事职业的认知和态度，是反映从业者职业认同的深度指标①。新闻工作者作为一种职业角色，其身份认同情况会随着社会文化情境的变迁而改变。有研究提出，记者的职业身份认同可以通过几个方面进行认知：职业动机、职业情感与忠诚度、新闻职业认知以及自我身份认同②。职业身份认同反映新闻工作者回答"我是谁"，以及对自己所从事职业是否感到自豪等主观态度情况。在互联网传播和媒介融合的时代，网络让记者的身份变得模糊③，专业新闻工作者的身份和角色被重塑，他们所需要负责的工作内容也发生了改变④。

RQ1：网络新闻工作者如何感知他们的身份和角色？以广东地区的网络新闻工作者为例，他们的职业身份认同状况呈现出何种特点？

（二）网络新闻工作者的身份认同与专业意识

陆晔和周睿鸣提出，新闻职业理念是记者职业信念、价值观的内化。⑤增强网络新闻工作者的身份认同，是提升他们职业忠诚度和加强他们自我约束的关键。⑥网络新闻工作者的身份认同情况越强，他们就越有可能在具体的新闻生产实践工作中坚守一些行业所共同倡导的价值。新闻记者的职业身份认同为记者职业信念的坚定提供了重要依据。⑦有学者提出，近年来记者的职业

---

① 袁莉. 新闻记者职业认同现状研究——以河南省新闻记者为例 [D]. 郑州大学, 2017.
② 甘丽华. 中国记者职业身份认同的建构与消解：以《中国青年报》记者群体为例 [M]. 武汉：华中师范大学出版社, 2015:16.
③ 郑一卉. 互联网时代：谁是记者？——对记者职业身份的思考 [J]. 现代传播（中国传媒大学学报）,2014,36(07):126-129.
④ 刘丹凌. 困境中的重构：新媒体语境下新闻专业主义的转向 [J]. 南京社会科学,2012(02):109-116.
⑤ 陆晔, 周睿鸣. "液态"的新闻业：新传播形态与新闻专业主义再思考——以澎湃新闻"东方之星"长江沉船事故报道为个案 [J]. 新闻与传播研究,2016,23(07):24-46+126-127.
⑥ 陶建杰, 张志安. 网络新闻从业者的基本职业状况——上海地区调查报告之一 [J]. 新闻记者,2013(12):44-50.
⑦ 何佳妮. 中国新闻记者职业身份研究 [D]. 湖南大学, 2011.

地位和社会声望出现了下降的现象，社会对记者职业有了更多贬斥的声音，使得记者的自我认同感发生严重危机，一旦他们所感知到的职业神圣感和认同感丧失，就很可能会出现一些短期趋利的行为①，从而动摇了新闻职业理念的落实和推行；而职业理念的缺失，则可能进一步引发网络新闻工作者失范行为的出现，进一步加剧社会对网络新闻工作者的抨击和批判现象，形成网络新闻工作者职业身份认同和职业理念认知之间的恶性循环。

RQ2：以广东地区的网络新闻工作者为例，网络新闻工作者的职业身份认同如何影响他们对职业理念的认知和理解？

（三）网络新闻工作者职业身份认同的影响因素

每种职业都有自己特定的、约定俗成的职业身份。职业身份是指从业者在社会生活或职业生涯中的社会角色。这种社会角色不是天生就有的，而是后来获取的某种东西，是在学习和生活互动中逐步构建的。②职业身份认同并非一成不变的，而是随着自身职业实践的不断发展而经历不断变化的。李维认为，职业身份认同的建构是在与外界的互动中完成的，同时也体现着个体过去、现在和未来的发展足迹与规划③。吉登斯认为，"个人对自我认同的认知会随着焦虑感的增加而受到威胁"④，"认同并非个体所拥有的一个特质（或特质集合），它是每个人对其个人经历进行反身性理解而形成的自我概念"⑤。段乐川发现，职业身份认同可以分为主我认同和社会认同，主我认同受职业动机、职业兴趣、职业意志、专业技能等因素影响；而社会认同情况则受福利待遇、精神激励、管理水平等影响。⑥有学者研究发现，新媒体技术的发展不仅改变

---

① 赵云泽,滕沐颖,杨启鹏,解雯迦.记者职业地位的殒落："自我认同"的贬斥与"社会认同"的错位[J].国际新闻界,2014,36(12):84-97.
② 何佳妮.中国新闻记者职业身份研究[D].湖南大学,2011.
③ 李维.编辑职业发展中的专业身份认同[J].出版发行研究,2010(12):33-35.
④ [英]安东尼·吉登斯.现代性与自我认同：晚期现代中的自我与社会[M].夏璐,译,北京：中国人民大学出版社,2016:46.
⑤ [英]安东尼·吉登斯.现代性与自我认同：晚期现代中的自我与社会[M].夏璐,译,北京：中国人民大学出版社,2016:53.
⑥ 段乐川.论编辑的职业认同及其培养[J].河南大学学报(社会科学版),2010,50(05):148-151.

了新闻业务的生态环境，也使新闻从业人员的身份危机成为重要问题。[①]

RQ3：以广东地区的网络新闻工作者为例，网络新闻工作者的职业身份认同受哪些因素的影响？

三、研究方法与统计说明

为了更好地对研究问题进行阐述，本次研究采用了混合式研究方法，既以问卷法对研究对象展开调查，同时又对部分研究样本进行深度访谈。问卷调查部分以广东省两类新闻组织的网络新闻工作者作为研究对象：一类是传统媒体组织的网络新闻工作者，如广州日报大洋网、南方都市报奥一网等；另一类是商业类网站的网络新闻工作者，如腾讯大粤网、新浪广东等。

问卷调查部分通过"雪球抽样"的方法派出网络问卷，最终回收有效问卷201份，其中商业机构网络新闻工作者113份，媒体机构网络新闻工作者88份。问卷调查主要对研究问题1和研究问题2进行解答，使用IBM SPSS Statistics 23对问卷数据进行处理，先从描述性的数据判断当前网络新闻工作者的职业身份认同状况，再结合单因素方差分析（One Way ANOVA）的统计方法对具有不同职业身份认同表现的网络新闻工作者进行比较，讨论他们对新闻职业理念的认知是否存在显著差异。关于网络新闻工作者的"职业身份认同"和"新闻职业理念认知"的测量方法如表1和表2所示。

结合不同学者对新闻职业理念的定义和内容描述，本次研究在问卷调查中将"新闻职业理念认知"划分为三个维度进行测量的操作化，分别是性质维度、技能维度和理念维度。

[①] 刘丹凌.困境中的重构:新媒体语境下新闻专业主义的转向[J].南京社会科学,2012(02):109-116.

表1 网络新闻工作者职业身份认同测量操作化

维度	操作化
角色认同①	宣传者：宣传党和政府的方针政策 监督者：监督公权力运行 信息生产者：提供各种信息 娱乐者：作为娱乐休闲的媒介 营利者：作为企业实现营利
功能认同②	信息生产；社会监督；提供娱乐；宣传教育；社会协调
情感认同③	薪酬水平；社会声望；专业兴趣；发展前景；社会责任；其他

表2 网络新闻工作者新闻职业理念认知测量操作化

维度	操作化
性质维度④	新闻践行者：以行动体现理性表达、事实核查、理性伦理等原则 新闻示范者：按照新闻职业理念的规范，引领其他从事新闻生产的媒体和个人 新闻阐释者：对社会现象和新闻事件进行解释和阐述，表达观点 新闻主持者：寻求真相，在新闻生产中澄清事实、论证说理
技能维度	及时报道；多媒体制作；美工设计；内容推广；信息把关；选题策划
理念维度⑤	客观中立；自主性；公共服务；及时性；社会责任

此外，为了更好地对问卷调查结果进行挖掘，以及对研究问题进行更恰当的回答，笔者对广东地区其中两家媒体的七位网络新闻工作者开展了深度

---

① 参考陈阳《当下中国记者职业角色的变迁轨迹——宣传者、参与者、营利者和观察者》，喻国明《中国新闻工作者的职业意识与职业道德》，陶建杰、张志安《网络新闻从业者的基本职业状况——上海地区调查报告之一》对新闻工作者职业角色内容的描述制定。
② 综合拉斯韦尔三功能说和赖特四功能说对记者功能进行描述设计。
③ 出于什么原因选择网络新闻工作者这一职业，参考陆晔《新闻从业者的媒介角色认知——兼论舆论监督的记者主体作用》对职业选择因素的描述。
④ 参考潘忠党、陆晔《走向公共：新闻专业主义再出发》对新闻专业主义理念下新闻人工作性质的定义。
⑤ 参考曹艳辉、林功成、张志安《角色模范对大学生新闻专业主义信念的影响研究》，黄旦《传者图像：新闻专业主义的建构与消解》，陆晔《新闻从业者的媒介角色认知——兼论舆论监督的记者主体作用》，吴飞《新闻专业主义研究》对新闻专业主义理念的定义。

访谈（访谈对象信息见表3）。访谈采用微信语音的方式进行，文中引用均为笔者采访获得的访谈记录。访谈提纲主要涉及以下三方面问题：（1）作为网络新闻工作者，你如何看待自己工作的性质或本质；（2）你所认可和定义的网络新闻工作者所需要的职业理念精神：内涵及其与传统媒体的新闻职业理念的异同理解；（3）你认为有哪些因素影响着你对自己工作性质的判断，具体谈谈这种影响是如何作用的。

表3 访谈对象信息汇总

访谈编号	工作时间	工作岗位	媒体机构
FT2019A	4年	视频编辑	腾讯大粤网
FT2019B	3年	新媒体运营	腾讯大粤网
FT2019C	2年	原创采编	腾讯大粤网
FT2019D	1年	新媒体运营	广州日报微信公众号
FT2019E	1年	新媒体运营	广州日报微信公众号
FT2019F	7年	网站编辑	广州日报大洋网
FT2019G	5年	网站编辑	广州日报大洋网

四、研究分析：网络新闻工作者的身份认同和职业理念

（一）网络新闻工作者的身份认同现状与特征

表4显示了网络新闻工作者的职业身份认同现状。统计结果显示，在职业身份认同状况表现方面，商业机构和媒体机构的网络新闻工作者有所异同，整体来看，按照职业身份认同的三个层面来看，当前网络新闻工作者的职业身份认同状况存在以下几个特征。

表4 网络新闻工作者的职业身份认同现状

	选项	商业机构	媒体机构
角色认同	宣传者	18（15.9%）	16（18.2%）
	监督者	27（23.9%）	36（40.9%）
	信息生产者	38（33.6%）	20（22.7%）
	娱乐者	11（9.7%）	9（10.2%）

续表4

	选项	商业机构	媒体机构
角色认同	营利者	19（16.8%）	7（8.0%）
功能认同	信息生产	41（36.3%）	32（36.4%）
	社会监督	26（23.0%）	22（25.0%）
	提供娱乐	13（11.5%）	12（13.6%）
	宣传教育	19（16.8%）	16（18.2%）
功能认同	社会协调	14（12.4%）	6（6.8%）
情感认同	薪酬水平	26（23.0%）	21（23.9%）
	社会声望	16（14.2%）	9（10.2%）
	专业兴趣	17（15.0%）	11（12.5%）
	发展前景	16（14.2%）	9（10.2%）
	社会责任	29（25.7%）	32（36.4%）
	其他	9（8.0%）	6（6.8%）

其一，从角色认同的情况来看，"监督者"和"信息生产者"是当前网络新闻工作者最为认同的职业角色，且对不同机构的网络新闻工作者而言，这两种角色的重要性存在差异，其中商业机构的网络新闻工作者更认同"信息生产者"的角色，而媒体机构的网络新闻工作者则更认同"监督者"的角色。商业机构的网络新闻工作者对"宣传喉舌"的角色认同水平并不高，甚至低于"营利者"的角色认同水平。

其二，从功能认同的情况来看，网络新闻工作者对自身职业的功能定位以"信息生产"和"社会监督"为主，这一点与他们对职业角色认同的情况相吻合，也与现实语境下网民对信息的需求情况相一致。早有学者指出，"目前状态下，网民不满足于简单的新闻报道，他们希望获得更加丰富、更加直接的事实信息"[1]。在互联网传播环境里，"新闻"在某种程度上被视作"信息"的一种，"新闻生产"的观念在网络的生态环境下被约化成"信息生产"的意涵。

其三，从情感认同的情况来看，"社会责任"和"薪酬水平"是当前

---

[1] 朱庆好．消解与重构：媒介文化对不同社会群体的观念及行为变迁的影响[M]．杭州：浙江工商大学出版社，2013:68．

驱使网络新闻工作者选择自身职业的重要原因，尤其是对媒体机构的网络新闻工作者而言，"社会责任"是驱使他们选择这一职业的最主要因素。在某种程度上看，网络新闻工作者的这种情感认同情况存在一定的"矛盾性"特征：一方面，他们以社会责任作为使命，希望通过网络新闻生产来为社会提供监督、教育、娱乐等功能，实现新闻对社会的价值；另一方面，不少受访者认为较高的薪酬是吸引他们从事网络新闻工作的主要原因，在他们看来，网络新闻工作是一份"职业"而不一定是一份"使命"。

（二）网络新闻工作者的身份认同如何影响他们的职业理念认知

方差分析结果（见表5）显示，不同角色认同在各个性质维度、各个技能维度以及各个理念维度差异检验的 P 值小于0.05，说明不同的角色认同情况在网络新闻工作者对新闻职业理念认知的性质维度、技能维度以及理念维度间均存在统计学意义上的显著性差异。

从角色认同的情况来看，将自身职业视作"宣传者"的受访者认为网络新闻工作者最重要的性质是"新闻阐释者"，认为网络新闻工作者最需要具备的技能是"选题策划"和"新闻把关"，最重要的职业理念是"社会责任"；将自身职业视作"监督者"的调查样本认为网络新闻工作者最重要的性质是"新闻主持者"和"新闻示范者"，认为网络新闻工作者最需要具备"新闻把关"和"选题策划"的技能，并认为"客观中立"是最重要的职业理念；将自身职业视作"信息生产者"的受访者认为网络新闻工作者最重要的性质是"新闻阐释者"，认为网络新闻工作者最需要具备的技能是"及时报道"，并将"及时报道"视作最重要的新闻职业理念；将自身职业视作"娱乐者"的受访者认为网络新闻工作者最重要的性质是"新闻阐释者"和"新闻主持者"，认为网络新闻工作者最需要具备"选题策划"的技能，并相信"及时报道"是最重要的职业理念；最后，将自身职业视作"营利者"的受访者认为网络新闻工作者最重要的性质是"新闻阐释者"，认为网络新闻工作者最需要具备"内容传播"的技能，而"及时报道"则被视作最重要的职业理念。

表5　角色认同对职业理念认知影响差异的方差分析

	宣传者	监督者	信息生产者	娱乐者	营利者	F	p
性质维度							
新闻践行者	3.12±1.297	2.97±1.047	3.21±0.969	2.35±1.182	3.00±1.058	2.426	0.049
新闻示范者	3.88±1.225	3.89±1.064	3.88±0.957	3.15±1.04	3.04±0.916	5.205	0.001
新闻阐释者	4.47±0.563	3.75±0.999	4.38±0.745	3.9±0.912	3.85±1.084	6.395	0.000
新闻主持者	3.5±0.992	3.89±0.845	4.33±0.711	3.9±0.788	3.46±1.14	6.886	0.000
技能维度							
及时报道	3.26±1.238	3.92±0.725	4.19±0.687	3.5±0.688	3.46±0.647	9.152	0.000
多媒体制作	3.88±1.038	3.48±0.692	3.5±0.731	3.3±0.571	2.77±0.815	7.866	0.000
美工设计	3.71±0.906	3.41±0.854	3.43±0.819	3±0.795	2.96±0.774	4.006	0.004
内容传播	3.65±1.098	3.59±0.71	3.95±0.782	3.45±0.759	4.27±0.604	5.050	0.001
新闻把关	4.26±0.71	4.17±0.752	3.33±0.944	2.8±1.056	2.96±0.999	20.765	0.000
选题策划	4.32±0.727	4.1±0.689	3.84±0.854	4.1±0.718	3.77±0.652	3.164	0.015
理念维度							
客观中立	2.88±0.913	4.14±0.759	2.55±0.82	2.3±1.031	2.38±1.169	35.614	0.000
自主独立	2.71±0.938	3.4±0.943	3.22±0.937	2.7±0.865	3.19±0.801	4.442	0.002
公共服务	3.68±0.912	3.46±0.895	3.03±1.059	2.6±0.883	2.73±1.151	6.871	0.000
及时报道	2.91±1.026	2.43±1.043	4±0.816	3.95±0.887	4.42±0.643	35.998	0.000
社会责任	3.79±0.77	3.56±0.857	2.91±0.942	2.45±1.276	2.88±1.366	9.764	0.000

方差分析结果（见表6）显示，不同功能认同在部分性质维度、部分技能维度以及部分理念维度差异检验的P值小于0.05，说明不同功能认同的情况在网络新闻工作者对新闻职业理念认知的部分性质维度、技能维度以及理念维度间存在统计学意义上的显著性差异。

"信息生产"的功能认同者认为网络新闻工作者最重要的性质是"新闻阐释者"，认为网络新闻工作者最需要具备"及时报道"的技能，并将"及时报道"视作最重要的职业理念；"社会监督"的功能认同者认为网络新闻工作者最重要的性质是"新闻示范者"和"新闻阐释者"，认为网络新闻工作者最需要具备"新闻把关"和"选题策划"两项技能，并认同"客观中立"是最重要的新闻职业理念；"提供娱乐"的功能认同者认为网络新闻工作者最重要的性质是"新闻阐释者"，认为网络新闻工作者最需要具备"选题策划"的技能，并将"及时报道"视为最重要的新闻职业理念；"宣传教育"的功能认同者认为网络新闻工作者最重要的性质是"新闻阐释者"，认为网络新闻工作者最需要具备"新闻把关"和"选题策划"的技能，并认为职业理念重要性主要体现在"公共服务"；最后，"社会协调"的功能认同者认为网络新闻工作者最重要的性质是"新闻主持者"，认为网络新闻工作者最需要具备"选题策划"的技能，并视"社会责任"为最重要的职业理念。

表6 功能认同对职业理念认知影响差异的方差分析

	信息生产	社会监督	提供娱乐	宣传教育	社会协调	F	p
性质维度							
新闻践行者	3.14±0.976	3.13±0.890	2.48±1.262	3.14±1.287	2.65±1.268	2.554	0.040
新闻示范者	3.56±1.027	3.98±1.082	3.48±1.194	4.00±1.057	3.30±1.031	2.785	0.028
新闻阐释者	4.00±0.972	3.96±1.091	4.20±0.707	4.34±0.765	4.05±0.686	1.182	0.320
新闻主持者	3.86±0.976	3.56±0.897	3.96±0.889	3.94±0.838	4.65±0.489	5.404	0.000
技能维度							
及时报道	4.12±0.744	3.88±0.733	3.52±0.77	3.43±1.092	3.30±0.865	7.177	0.000
多媒体制作	3.38±0.810	3.44±0.769	3.52±0.714	3.71±0.789	3.10±1.119	1.977	0.099
美工设计	3.30±0.845	3.54±0.849	3.28±0.936	3.40±0.847	3.25±0.910	0.763	0.551
内容传播	4.08±0.662	3.79±0.743	3.64±0.757	3.37±1.003	3.50±1.000	5.741	0.000
新闻把关	3.32±1.052	4.06±0.755	2.96±1.060	4.20±0.759	3.80±1.005	11.174	0.000
选题策划	4.04±0.789	4.04±0.713	3.88±0.600	4.14±0.845	3.85±0.813	0.708	0.587
理念维度							
客观中立	2.62±1.036	3.73±1.125	2.68±1.108	3.17±0.954	3.35±1.268	8.948	0.000
自主独立	3.11±0.951	3.27±0.844	3.12±0.881	3.09±1.011	3.00±1.170	0.382	0.821
公共服务	2.96±1.060	3.52±0.899	2.76±1.128	3.4±1.063	3.45±0.759	4.109	0.003
及时报道	3.81±0.952	2.77±1.225	4.16±0.850	3.06±1.136	2.80±1.322	12.083	0.000
社会责任	3.00±1.041	3.21±0.944	2.96±1.338	3.31±0.993	4.15±0.813	5.354	0.000

方差分析结果（见表7）显示，不同情感认同在部分性质维度、部分技能维度以及部分理念维度差异检验的P值小于0.05，说明不同情感认同的情况在网络新闻工作者对新闻职业理念认知的部分性质维度、技能维度以及理念维度间存在统计学意义上的显著性差异。

出于"薪酬水平"原因选择网络新闻工作的受访者认为网络新闻工作者最重要的性质是"新闻阐释者"和"新闻主持者"，认为网络新闻工作者最需要具备"内容传播"和"选题策划"两项技能，而最重要的职业理念则是"及时报道"；出于"社会声望"原因选择网络新闻工作的受访者认为网络新闻工作者最重要的性质是"新闻阐释者"，认为网络新闻工作者最需要具备"内容传播"和"及时报道"两项技能，并将"公共服务"视作最重要的职业理念；出于"专业兴趣"原因选择网络新闻工作的受访者认为网络新闻工作者最重要的性质是"新闻阐释者"和"新闻主持者"，认为网络新闻工作者最需要具备"选题策划"和"内容传播"的技能，并认为"及时报道"是最重要的新闻职业理念；出于"发展前景"原因选择网络新闻工作的受访者认为网络新闻工作者最重要的性质是"新闻阐释者"，认为网络新闻工作者最需要具备"选题策划"的技能，并视"及时报道"为最重要的职业理念；最后，出于"社会责任"原因选择网络新闻工作的受访者认为网络新闻工作者最重要的性质是"新闻阐释者"，认为网络新闻工作者最需要具备"新闻把关""选题策划"的技能，而新闻职业理念的重要性则体现在"社会责任"和"公共服务"两方面。

表7 情感认同对职业理念认知影响差异的方差分析

	薪酬水平	社会声望	专业兴趣	发展前景	社会责任	其他	F	p
性质维度								
新闻践行者	3.00±0.780	3.64±0.952	3.07±1.274	2.64±1.150	2.90±1.193	2.87±1.125	2.470	0.034
新闻示范者	3.32±1.065	3.84±0.943	3.82±0.983	3.88±0.927	3.85±1.223	3.53±1.060	1.791	0.116
新闻阐释者	3.79±1.020	4.32±0.900	4.14±0.756	4.32±0.802	4.05±0.973	4.20±0.676	1.762	0.122
新闻主持者	3.77±1.026	3.48±0.823	4.00±0.943	3.88±0.833	3.95±0.902	4.60±0.507	3.226	0.008
技能维度								
及时报道	4.00±0.722	4.04±0.978	3.93±0.813	3.8±0.707	3.49±0.924	3.60±1.056	2.752	0.020
多媒体制作	3.38±0.848	3.56±0.961	3.57±0.742	3.32±0.557	3.43±0.884	3.47±0.915	0.394	0.852
美工设计	3.21±0.720	3.24±1.091	3.50±0.882	3.32±0.852	3.54±0.867	3.20±0.775	1.171	0.325
内容传播	4.04±0.721	4.04±0.790	4.00±0.816	3.88±0.600	3.49±0.868	3.07±0.799	6.266	0.000
新闻把关	3.17±1.129	3.76±0.879	3.46±1.105	3.40±0.913	4.18±0.806	3.60±0.910	6.654	0.000
选题策划	4.04±0.690	3.96±0.841	4.04±0.838	4.12±0.833	4.05±0.717	3.73±0.799	0.565	0.727
理念维度								
客观中立	2.74±1.188	3.04±1.172	2.75±1.11	3.00±1.041	3.39±1.144	3.4±1.121	2.460	0.035
自主独立	3.04±0.955	3.20±0.957	3.32±0.945	2.92±0.759	3.18±0.922	3.13±1.302	0.610	0.693
公共服务	2.89±1.005	3.24±1.012	3.07±1.245	2.96±1.020	3.48±0.959	3.53±0.834	2.431	0.036
及时报道	3.77±1.026	2.80±1.118	3.86±0.970	3.76±1.200	2.97±1.183	3.20±1.424	5.641	0.000
社会责任	2.98±1.011	3.08±1.222	3.21±1.166	2.76±0.970	3.49±1.027	3.80±0.775	3.296	0.007

（三）网络新闻工作者职业身份认同的影响因素——基于访谈的分析

结合深度访谈材料，将受访者在访谈中提到的影响职业身份认同的因素进行分类和归纳，整体可以归为两类：一是个人因素，指网络新闻工作者自身对职业发展、社会生存等方面的影响因素的感知情况；二是制度因素，指目前网络新闻工作和机构在制度设计、资源获取、管理规范等方面对媒体机构和商业机构的网络新闻职业身份认同的影响。从个人因素和制度因素两方面来看，笔者将网络新闻工作者职业身份认同的影响因素特征归纳如下。

其一，在个人因素中，工作强度和薪酬水平同时影响两类机构网络新闻工作者的职业身份认同情况。从工作强度的情况来看，受访者提道，由于互联网传播强调时效性和全天候的特征，因此作为网络新闻工作者，他们认为自己的工作内容和性质和传统媒体时代的新闻工作者有所不同，轮班制、"24小时坐班"等工作要求使得他们对自己的职业定位区别于传统媒体时代的新闻工作者。然而尽管受访者普遍认为自己的职业工作强度要大于传统媒体时代的新闻工作者，但是这种高强度的工作要求不仅没有降低他们的职业身份认同，反而为他们重塑了一种新的职业身份认同感知，帮助他们建构"与众不同"的职业身份认同感。

我连续两年春节期间都在家里坐班，随时准备发布新闻，用一个新闻的词汇来说就是这种工作强度确实给我一种"在场感"，无论何时何地都能做到新闻生产，保证了信息及时传播。（FT2019B）

虽然这么说很"虚伪"，但是我的确会在不断的加班中感受到一种使命感，我认为互联网时代我们网络新闻人的的确确做到了"及时性"和"时效性"。（FT2019E）

而从薪酬水平的情况来看，"一社两资"的工资结构特点则影响了他们的职业身份认同，降低了他们对工作职位的认可程度，长远来看甚至可能影响他们未来职业发展的规划；尤其是对商业机构的网络新闻工作者来说，这种影响更为突出。以本次访谈选择的案例腾讯大粤网来看,和腾讯其他的部门(如电子支付、社交媒体、游戏)的大额绩效工资不同,腾讯大粤网由腾讯集团和南方报业集团合作,受访者普遍提及他们的工资水平在集团里仅属于中等,在生活成本和经济压力不断上升的现实情况下,长远来看他们可能会改变自己的职业规划和职业选择。

很多人以为做新媒体一定是很赚钱,其实不一定,目前我的工资和本地的甲方企业相比差了很多,(工资低)对工作的积极性和认可度肯定会有一定影响,但是确实我们也明白,我们不是自媒体,不能乱接广告,肯定不可能工资像其他新媒体运营那么高。(FT2019C)

我们单位的工资在本地来看没有太大优势,基本的生活肯定是没问题的,但是如果对比其他新媒体行业来看的话肯定没有优势,所以我也考虑过以后可能会继续做新媒体运营,但不一定会继续做新闻,考虑去企业或者自媒体。(FT2019E)

也有受访者提到了如社会声望、晋升情况等影响网络新闻工作者职业身份认同的因素,但整体来看,这两种个人因素对他们职业身份认同的影响较小,尤其是对商业机构的网络新闻工作者而言,影响作用远小于工作强度和薪酬水平这两项因素。

我们(部门)的岗位大多数都是新媒体运营和内容采编,再往上(晋升)就是经理、部门副总,但是人数非常少,晋升的难度比较大,所以多数人的工资差不多,长远来看对个人的职业发展会有一些影响。(FT2019C)

很多朋友听说我是做媒体的公众号运营都觉得很厉害,尤其是对年轻人来说,现在确实看微博、App、微信公众号的人要比看报纸和新闻网站的多,有时候知道自己运营的内容可以做到流量比较大,最好是10万+,还是会比较自豪的,会享受这种工作的成就感。(FT2019D)

总的来看，在影响网络新闻工作者职业身份认同的个人因素中，工作强度和薪酬水平这两项的影响作用较大，其中工作强度整体来看虽然较大，但却是一项增强网络新闻工作者职业身份认同的因素，而薪酬水平对网络新闻工作者而言，存在着降低职业身份认同的作用。总体而言，无论是媒体机构还是商业机构，个人因素对网络新闻工作者职业身份认同的影响表现较为接近和类似。

其二，和个人因素不同，在制度因素中，影响媒体机构和商业机构网络新闻工作者职业身份认同情况的因素有所不同，其中传播流量对商业机构网络新闻工作者的影响较大，而媒体机构网络新闻工作者的职业身份认同情况则受新闻自由的水平影响较多。从传播流量对网络新闻工作者的职业身份认同影响情况来看，不少受访者都提到，在互联网传播时代，以阅读量、评论量、转发量、点赞数等为评价指标的"流量"是他们所在的组织在评定业绩表现时的重要参照值，也是他们对所生产的新闻内容质量高低的衡量标准之一。他们认为，一篇文章的传播流量越大，影响力越大，在某种程度上也意味着新闻质量越高，当他们能够生产出一篇具有广泛传播影响力的新闻文章时，会强化自身的职业身份认同，继而更认同自身网络新闻工作者的身份。

> 在信息泛滥的网络时代，在传统媒体都在谈市场竞争和生存压力的时代，我们如果能做出一些有影响力的、传播流量大的文章，对我们每个网络新闻从业者来说都是很大的鼓舞。（FT2019B）

> 网络新闻不看发行量，我们能够看到的（对新闻）最直接的评价就是所谓的阅读量，虽然不能说阅读量高的就一定是好文章，但阅读量高至少能说明被更多人看到，证明我们的工作和付出都有回报，而且对个人来说也更加自豪。（FT2019C）

> 以前的报纸评价市场影响力的时候可能更多看的是整体的发行量，但是现在量化的指标和标准更加具体，可以看到每一篇文章、每一个视频的传播量，这对我们网络新闻从业人员来说其实充满了挑战，但这又是一种激励，就算一个媒体不属于"大号"，但也有可能做出一些"爆款"的内容，这就

是新媒体新闻的魅力。（FT2019E）

同时，新闻自由的程度强烈地影响了网络新闻工作者尤其是媒体机构新闻工作者的职业身份认同表现，不少受访者都表示，尽管从本质上来看，依托于传统媒体集团的这些新媒体新闻公众号、官方微博、App等在内容上依然需要接受新闻审查尤其是组织自我审查的程序，但是由于减小了传统媒体时代篇幅、载体形式等因素的限制，在新闻内容的选择上依然提高了自由度，使他们在新闻题材和新闻形式的安排和设计方面都有了更多元化的选择，这一转变对增强他们的职业身份认同也影响重大。

很多人以为像我们这样的官方媒体肯定是比较枯燥和严肃的，但其实我们的公众号内容是很多元化的，和一些广州本地生活号的风格不会有太大差别，但同时我们的内容审查会比较严谨，尽可能避免像其他自媒体号一样为了流量和话题去传播虚假新闻，我自己作为一个"95后"，认为这就是未来新闻业的一个发展方向，就是传统的媒体在保持内容的真实性的同时，做到风格和内容的多样化，而新媒体赋予了我们做这种新闻的可能和自由。（FT2019D）

做新闻公众号虽然时间不久，但我觉得公众号已经是在现实的、客观的情况下我们能享受到的最大的新闻自由，和传统传播时代相比一定是一个很大的进步，从这一点来看，我个人觉得自己比传统的新闻人要幸福和幸运。（FT2019E）

此外，也有一些其他的影响网络新闻工作者职业身份认同情况的制度因素被受访者提及，其中媒体机构的网络新闻工作者提到信息资源对他们身份认同情况的影响。作为媒体机构的新闻工作者，他们在进行新闻采编时所能获取的信息资源相对丰富，他们所依托的媒体集团拥有一批一线的新闻采编团队，一手的信息资源使得他们在进行新闻内容生产时可以兼顾新闻的原创性、真实性和多媒体，信息资源的获取便利性帮助他们建构和强化作为网络新闻工作者的职业身份认同。

很多自媒体的信息源是网络,我们不同,我们(报业集团)内部的信息是可以共享的,所以我们的一线记者会给我们提供非常丰富的新闻素材,与此同时我们再借助新媒体的传播优势,去进行一些美工排版和多媒体剪辑,使得整个新闻的呈现效果更好,这也是网络新闻人的优势。(FT2019E)

个别商业机构的网络新闻工作者还提到风险感知情况对他们职业身份认同的影响,但与其他几项被提及的制度因素不同,风险感知作为一项影响网络新闻工作者的因素,对他们的职业身份认同有着削弱的作用。也就是说,对各类风险的感知降低了网络新闻工作者对职业的认同感,从长远来看,一些客观风险的存在降低了他们对未来职业发展的信心和期待,甚至可能影响他们的职业规划,让他们萌生辞职转行的念头。

虽然新媒体看着光鲜,但其实风险很大,尤其是在市场竞争激烈的情况下,新媒体人不像传统的记者有所谓的"编制",企业效益很差的时候,裁员是常有的事,就算不裁员,没有绩效工资基本也是很大的打击,尤其是我们这种,不完全是市场化,也不完全是体制内的(新闻工作者),要单靠内容做出非常受市场和读者欢迎的内容,是有难度的,这个就是一个很大的风险。(FT2019C)

综上所述,从访谈情况来看,不同的制度因素对媒体机构和商业机构的网络新闻工作者的职业身份认同情况有不同的影响,尽管存在个别制度因素削弱了网络新闻工作者的职业身份认同情况,但是总的来看几项制度因素对网络新闻工作者的职业身份认同影响大都起到了增强和促进的作用。也就是说,现存的网络新闻制度特点(包括信息资源、新闻自由、传播流量等)有助于强化网络新闻工作者对自身工作的认可度,帮助他们塑造和建构对自身职业的信任感。在媒介融合和媒体转型的当下,结合前文探讨的网络新闻工作者职业身份认同情况与他们对新闻职业理念的认知之间的关系，我们发现：在新闻行业改革的现实语境下，网络新闻工作者并不一定会放弃新闻职业理念，反而可能因为现存的各项个人因素和制度因素，强化了自身对网络新闻工作者这一职业的身份认同感，进而加强自身对新闻职业理念的认可，并被促使着在新闻生产实践的过程中发展出对新闻职业理念原则和理念的新观念。

五、结论与反思

以广东地区的样本为例，本文围绕网络新闻工作者的职业身份认同状况以及他们对新闻职业理念认知的情况展开实证研究，对三个问题进行了讨论（见图1）。

首先，早有学者提出，在信息爆炸的时代，筛选和鉴别新闻信息给受众带来了挑战和困难，专业新闻工作者的工作内容和重点也应该体现出时代诉求——"专司新闻信息的整合、筛选、管理及引导"[①]。从实证研究情况来看，"监督者"和"信息生产者"是当前网络新闻工作者最认同的职业角色，受此影响，"信息生产"和"社会监督"则是他们最认同的职业功能，在网络传播的语境下，新闻生产所承担的宣传和教化方面的功能和意义被淡化，网络新闻工作者强调自身作为"信息生产者"的角色和身份，可能导致在实际的新闻生产工作实践中忽视了新闻内涵的重要性，职业身份认同的现状和特征在一定程度上影响了网络时代新闻内容的质量和特点。

其次，职业身份认同特征会影响网络新闻工作者对新闻职业理念的认知情况，从目前网络新闻工作者的职业认同特点来看，在"监督者"和"信息生产者"的职业角色和功能认同影响下，"新闻阐释者""新闻主持者""新闻示范者"的性质被更多网络新闻工作者认可；"及时报道"和"客观中立"这两项理念被认为是新闻职业理念在当下的核心要义；从

---

① 刘丹凌. 困境中的重构：新媒体语境下新闻专业主义的转向[J]. 南京社会科学,2012(02):109-116.

技能的维度来看,"选题策划""及时报道""新闻把关"的重要性被凸显,"如何报道新闻"的新闻职业理念价值理念意涵在网络传播的时代已经逐渐发展演变成"如何传播新闻"的问题。正如传播学学者托马斯·帕特森和菲利普·瑟伯所指出的,"媒体最重要的功能不是告知信息,而首先是吸引公众的注意力"[①],在网络新闻传播的时代,网络新闻工作者越来越在意新闻能否"吸引眼球"。同时,随着网络信息的日渐泛滥,几乎各类信息(information)都可能被包装成为"新闻"(news),"新闻"的内涵重新被定义。网络新闻工作者越来越多地担当对各类社会信息进行批判性阐释和说明的角色,并将此视为新闻职业理念实践维度的重要指标。

最后,在网络传播时代,几乎所有传播者都面临着"身份越来越模糊"的问题。[②]借助深度访谈的方法,笔者对网络新闻工作者的身份认同影响因素进行探究,并归纳出包括工作强度、晋升情况、社会声望、薪酬水平在内的个人因素,以及包括传播流量、管理规范、新闻自由、信息资源、风险感知在内的制度因素,其中工作强度和薪酬水平是对网络新闻工作者职业身份认同影响较大的个人因素,而传播流量和新闻自由度则是对网络新闻工作者职业身份认同影响较大的制度因素。具体来看,个人因素对不同机构网络新闻工作者职业身份认同的影响情况较为一致,而不同的制度因素则对商业机构和媒体机构的网络新闻工作者有不同的影响。一如有学者指出的,"我们进行身份认同,最终的目的是想建构一个自觉、独立、具有历史连续性及完整感的自我"[③]。对网络新闻工作者职业身份认同影响因素进行分析,结合前文我们了解到的网络新闻工作者的职业身份认同现状,以及网络新闻工作者职业身份认同状况对他们新闻职业理念感知的影响,可以进一步了解在网络新闻传播的语境下,传播环境和行业制度等因素如何影响网络新闻工作者对新闻职业理念的追求与践行。

---

① [美]兰斯·班尼特.新闻:幻象的政治[M].杨晓红,王家全,译.北京:中国人民大学出版社,2018:111.
② 李西建,金惠敏,主编.美学麦克卢汉:媒介研究新维度论集[M].北京:商务印书馆,2017:297.
③ 赵静蓉.文化记忆与身份认同[M].北京:三联书店,2015:214.

职业因素	职业身份认同	新闻专业理念认知
个人因素 工作强度 薪酬水平	**角色认同** 监督者 信息生产者	**专业性质** 新闻阐释者 新闻主持者 新闻示范者
制度因素 传播流量 新闻自由度	**功能认同** 信息生产 社会监督	**专业理念** 及时报道 客观中立
	情感认同 社会责任 薪酬水平	**专业技能** 选题策划 及时报道 新闻把关

图1 职业因素、职业身份认同与新闻职业理念认知模式示意图

结合实证研究，笔者认为，在网络传播的语境下，受网络新闻工作者职业身份认同特征的影响，网络新闻工作者对新闻职业理念的认知有了新的特征和变化，这种转变并不能被消极地认为是新闻职业理念范式和理念的消亡。诚如黄月琴所指出的，新闻职业理念"的重要性不是再现或者规范，而是激发人们对当下的不同思考，督促人们不断进行新型实践"[1]。其一，从新闻实践中的伦理观念来看，喻国明曾提出，于社会而言，记者最重要的职业承诺是"环境守望、社会良知"[2]，然而随着媒体市场化改革和转型的不断深入和探索，我们可以发现网络新闻工作者对自身的职业角色有了新的认知，在信息爆炸的网络时代，记者不仅继续承担了环境守望（监督者）的角色职能，还进一步强调了信息生产的重要性。在网络新闻的时代，新闻信息泛滥、新闻质量参差不齐的现象十分常见，"信息生产者"和"监督者"的职业角色逐渐合并成"信息监督者"的角色，通过对社会环境进行监督，网络新闻工作者依然在为营造一个符合社会发展语境的舆论生态环境创造条件。其二，从新闻生产实践过程中的操作技能和表现手段来看，早年樊昌志和童兵曾提出，中国新闻业界所提倡的新闻职业理念是一种"精英主义和专业理念的复合体"。[3]但是随着互联网技术的不断普及、移动互联网的深入发展以

---

[1] 黄月琴.象征资源"褶皱"与"游牧"的新闻专业主义：一种德勒兹主义的进路[J].国际新闻界,2015,37(07):53-71.
[2] 喻国明.记者应成为信息不对称社会的平衡者——写在2008年中国记者节[J].青年记者,2008(31):23-24.
[3] 樊昌志,童兵.社会结构中的大众传媒：身份认同与新闻专业主义之建构[J].新闻大学,2009(03):22-29+9.

及网络新闻业的快速发展，新闻业似乎正呈现出一种精英主义消弭的趋势，取而代之的是一种以"流量""速度""传播声量"为判别标准的新闻生产取向。在网络新闻业市场竞争激烈的现实语境下，网络新闻工作者在新闻生产的实践中进一步强调时效、话题等带有网络时代传播标签的价值，在新闻生产的过程中更注重新闻在呈现形式、多媒体传播形态等方面的价值。

新闻职业理念是一种愿景，也是一种具有规范作用的理想。正如潘忠党和陆晔所相信的，新闻职业理念"是一套规范性理论，表述的是一种价值追求；它的功能不是描述和解释新闻活动，而是激发、引导并评判构成现实的新闻实践"[1]。在"人人都可以是记者"的今天，讨论网络新闻工作者的职业身份已经成为一个时代命题。网络新闻传播时代对新闻工作者最大的影响之一是"边界"的消融，在当下的传播语境里，网络新闻工作者需要对自身的身份和角色进行重新定位。在新闻业改革探索的进程中，网络新闻工作者的社会角色在不断变化，而这种变化着的社会角色又会使他们需要承担不同的权利和义务。研究发现，在网络传播的语境下，新闻职业理念和原则并未被网络新闻工作者放弃，而是被重新定义。新闻职业理念和意涵在新闻业改革的实践过程中不断被重塑和改变，在信息爆炸时代的大背景下，网络新闻工作者把快速、及时地生产信息，以及精准、精心地策划新闻内容视作当下践行新闻职业理念的核心内容，客观性、精英主义的意涵逐渐弱化，取而代之的是符合互联网价值逻辑的内核与价值——快速报道、精心选题、引人入胜；与此同时，对事实进行核查的工作准则并未被放弃，尤其是在社交媒体时代，新闻把关的主张依然被网络新闻工作者所强调。我们有理由相信：在开放式的新闻生产情境下，在网络新闻工作者职业身份角色不断重塑的语境里，新闻职业理念的未来也许不是消亡，而是转型和重构。

[唐嘉仪，中山大学粤港澳发展研究院博士后。文章原载《新闻记者》2020年第6期，经作者授权转载。]

---

[1] 潘忠党，陆晔. 走向公共：新闻专业主义再出发 [J]. 国际新闻界, 2017(39):91-124.

第五辑
中国新闻业年度观察报告（2021）

研究述评

数字时代新闻业为何依然重要

——评迈克尔·舒德森的两本近著

徐桂权　刘逍懿

从2018年到2020年，美国新闻社会学家迈克尔·舒德森（Michael Schudson）连续出版了两本新著：《为什么新闻业依然重要》（*Why Journalism Still Matters*，2018）以及《新闻业：为何重要》（*Journalism: Why it matters*，2020）。两本书形式不同——前者是作者十余年的文章结集，后者是一本构思完整的专著——但它们都突出了同一个主题：新闻业在当今数字时代的重要性。本文不打算对这两本书进行细致的介绍，而试图围绕舒德森的"问题意识"来理解其基本的学术进路。同时，本文也试图以这两本书的出版为契机，探讨舒德森的新闻思想在数字时代是否依然具有启发性，以作为我们从事新闻业研究的一个参照。

一、美国新闻业的问题和语境

舒德森在《为什么新闻业依然重要》序言中开门见山地提出问题："新闻业重要吗？"他的回答是："比以前更加重要了。"[1]他解释道：这里所说的"新闻业"（journalism），指的就是专业化的新闻业（professional journalism）。为此，他引用了加州大学圣迭戈分校的前同事丹尼尔·哈林

---

[1] Schudson M..Why Journalism Still Matters. Cambridge[M].UK :Polity Press, 2018:1.

（Daniel Hallin）的观点：在专业化的新闻业里，新闻从业者"强烈服从于职业规范，甚于政治理念"①。舒德森认为，当今时代有各种各样的新闻机构，包括一些具有明显的政党倾向的新闻机构都是有用的，但他强调的是那些专业化的新闻机构，在当下依然重要。

舒德森在其过去的著作中已经详述了专业新闻机构的重要性，比如在《新闻的力量》里关于"作为公共知识的新闻"的论述②，以及在《为什么民主需要不可爱的新闻界》里关于"新闻服务于民主的七项主要功能"的论述③。那么，本书仅仅是老调重弹吗？当然不是，舒德森强调"依然"，显然是要为美国近年来，特别是2016年总统大选以来新闻业遭遇的专业性的质疑作出辩护。在接受《中国社会科学报》采访时，他就此说道："我不认为美国新闻的客观性和公正性已经倒塌，或者认为2016年的总统选举被媒体不公正地报道"，"媒体是否有不公平报道呢？是的，有些时候会出现。但整体上来看，美国新闻界主脑们的表现令人称赞。我这么认为的理由就是主流的新闻媒体（包括传统媒体和网络媒体）用无可质疑的证据，揭露特朗普政府高级官员撒谎与受贿，从而将他们拉下马"。④

舒德森对美国专业新闻机构的辩护，显然根植于美国特定的政治和经济语境。在美国的政治语境中，新闻业之所以重要，就是因其与民主体制的运作密切相关。舒德森一直坚定地认为，美国的民主就是"代议制民主"或"自由民主"，而新闻业是维系这种民主体制运作的必要机构。⑤然而，今天美国的民主越来越面临"民粹主义"的挑战，专业的新闻机构也与建制的政府机构一同受到政治上的质疑。与此同时，随着数字媒体的发展，新闻业的内涵和边界变得模糊，传统新闻业的权威面临前所未有的挑战。从经济方面

---

① Daniel, C., Hallin. The Passing of the "High Modernism" of American Journalism[J]. Journal of Communication, 1992.
② 迈克尔·舒德森. 新闻的力量 [M]. 刘艺娉, 译. 北京：华夏出版社, 2011:1-32.
③ 迈克尔·舒德森, 舒德森. 为什么民主需要不可爱的新闻界 [M]. 贺文发, 译. 北京：华夏出版社, 2010:20-53.
④ 李玉洁. 范式重构：美国新闻业的社会史——访美国新闻史学家、哥伦比亚大学教授迈克尔·舒德森 [J/OL]. 中国社会科学网. (2018-05-24). http://news.cssn.cn/zx/bwyc/201805/t20180524_4299008_3.shtml
⑤ Schudson M.. Why Journalism Still Matters[M].Cambridge, UK :Polity Press, 2018:5-7.

而言，专业新闻机构的经营也存在问题：一是美国媒体对广告过分依赖，但这种二次售卖模式正面临崩溃；二是美国的公共广播电视系统欠发达，也拒绝接受政府直接资助。这种政治和经济上的挑战，都使美国新闻界的专业性遭受严峻的冲击。

舒德森力挺新闻专业机构，也是对"技术决定论"阴影下"新闻业的危机"的反思。互联网与数字传播技术的飞速发展在催生公民媒体与社交媒体的同时，究竟有没有带来专业新闻机构的衰退？舒德森承认新闻业态确实在发生巨大的变化。早在数年前，在《新闻社会学》第二版中，他用了新的一章讨论数字时代里新旧事物之间日益"模糊"的表现——读者与作者之间的界限模糊；新闻机构的采编部门与经营和广告部门之间的界限模糊；营利的、非营利的与政府的新闻机构之间的界限模糊；书籍、报纸、新闻杂志与博客、社交媒体、推特等传播新闻的媒体形式之间的界限模糊；传统媒体与新媒体之间的界限模糊。[①]然而，现在他尤其指出：不能夸大这种变化。[②]在《为什么新闻业依然重要》中，第七章《新闻的危机：你能吹出快乐的曲调吗？》分析了美国纸质媒体危机的现状，但他认为：新闻仍是必要的，至于其刊登在纸上还是电子版上，影响并不大；况且，新闻业还出现了多种活力四射的、合作、参与的创新生产方式。[③]因此，他对于新闻业的未来仍持谨慎乐观的态度。

二、回到新闻业的核心：报道、故事与问责

面对当下对于新闻业的质疑，舒德森的基本分析思路是回到新闻业的核心职能，看看新闻业在一个民主社会中所能够被期望的最低期待的角色为何。这种思路被他当年的学生、如今已成为知名学者的克里斯·安德森(Chris

---

① Schudson , M.. The Sociology of News[M].2nd ed.New York, NY: Norton, 2011.
② 迈克尔·舒德森. 新闻社会学[M]. 第2版. 徐桂权，译. 北京：中国人民大学出版社，2020:1-3.
③ Schudson M..Why Journalism Still Matters[M].Cambridge, UK :Polity Press, 2018:113-133.

W. Anderson)称为"极简主义"(Minimalist)的视角。① 舒德森则表示,自2009年全职加入哥伦比亚大学新闻学院以来,这段时间的从教经历让他对"职业理念"的议题有了更深入的思考。他指出,在哥大新闻学院,有两个神圣的词语:一个是"报道"(report),另一个是"故事"(story)。新闻工作者的工作就是通过"报道"来探寻真相,尤其要放下自己的假设,进行深度的报道。这就是"客观性1.0"的理念——强调准确、事实和平衡,这一点在今天依然重要。另一个关键词"故事"则意味着新闻工作者要足够了解报道对象所处的语境和背景,以及知道通过怎样的架构来讲述这些事实,使之适于被外界理解。这一点看似与第一点存在张力,因为后者难免需要作者进行选择和判断,但这种判断不是个人化的判断或政党性的判断,而是专业性的判断。舒德森把这个要求称为"客观性2.0"的理念,并认为新闻媒体的这种诠释在当今时代变得更加必要,也更加清晰可见。由于数字媒体上的"判断"变得愈加无所不在,专业新闻机构更需要捍卫自身的专业性判断,这是其在数字时代继续立足的基础。②

从这样的"极简主义"视角来看,从事"报道"和讲述"故事",就是专业新闻机构的基本职能。然而,在这个范畴下,新闻业仍有不同的形态,但它们的重要程度并不一致。舒德森指出,在当今社会里,新闻业存在不同的类型,包括社区新闻业、倡导性新闻业(如政党媒体)、娱乐新闻业等,但他认为,最重要的一类新闻业是"问责的新闻业"(accountability journalism),因为它们在保护人类的自由、正义和法治免受侵害方面具有重大的作用。这样的新闻业才是民主社会所不可或缺的。③

"问责的新闻业"一词来自《华盛顿邮报》前执行主编莱昂纳德·唐尼

---

① 常江,田浩.克里斯·安德森:新闻学应建立人文主义的认知系统——新闻研究的范式革新与价值重建[J].新闻界,2020(03):6-13.安德森认为:有必要对新闻的规范理论体系现有的两种范式做出对比。一种是由克里斯琴斯(Clifford Christians)等具有社会主义倾向的公共新闻学支持者所阐释的,旨在关注新闻业与政治生活之间的关系的"极繁主义"(Maximalist)视角;另一种是由舒德森(Michael Schudson)、泽利泽(Barbie Zelizer)、尼尔森(Rasmus Kleis Nielsen)等人所提倡的"极简主义"(Minimalist)视角。
② Schudson M..Why Journalism Still Matters[M].Cambridge, UK :Polity Press, 2018:13-14.
③ Schudson M..Journalism: Why it matters[M].Cambridge, UK :Polity Press,2018:15.

（L.Downie Jr.）①，他认为"问责"这个概念比"调查性报道"等概念更能体现专业新闻机构的实践特征。具体来说，问责新闻不仅包括传统的调查性报道，还有政治演讲的事实核查，以及每天对各种新闻话题的批评性报道——从国家安全、政府、政治，到商业、环境、教育，以及新闻媒体本身。舒德森也认为，这个概念更能深化我们对于新闻机构的专业性的理解。他指出，最有价值的、问责的新闻业应当从事原创性报道，并以一种情感上令人信服的方式呈现，而且在面对其报道所涉及的权势人物和机构时坚持立场。这一切都是为了帮助一个民主政府更充分地对公众负责。如果问责的新闻业不存在，民主就不可能真正存在。②在舒德森看来，问责的新闻业在建立公共领域和促进公共对话中发挥着作用，这有助于使一个民主社会成为可能。然而，现如今，美国的新闻界似乎更善于传递民粹主义。民粹主义通常更容易引导公众的情绪，传递民粹主义也更容易获得商业利益。但新闻业的角色应该是服务于民主而非民粹的，这也是如今美国新闻业备受诟病的原因之一。

那么，这里可能存在的一个问题是：新闻机构，包括问责的新闻业，本身是否会存在偏见呢？在舒德森看来，"绝对的客观是不存在的，一个人智慧的一个标志就是认识到每个人看待事物的角度都是不同的"；声称"媒体有偏见"听起来很有深度，意在向他人表明"我能识别偏见"，但它往往以肤浅结束。③事实上，从新闻教育到新闻实践都在努力地寻求摆脱个人立场和偏见的方式，从而最大限度地保证新闻的客观性。

首先，从新闻教育的角度来看，新闻教育的目的是帮助学生学会"违背自己的假设进行报道"。也就是说，无论新闻专业学生的倾向或预设是什么，他们都应该对那些潜在的倾向和预设提出质疑，从而避免"确认偏误"（conformation bias）。舒德森提道，他的学院同事建议那些想要成为记者的学生遵循两个新闻报道的守则：第一，挖掘所有与主题相关的东西；第二，忘记先验知识，因为这会妨碍他们学到新东西。学生在接受新闻教育时

---

① Anderson, C.W., Dowine, L. ,Schudson, M.. The News Media: What Everyone Needs to Know[M]. New York: Oxford University Press, 2016:111-114.
② Schudson M..Journalism：Why it matters[M].Cambridge, UK :Polity Press, 2018:32-33.
③ Schudson M..Journalism：Why it matters[M].Cambridge, UK :Polity Press,2018:50-52.

就被教育放下偏见对事实进行深入挖掘,这有利于新闻专业的学生在进行新闻报道时形成转换视角的习惯,从而在最大限度上保证其报道内容的客观性。①

其次,从新闻实践的角度来看,近几十年来,新闻机构对自己曾经视而不见的一些做法变得越来越敏感,雇用和提拔少数族裔和女性成为新闻机构寻求立场多样性的一种方式。事实上,虽然记者无法完全避免个人立场的带入,但专业的记者不只是把他们自己的政治立场或宗教融入他们的工作中,而是在认真做他们的工作,告诉观众世界的变化及其所有的复杂性,以及最近几天或几个小时它是如何变化的。少数群体、弱势群体成员的引入能够使新闻编辑室内的声音和观点更加多元,减少带有明显偏见性的新闻内容的产出。②

三、新技术与新闻业:并非颠覆性的变革

在《新闻业为何重要》的后三章,作者重点讨论了数字传播新技术的出现对新闻业产生的变革作用,并对新闻业的未来做出了较为乐观的展望。舒德森认为,新媒介技术的出现和发展确实使新闻业发生了巨大的变化,但并未完全颠覆新闻业。在此,他引用了技术学者所讨论的"可供性"(affordance)的概念,认为技术作为一种行动的机会影响着新闻业,其特征是引导而非强迫某一特定路径的变革。③"可供性"的概念由美国生态学家吉布森(James J. Gibson)在1979年出版的《视觉感知的生态学方法》一书中最先提出,用于解释生物与环境的对应关系。他将可供性定义为"环境对于动物提供行动的可能",表达了人(动物)与环境之间的互补或互动。④在生态学中,不同的自然特征——比如岩石或河流——为不同的物种提供了不同的用途。而在技术研究领域,"可供性"的概念处于"决定论"与"建构论"之间的中间立场,认为技术是人类活动的基本元素,我们可以根据自己的选

---

① Schudson M..Journalism:Why it matters[M]. Cambridge, UK :Polity Press, 2018:52.
② Schudson M..Journalism:Why it matters[M]. Cambridge, UK :Polity Press, 2018:56-58.
③ Schudson M..Journalism:Why it matters[M]. Cambridge, UK :Polity Press, 2018:76.
④ Gibson, J.J..The Ecological Approach to Visual Perception[M]. Boston: Houghton Mifflin,1979:127.

择来适应。舒德森幽默地写道:"技术的这些特征有时被视为有意或无意的'偏向'。如果你说我中等的身高是一种反篮球的'偏向',那是对的。然而,更有可能的是,你会说这是舒德森的一个特征,让他不可能成为职业篮球运动员。"①

按照舒德森的分析,新闻业如今正经历着四个重要但非颠覆性的变革(non-revolution):从专业新闻到公民新闻、从印刷新闻到数字新闻、从故事到数据库、从纵向(自上而下的)到水平(分享的)传播。②然而,舒德森认为,这些变革并不意味着传统的新闻业完全被改变。第一,新技术——主要是有网络连接和拍照功能的手机——复兴了公民新闻,公民新闻变得比过去100年更加重要。然而,事实上,出现在媒体中的新闻大多数仍不是由公民记者所提供的,舒德森猜测仅有少于5%的新闻是由公民记者所提供的。也就是说,虽然新闻业近来渐有"众包化"的趋势,但绝大多数的新闻内容仍由专业记者所提供。第二,印刷新闻到数字新闻的转变并不是数字替代了印刷,而是印刷与数字并存。他认为"印刷业仍然保持着神秘和重要的光环",在数字新闻兴起的时代,印刷新闻仍然保持着无法被取代的意义。第三,大数据在新闻生产中发挥着越来越重要的作用,但读者更期待记者将数据变成故事,新闻工作者所起到的作用是数据库无法取代的。这一转变也为新闻业的发展提出了新的要求:一方面,记者需要具备将看似无穷无尽的事实和数字转化为故事的能力,即从数据库中敏锐地捕捉一些有新闻价值的、适合故事形式的东西;另一方面,数据的日益重要也给小型新闻机构带来了危机——小型新闻机构无法聘请数据新闻专家,即使聘请了,也很难留住他们。第四,新闻生产逐渐从自上而下的传播向横向的对话发展。但横向的对话或分享并不一定能够促进新闻业向正向发展。与约翰·杜威、詹姆斯·凯瑞等学者观点不同,舒德森一直对"对话"在民主中的作用持保留立场。舒德森在此引用了约翰·彼得斯(John Peters)的一个观点:"对话可以是专制

---

① Schudson M..Journalism:Why it matters[M]. Cambridge, UK :Polity Press, 2018:76.
② Schudson M..Journalism:Why it matters[M]. Cambridge, UK :Polity Press, 2018:92-102.

的,传播可以是公正的",对话"只是众多交流脚本中的一种"①,事实上,它特别不适合作为大规模民主的一般模式。因此,自上而下的纵向传播模式不会终结,专业新闻在公共生活中的"守门人"角色不会终结,专业记者在决定什么应该进入公众讨论方面仍然发挥着关键作用。

最后,在谈到新闻业的未来时,舒德森肯定地说,新闻业当然还有未来;准确地说,它具有多种未来的可能性。互联网的发展和全球化的趋势使新闻业的特征更复杂了,也使新闻业的地位受到了一定的挑战。但新闻业的重要性是毋庸置疑的。新闻业的存在不仅能够帮助人们理解他人的生活方式和其他的观点,建构起对于社会的同理心,更能够起到监督权力行使、促进公共对话的作用,从而为社会民主提供了保障。许多积极的现象——如国际调查记者联盟(ICI)的成立、事实核查(Fact-checking)组织的兴起都让我们能够确信新闻业会有积极的未来。这也是舒德森之所以对新闻业的未来持乐观态度的原因。他认为新闻业应当永远保持对人民利益的关注,无条件地维护民主。只有这样,才能使新闻业的重要性有所保障,而不受时代环境变化的影响。只要公民对民主社会有持续的需求,就无法避免地对新闻有持续的需求,新闻业的重要性就不会被动摇。

四、结语

2014年,舒德森因其在新闻业研究领域的杰出成就,被荷兰格罗宁根大学授予荣誉博士头衔。格罗宁根大学还为此举办了一个主题为"不可爱的新闻界:与迈克尔·舒德森对话"的研讨会,参加会议讨论的文章及舒德森本人的回应后来被收入2017年第5期的《新闻学研究》(*Journalism Studies*)中。斯尔威·卫斯波得(Silvio Waisbord)在文章中指出,舒德森的学术研究最大的特征是其"逆向思维"(contrarian thinking),即对传播研究中流行的理论和观点,如哈贝马斯所说的公共领域的衰落、政治传播研究中关注的商

---

① Peters, J. D.. Speaking into the Air: A history of the Idea of Communication[M]. Chicago: University of Chicago Press, 1999:34.

谈与公众参与、新闻学研究中热议的公共新闻业，舒德森都根据历史事实的考察和逻辑的分析给予批评或澄清。①或许正因为有这样的思维取向，在专业新闻机构饱受质疑的当下，舒德森不愿跟风，而是及时站出来力挺新闻业。这种辩护虽然看起来只是重申了他已有的立场——纵有诸般不足，民主仍需要"不可爱的新闻界"来实现社会的自我监督、批评与修正，但这种趋于保守主义的立场在这个民粹主义兴起的时代恐怕也是一种必要的声音。

舒德森对于民主、问责的专业新闻机构或新闻职业理念的支持，在某种程度上也体现了他一贯的"乐观的思绪和进步的史观"②。他在专刊的回应文章中谈道：他钦佩新闻工作者，也认为我们不应该要求新闻工作者解决世界上所有的问题；而他自己作为一名教师，有责任保持乐观并相信下一代会做得更好。他认为，学者的工作是要提出批评，但如果只是一味提出批评，并不能让事情变得更好。因此，他还是要诉诸一种乐观主义的精神，加上一种现实主义的评估。③值得一提的是，舒德森这种立场并不孤单。另一位社会学家杰弗里·亚历山大（Jeffrey C.Alexander）在其主编的《重思新闻业危机：文化的力量》一书中也试图扭转主流的悲观论调，对新闻职业理念的文化力量抱持信心。④对于中国读者来说，这种谨慎乐观的态度，至少也是我们值得倾听的一种声音。

（徐桂权，中山大学传播与设计学院副教授；刘逍懿，中山大学传播与设计学院硕士研究生。）

---

① Waisbord, S.. An Argument for Contrarian Thinking: Michael Schudson's contributions to political communication research[J]. Journalism Studies, 2017,18 (2), 1-15.
② 冯建三.序言：舒德森新闻观的演进与美国传媒改革 [M].舒德森.新闻社会学.徐桂权,译.北京：华夏出版社,2010: 7.
③ Schudson M..Why Journalism Still Matters[M]. Cambridge, UK :Polity Press, 2018:189-190.
④ Alexander, J. C..Introduction: Journalism, democratic culture, and creative reconstruction[M]// Jeffrey C. Alexander, Elizabeth Butler Breese,Maria Luengo (eds.). The Crisis of Journalism Reconsidered: Democratic Culture, Professional Codes, Digital Future. Cambridge: Cambridge University Press, 2016:1-28.

中国数字新闻研究的议题、理论与方法

白红义　张　恬　李　拓

【摘要】

数字化背景下新闻实践的结构性变化催生了数字新闻研究领域的兴起。相较于欧美学界,国内的数字新闻研究尚处于起步阶段。本文在梳理中国数字新闻研究论文的基础上,总结了数字新闻研究的主要议题、理论资源和研究方法,以此描绘当前中国数字新闻研究的现状,并对中国数字新闻研究的未来发展提出若干建议。

【关键词】

数字新闻研究;中国新闻业;议题;理论;方法

一、引言

随着数字技术的发展及其在新闻实践中的应用,西方新闻研究领域诞生了"数字新闻研究"(digital journalism studies)这一子领域。尽管对数字新闻研究的具体含义还未达成共识,但大量论文的发表、专著的出版以及相关期刊的创办都显现出了数字新闻研究的蓬勃前景。值得注意的是,欧美学者在从事数字新闻研究的理论和经验研究之外,还致力于对这一研究领域本身的讨论,集中涉及什么是数字新闻研究、数字新闻研究的主要内容、如何展开数字新闻研究、数字新闻研究的盲点和不足等基础问题,对这些问题的回答有助于厘清数字新闻研究的定位、特征及未来趋势。

与欧美新闻学界已明确展开对数字新闻研究领域的总结和反思相比,中国新闻文学界以数字新闻研究本身为考察对象的研究较少，只有少数研究者尝试对这一领域进行了初步探索。虽然针对数字新闻研究本身的书写尚显不足，但中文学界已经从不同侧面展开了对数字新闻的研究，事实上形成了一个以数字新闻实践为核心的研究领域。中国新闻业的衰落、变革、转型、创新等新情况同样对新闻学研究本身提出了挑战，同时也带来了机遇，数字新闻研究的探索在一定意义上就成为应对挑战和拥抱机遇的体现。

本文的主要目的是对数字新闻研究这一正在形成中的子领域在中国的发展状况进行梳理。当下对这一新的研究领域本身进行总结与反思，不仅具有现实基础，而且也存在着紧迫性。在接下来的部分，本文将从两个方面总结既有研究的状况：一是中国数字新闻研究领域在研究什么；二是研究者如何对中国数字新闻展开研究。与新闻研究类似，数字新闻研究依然是一个"经验优先"的学术领域。因此，本文着重以2015年以来在CSSCI来源期刊上发表的对中国数字新闻实践展开经验研究的论文为分析对象，从中梳理这些研究在议题、理论与方法三个维度上的体现。具体而言，议题意味着"研究者关心的主要话题是什么"，理论指的是"研究者分析研究问题时使用的工具"，方法主要关注研究者"采用何种方式为他们的研究搜集材料以及展开分析"。①

二、转型与创新：中国数字新闻研究的关键议题

目前，数字新闻研究主要集中在两大核心议题上：一是"转型"，侧重分析和解释中国新闻业的数字化转型；二是"创新"，主要关注中国新闻业在生产制作以及产品上的创新。当然，两者并非泾渭分明。转型有时也意味着创新，创新也会蕴含着转型。我们将两者区分开，主要是将小的变化与大的变革相区分，以便更好地区分行动者在面临技术冲击时的两种选择行为。

---

① 白红义.2018年中国新闻研究的回顾与反思[J].新闻与写作,2019(02):36-43.

（一）转型

中国的新闻从业者和新闻研究者常常以"转型"俗称新闻组织的数字化改造。转型不仅是新闻组织开展创新实践、实现数字化自我改造的技术采纳与适配，以及由此技术层面的行动触发的组织架构调整和生产流程重构，也是一种新闻组织创新实践的话语。①对传统新闻业来说，转型是一个全方位的过程，会涉及人员、机构、制度、观念、话语、常规等各方面的变化。本文将既有研究归纳为两个维度：一是作为转型主体的新闻从业者，二是作为转型对象的新闻组织。

第一，新闻从业者的转型。新闻从业者的变化一直是数字新闻研究的核心议题之一，研究者普遍关注外界（特别是技术）对新闻从业者的影响。例如，丁方舟和韦路对新闻从业者的"认知转变"进行了考察。作者发现，网络技术的使用会影响新闻从业者对于自身角色的判断。使用微博较为频繁的从业者往往会选择使用"倡导公正"定位自身的职业角色。②任天浩和匡文波探讨了从业者对技术的态度。通过对283位被访者的回答进行分析，两位研究者指出大多数从业者对5G有着"中等以上的认知水平"。不过，从业者却存在"技术乐观主义"和职业境遇焦虑上的矛盾现象。③张伟伟也对新闻从业者对技术的态度展开了讨论。与任天浩和匡文波不同，她更加关注网络工作使用与职业角色认知两者的关系，研究结果表明，传统新闻业从业者的工作已经离不开互联网。"互联网工作性使用"对从业者的职业角色认知有着显著影响。④徐笛和马文娟则是对数据新闻从业者展开了调查，通过问卷调查与深度访谈两种方法，对中国内地的数据新闻业从业者的样貌进行了描绘。⑤

一些研究者还从质化研究的路径分析了新闻从业者的数字化"转型"。

---

① 周睿鸣.锚定常规："转型"与新闻创新的时间性[J].新闻记者,2020(2):21-31.
② 丁方舟,韦路.社会化媒体时代中国新闻从业者的认知转变与职业转型[J].国际新闻界,2015,37(10):92-106.
③ 任天浩,匡文波.媒体从业者对行业内技术嵌入的认知与态度研究——基于5G应用的实证调查[J].西南民族大学学报（人文社会科学版）,2020,41(01):146-152.
④ 张伟伟.传统媒体新闻工作者互联网工作性使用与职业角色认知研究——一项基于报纸和电视媒体的实证考察[J].现代传播,2018,40(03):63-69.
⑤ 徐笛,马文娟.中国内地数据新闻从业者调查——基本构成、所需技能与价值认知[J].新闻记者,2017(09):22-33.

例如周睿鸣、徐煜和李先知使用"液态的连接"概括了当下新闻共同体的特质。新闻从业者在今天被"多重社会力量推拉",他们在职业身份面临着多重困境和不确定性的情况下投身于实践。与此同时,这些从业者尝试通过自身与行业其他从业者的努力,重新确定身份。①通过对98位从业者进行访谈,唐铮对处在转型中的新闻业"职业权威"进行了研究。研究发现,新的生产机制将从业者原本的"独立"身份转向了生产的"特定环节"中。相较于以往,今天的从业者更加希望建立起清晰的职业身份。②通过分析调查记者的"忠诚话语",曹艳辉认为这些处在不同立场的从业者,通过将话语与"理想""现实考量""单位支持"相勾连,将自身的职业选择正当化。③

第二,数字时代新闻组织的转型。新闻组织是推动和承受转型的主要行动者,数字化转型具体体现在新闻融合、常规变迁、机构调整等方面。在现有研究中,卞清和赵金昳揭示了澎湃新闻的创新、机遇以及可能面临的困境。④周睿鸣的研究同样关注了澎湃新闻。他的分析从观念、元话语以及行业变迁的角度展开。他发现,"转型"并非只是"现实考量",其同时带有"路径依赖"的特性。⑤王侠选择了新闻客户端M进行分析。脱胎于纸媒的M一方面承袭了纸媒价值取向,另一方面也开展了诸多的市场化尝试。不过,尽管已经认识到自身只是"众声喧哗"中的成员之一,但M依然未放弃扮演"专家角色"。⑥李东晓关注到了体制之外的线上新闻"作坊"。研究结果显示,这些"作坊"的出现为数字新闻业带来了许多新气象。它们更加倚靠"职业理念"话语来建立正当性,但是模式模糊导致其无法改变当下整个行

---

① 周睿鸣,徐煜,李先知.液态的连接:理解职业共同体——对百余位中国新闻从业者的深度访谈[J].新闻与传播研究,2018,25(07):27-48+123-127.
② 唐铮.能动的在场:融合背景下的职业权威性——对近百位中国媒体从业者的深度访谈[J].国际新闻界,2019,41(06):86-98.
③ 曹艳辉.职业权威与工具理性:新传媒生态下调查记者的"忠诚话语"研究[J].新闻记者,2019(07):26-27.
④ 卞清,赵金昳.媒介融合语境下的编辑部改造——基于"澎湃新闻"日常实践的考察[J].新闻记者,2015(12):61-70.
⑤ 周睿鸣."转型":观念的形成、元话语重构与新闻业变迁——对"澎湃新闻"的案例研究[J].国际新闻界,2019,41(03):55-72.
⑥ 王侠.液态社会中新闻生产的变革与延续——基于对新闻客户端M的分层访谈[J].国际新闻界,2019,41(05):60-79.

业的样貌。①

除了对机构转型的过程和特点进行分析外，研究者们还思考了转型带来的变化或是后果。例如何瑛和胡翼青就对"中央厨房"进行了反思。中央厨房式的转型使新闻生产流程发生了巨大变化，新闻的"工业属性"得到了强化。与此同时，新闻的"文化属性"被削弱。这种转型实际上是困境下的"现实选择"。②王海燕聚焦数字技术对新闻"时间性结构"带来的巨大影响。她指出，新闻业的传统时间性结构被彻底重构，今天的新闻业正在呈现出"永动机式的工作模式"。新的时间性结构在影响着新闻业运作常规和从业者观念的同时，也影响着"新闻业权威以及其社会正当性"。③面对被加速的时间，陈阳提出了"每日推送10次意味着什么"的疑问。她指出，在每日多次推送成为常态的情况下，深度正逐渐被情感所代替。④谢静对"上观新闻"客户端的研究也表明，数字新闻客户端正试图打破原本的行业隔阂，建立起基于数字技术的新联结。⑤

（二）创新

作为近些年被频繁提及的一个概念，新闻创新指"多元新闻实践主体创造、采纳或扩散新闻工作新观念、新方式的行动过程"⑥。这种新闻路径的创新更加强调新闻的公共属性，而非强调商品属性。⑦当然，也有研究者指出创新实际上涵盖了包括组织、经营管理、技术、运营、市场、内容等多个维度

---

① 李东晓.界外之地：线上新闻"作坊"的职业社会学分析[J].新闻记者,2019(04):15-27.
② 何瑛,胡翼青.从"编辑部生产"到"中央厨房"：当代新闻生产的再思考[J].新闻记者,2017(08):28-35.
③ 王海燕.加速的新闻：数字化环境下新闻工作的时间性变化及影响[J].新闻与传播研究,2019,26(10):36-54+127.
④ 陈阳.每日推送10次意味着什么？——关于微信公众号生产过程中的新闻节奏的田野观察与思考[J].新闻记者,2019(09):23-31.
⑤ 谢静.新闻时空的转型与"转译"——基于"上观新闻"的移动新闻客户端研究[J].新闻大学,2019(08):61-76+122-123.
⑥ 王辰瑶.新闻创新研究：概念、路径、使命[J].新闻与传播研究,2020,27(03):37-53+126-127.
⑦ 曾繁旭,王宇琦.重新定义传媒业的创新：持续性传媒创新与颠覆性传媒创新[J].新闻与传播研究,2019,26(02):62-72.

的变化。①不过,在本部分,我们将新闻创新总结为两种模式:过程创新和产品创新。前者多关注具体新闻机构在体制、机制、生产等方面的变革,而对产品创新的分析则大多聚焦于这些过程创新带来了哪些后果和结果。

第一,过程创新。早期的新闻创新研究大多是对过程创新的考察。例如,白红义对上海A网站的创新失败研究指出,由于流量、内容、环境等方面的限制,该网站失败的命运似乎早已注定。②王辰瑶和喻贤璐对三家报纸在新媒体平台上的新闻创新进行了分析。③李艳红从中观组织路径出发,对三家新闻机构的数据新闻采纳过程进行了探讨。④陆晔和周睿鸣对"协作式新闻布展"进行了研究。两位学者明确表示,对新闻创新的分析需要将其放置在"新型社会逻辑与权力关系"中展开思考。⑤周睿鸣则对"部署时间"上的创新进行了分析。他认为,"锚定常规"是对标"互联网时间"过程中必然的一种创新行为。⑥

第二,创新产品。新闻创新的另一个重点体现在新闻产品的创新上,出现了一些不同于传统新闻产品的新类型,尤以数据新闻、算法新闻最为突出。钱进和周俊以"职业文化"概念作为路径,对一个数据新闻团队进行了考察。研究指出,办公空间与公共空间的调整会对日常办公与个人行为,甚至对整个职业产生影响。不同职业分工之间通过转译人进行沟通;围绕选题、文案撰写、新闻的发布与更新形成了新的工作常规。⑦通过对14名从业者进行访谈,张淑玲研究了数据新闻的使用与扩散问题。研究发现,中国的数据新闻发端与创新动机有着密切关联。但只有数据新闻优势凸显,且与本土

---

① 曾繁旭,王宇琦.重新定义传媒业的创新:持续性传媒创新与颠覆性传媒创新[J].新闻与传播研究,2019,26(02):62-72.
② 白红义.实践视阈下的新闻创新——基于上海A网站新闻生产的个案研究[J].现代传播,2018,40(08):57-66.
③ 王辰瑶,喻贤璐.编辑部创新机制研究——以三份日报的"微新闻生产"为考察对象[J].新闻记者,2016(03):10-20.
④ 李艳红.在开放与保守策略间游移:"不确定性"逻辑下的新闻创新——对三家新闻组织采纳数据新闻的研究[J].新闻与传播研究,2017,24(09):40-60.
⑤ 陆晔,周睿鸣.新闻创新中的"协作式新闻布展"——媒介融合的视角[J].新闻记者,2018(09):8-19.
⑥ 周睿鸣.锚定常规:"转型"与新闻创新的时间性[J].新闻记者,2020(02):21-31.
⑦ 钱进,周俊.论数据新闻对新闻职业文化的改造——以M媒体的数据新闻生产作为考察对象[J].新闻记者,2016(05):38-44.

语境相契合时，从业者才会大规模采纳。①方洁、胡杨、范迪的研究显示，中国语境下的数据新闻实践和独特的场域环境有着相关性。特定的时间、社会背景，都成了其在中国出现与发展的重要因素。②

如果说数据新闻还是中国新闻界的一种边缘突破的话，那么算法因为在新闻生产和分发中的角色日益重要，已经成为一种技术"座架"。国内学界针对算法的研究走向深入，形成了三种主要路径：一是算法分发的效果研究；二是打开算法"黑箱"，解密算法的运作过程；三是算法分发及其权力问题。

在第一类研究中，研究者通过算法新闻用户的角度对算法新闻的效果展开研究。周葆华通过对大样本数据的分析，对算法推荐类App的使用及其影响进行了探究。③杨洸和佘佳玲的研究显示，用户在使用算法推荐类App时的自主性有限。两位学者的研究结果还证实，算法推荐并非信息茧房问题的单纯影响因素。④陈华珊和王呈伟以"腾讯新闻"App为例，探讨了算法App使用与茧房效应的关系。⑤郑越和杨帆更是直接提出了"记者和算法谁更值得信任"的问题。研究表明，在不同的情形下，人们对二者写作质量的判断也有所不同。⑥崔迪和吴舫聚焦了算法推荐机制下的"知识效果"。研究发现，"今日头条"实际上改变了"信息分发机制"，其本质依然是人们获取新闻的重要渠道。⑦

第二类研究致力于打开算法的"黑箱"，研究者通过亲身的田野观察或对算法工作人员的深度访谈和问卷调查等方式来获取数据。王茜将自己的研

---

① 张淑玲.数据新闻的创新采纳与扩散影响因素分析 [J].现代传播,2018,40(08):149-153.
② 方洁,胡杨,范迪.媒体人眼中的数据新闻实践：价值、路径与前景——一项基于七位媒体人的深度访谈的研究 [J].新闻大学,2016(02):13-19+147.
③ 周葆华.算法推荐类 App 的使用及其影响——基于全国受众调查的实证分析 [J].新闻记者,2019(12):27-37.
④ 杨洸,佘佳玲.新闻算法推荐的信息可见性、用户主动性与信息茧房效应：算法与用户互动的视角 [J].新闻大学,2020(02):102-118+123.
⑤ 陈华珊,王呈伟.茧房效应与新闻消费行为模式——以腾讯新闻客户端用户评论数据为例 [J].社会科学,2019(11):73-87.
⑥ 郑越,杨帆.记者和算法谁更值得信任："机器人新闻"可信度的影响因素探析 [J].现代传播(中国传媒大学学报),2019,41(06):63-67.
⑦ 崔迪,吴舫.算法推送新闻的知识效果——以今日头条为例 [J].新闻记者,2019(02):30-36.

究视为"打开算法分发的'黑箱'"。通过对8000多条推送信息展开分析，王茜指出，"今日头条"客户端的代码中包含着四种观念要素：场景、内容、用户偏好和平台优先级。①通过对田野调查和访谈的结合使用，毛湛文和孙曌闻思考了算法分发平台中的新闻透明性原则实践限度情况。②徐笛对算法工程师的访谈结果表明，算法绝非"价值无涉"，这些算法在编写之时就已经将商业、内容等方面的考量要素纳入其中。③严三九和袁帆对算法工程师进行的问卷调查结果显示，尽管算法工程师已经成为传播活动中的关键角色，但是其对新闻领域的伦理了解却极为有限。④

第三类研究更为关注算法进入新闻场域所引发的传播格局的变化及其背后的权力关系。晏齐宏通过访谈的方式，探讨了不同行动主体对算法推荐与信息茧房两者间关系的看法。⑤张志安和周嘉琳以备受争议的党媒评"今日头条"事件作为分析个案，分析了不同行动者对话语正当性的建构过程。这种话语博弈的背后，其实是主导意识形态和商业资本在传播领域的一次正面交锋。⑥白红义和李拓则考察了不同行动者在这场风波中的公共话语。研究显示，技术挑战了新闻业原本规则，引发了不同行动者的讨论。⑦刘双庆分析了传统新闻从业者对外来"入侵者"的讨论。研究发现，主流阐释社群在不同时期对今日头条的探讨有着明显的差异，而这也与宏观传播环境的变化有着密切的关联。⑧

---

① 王茜.打开算法分发的"黑箱"——基于今日头条新闻推送的量化研究[J].新闻记者,2017(09):7-14.
② 毛湛文,孙曌闻.从"算法神话"到"算法调节"：新闻透明性原则在算法分发平台的实践限度研究[J].国际新闻界,2020,42(07):6-25.
③ 徐笛.算法实践中的多义与转义：以新闻推荐算法为例[J].新闻大学,2019(12):39-49+120.
④ 严三九,袁帆.局内的外人：新闻传播领域算法工程师的伦理责任考察[J].现代传播,2019,41(09):1-5+12.
⑤ 晏齐宏.技术控制担忧之争议及其价值冲突——算法新闻推荐与信息茧房关系的多元群体再阐释[J].现代传播,2020,42(03):59-65.
⑥ 张志安,周嘉琳.基于算法正当性的话语建构与传播权力重构研究[J].现代传播,2019,41(01):30-36+41.
⑦ 白红义,李拓.算法的"迷思"：基于新闻分发平台"今日头条"的元新闻话语研究[J].新闻大学,2019(01):30-44+117.
⑧ 刘双庆.从排斥到分化：基于今日头条的新闻边界工作研究[J].新闻记者,2019(07):75-84.

三、理论与方法：中国数字新闻研究的典型特征

中国数字新闻研究只有敏锐地捕捉到研究客体的变化，借助合理的理论和方法进行深入研究，有效地回应社会关切，才能不断提升自身在学术场域中的合法性。接下来着重从理论和方法两个维度呈现研究者如何展开对数字新闻实践的研究：理论是研究者用来对各种经验现象和材料进行阐释的工具，方法则是展开具体研究时所使用的研究路径、视角和方法。

（一）理论

数字新闻研究对理论的需求正与日俱增，既有研究中的理论视角主要体现在以下三类。一是将数字新闻视为社会系统，借鉴的理论有场域理论、新制度主义理论、职业生态理论等。如刘双庆以场域概念化新闻业中传统新闻社群；[1]李艳红以新制度主义中的"制度同型理论"解释新闻组织对数据新闻的开放采纳；[2]周睿鸣以新制度主义理论下的话语制度主义分析"转型"观念的形成；[3]李东晓以职业管辖权来分析线上新闻作坊。[4]二是将数字新闻作为社会技术实践，主要借鉴了STS（science, technology and society，指科学、技术、社会的研究）中的行动者网络理论。如王辰瑶和喻贤璐以行动者网络理论理解技术和编辑部行动者采纳"微新闻生产"创新的过程；[5]徐笛深入探究算法在行动者网络中的改写和转译[6]；谢静借用行动者网络和转译概念分析新闻客户端的时空变化[7]。三是从文化生产和话语角度展开的数字新闻研究。

---

[1] 刘双庆. 从排斥到分化：基于今日头条的新闻边界工作研究 [J]. 新闻记者, 2019(07):75-84.
[2] 李艳红. 在开放与保守策略间游移："不确定性"逻辑下的新闻创新——对三家新闻组织采纳数据新闻的研究 [J]. 新闻与传播研究, 2017,24(09):40-60+126-127.
[3] 周睿鸣. "转型"：观念的形成、元话语重构与新闻业变迁——对"澎湃新闻"的案例研究 [J]. 国际新闻界, 2019,41(03):55-72.
[4] 李东晓. 界外之地：线上新闻"作坊"的职业社会学分析 [J]. 新闻记者, 2019(04):15-27.
[5] 王辰瑶, 喻贤璐. 编辑部创新机制研究——以三份日报的"微新闻生产"为考察对象 [J]. 新闻记者, 2016(03):10-20.
[6] 徐笛. 算法实践中的多义与转义：以新闻推荐算法为例 [J]. 新闻大学, 2019(12):39-49+120.
[7] 谢静. 新闻时空的转型与"转译"——基于"上观新闻"的移动新闻客户端研究 [J]. 新闻大学, 2019(08):61-76+122-123.

如李艳红和陈鹏对中国新闻业转型的话语形构中"商业主义"统合和"专业主义"退场现象的分析①；李红涛对新闻业转型语境下的怀旧话语实践中"黄金时代"叙事的研究②；邓力使用元新闻话语分析围绕非虚构写作的相关论述如何构成各方行动者定义并塑造这一新兴实践的阐释空间③。

除了关注研究者当下重点使用的理论资源外，研究者进行理论化的方式也值得进一步讨论。数字新闻研究对理论的态度依然以实用—参与为主，而这种态度下的研究工作主要就是产出中层理论④，"它们并不是主要针对整个新闻业的社会分类学，而是试图描述和解释新闻业的某些特定方面"⑤。这里所说的理论化实际就包含了两种类型，一种是基于既有理论所做的理论化工作，另一种是运用一系列理论化工具发展出新的理论。

第一种类型的研究主要是将已在其他文献中得到印证的理论放置在新的社会场景中进行讨论，以对新现象进行解释，并在应用过程中尝试对理论进行推进。例如，尹连根和王海燕就从"边界工作"和"阐释社群"两个概念出发，探讨了数字时代中国新闻业的变化。两位学者将阐释社群的概念细化为"记者对新闻平台、新闻职业和新闻产品的诠释"，并分析数字技术等因素对新闻业职业边界的影响。⑥再如，唐铮从"职业权威"这一理论出发，探讨了当下中国新闻从业者的生产实践与新闻权威间的关联⑦；王辰瑶和喻贤璐则从"行动者网络理论"的视角出发，分析了新闻编辑室的过程创新。

第二种类型的研究主要基于一系列概念或者理论，结合本土经验发展出

---

① 李艳红,陈鹏."商业主义"统合与"专业主义"离场：数字化背景下中国新闻业转型的话语形构及其构成作用[J].国际新闻界,2016,38(09):135-153.
② 李红涛."点燃理想的日子"——新闻界怀旧中的"黄金时代"神话[J].国际新闻界,2016,38(05):6-30.
③ 邓力.在新闻业的沙上"圈地"：非虚构写作的位置创立与领地扩张[J].新闻记者,2020(09):25-36.
④ Ahva, L., Steensen, S..Journalism Theory[M]// Wahl-Jorgensen, K., Hanitzsch, T..The Handbook of Journalism Studies. New York: Routledge,2009:38-54.
⑤ Löffelholz, M.. Heterogeneous-multi-dimensional-competing. Theoretical Approaches to journalism:An overview[M]// Weaver, D. H., Schwarz, A., Löffelholz, M.(eds.). Global journalism research: Theories, methods, findings, future. Malden, MA: Wiley-Blackwell,2008:15-27.
⑥ 尹连根,王海燕.失守的边界——对我国记者诠释社群话语变迁的分析[J].国际新闻界,2018,40(08):6-24.
⑦ 唐铮.能动的在场：融合背景下的职业权威性——对近百位中国媒体从业者的深度访谈[J].国际新闻界,2019,41(06):86-98.

新的理论。例如,液态是典型的西方社会学理论。近些年,这一概念被应用于多个有关中国新闻业的研究之中。例如对"长江沉船事件"的报道研究[1]、对新闻业"液态的连接"的探讨[2]。这些研究指出了当下中国新闻业的基本样态——流动的、液态的共同体。

两种理论化方式都表明,国内研究者已经开始有意识地在研究中进行发展新闻理论的工作。在未来的研究中,学者们依然可以在对理论和概念与本土语境的新闻实践、新闻变化和新闻现象进行勾连的基础上进行推进。

(二)方法

从过去五年对中国数字新闻业的实证研究来看,质化研究和量化研究依然是两种主要的方式,前者又在其中占据了相当高的比例。在这些质化研究中,参与观察和深度访谈是研究者获取资料的主要方式。

民族志式的田野观察依然是十分有益的方法,尤其是在涉及新闻生产的内容时,进入新闻室的参与式观察得到了广泛运用。胡翼青和谌知翼就以参与式观察作为主要方法,考察了人民日报微信公众号上的《夜读》栏目背后的运作。除了日常的工作与观察外,研究者还对7位新媒体编辑进行了访谈。[3]周睿鸣对澎湃新闻的研究同样以参与观察为主,他"每天在编辑部里停留约10小时……根据参与观察期间的工作、交谈与体会,第一时间撰写田野笔记"[4]。陈阳则利用了自己在人民日报新媒体中心挂职锻炼的10个月时间,观察了人民日报微信公众号的运作。[5]

还有一些研究主要通过深度访谈来获取资料。通过对25位从事可视化

---

[1] 陆晔,周睿鸣."液态"的新闻业:新传播形态与新闻专业主义再思考——以澎湃新闻"东方之星"长江沉船事故报道为个案[J].新闻与传播研究,2016,2016,23(07):24-46+126-127.

[2] 周睿鸣,徐煜,李先知.液态的连接:理解职业共同体——对百余位中国新闻从业者的深度访谈[J].新闻与传播研究,2018,25(07):27-48+126-127.

[3] 胡翼青,谌知翼.寻找惯例:"夜读"栏目的信息生产实践[J].山西大学学报(哲学社会科学版),2018,41(05):68-76.

[4] 周睿鸣."转型":观念的形成、元话语重构与新闻业变迁——对"澎湃新闻"的案例研究[J].国际新闻界,2019,41(03):55-72.

[5] 陈阳.每日推送10次意味着什么?——关于微信公众号生产过程中的新闻节奏的田野观察与思考[J].新闻记者,2019(09):23-31.

新闻生产工作的编辑人员进行深度访谈,杨奇光对新闻可视化生产进行了研究。他所访谈的工作人员,均为典型的一线工作者,且有着丰富工作经验。[①]张诚、朱天、齐向楠也先后访谈了多名地方宣传部门或新闻机构的负责人。受访者范围覆盖了从宣传部到新闻机构的多个部门负责人。[②]王侠对新闻客户端M的研究采用了分层访谈的方法,虽然访谈对象的数量不是很多,但是她的受访对象却涵盖了各个层级,有着鲜明的代表性。[③]

在量化研究中,问卷调查和内容分析则是较多使用的两种方法。前者主要是对新闻工作者和新闻用户的问卷调查。例如,唐嘉仪以"滚雪球"的方式派发了问卷,以调查和分析广东省网络新闻从业者的职业身份认同和职业理念认知。[④]张伟伟对重庆市和成都市的8家传统媒体的从业者进行了问卷发放,共收回有效问卷568份。[⑤]胡翼青和朱晓颖通过对从业者发放问卷,了解他们对人工智能本身以及其对自身地位影响的态度。[⑥]黄忻渊调查了1075名使用算法分发客户端的用户,以探讨他们对算法推荐机制的感知和风险态度。[⑦]

在内容分析方面,王海燕和刘湘对1584篇新闻报道进行了分析。研究者惊讶地发现,在六年的时间里,中国的报纸新闻报道呈现出"去专业化"趋势。不过,这种"去专业化"并非只有负向作用,在此过程中同样孕育着"再专业化"的可能。[⑧]在王海燕的另一项研究中,她对新闻创新的"变"与"不变"进行了考察。通过对媒体客户端和报纸的内容分析,王海燕指出,

---

[①] 杨奇光.媒体融合时代的新闻室矛盾:基于新闻可视化生产实践的考察[J].新闻大学,2018(01):18-26+148.
[②] 张诚,朱天,齐向楠.作为县域治理枢纽的县级融媒体中心建设刍议——基于对A市的实地研究[J].新闻界,2018(12):27-32.
[③] 王侠.液态社会中新闻生产的变革与延续——基于对新闻客户端M的分层访谈[J].国际新闻界,2019,41(05):60-79.
[④] 唐嘉仪.转型与重构:网络新闻工作者的职业身份认同与职业理念认知——一项广东地区的实证调查[J].新闻记者,2020(06):71-84.
[⑤] 张伟伟.传统媒体新闻工作者互联网工作性使用与职业角色认知研究——一项基于报纸和电视媒体的实证考察[J].现代传播,2018,40(03):63-69.
[⑥] 胡翼青,朱晓颖.人工智能的"幻影公众"——基于新闻从业者实证研究的考察[J].中国出版,2018(19):15-21.
[⑦] 黄忻渊.用户对于算法新闻的认知与态度研究——基于1075名算法推荐资讯平台使用者的实证调查[J].编辑之友,2019(06):63-68.
[⑧] 王海燕,刘湘.数字化环境下的新闻"去专业化"研究——基于2018与2012我国报纸新闻的比较内容分析[J].新闻大学,2020(07):79-93+124.

两者的表达、主题、信源等方面的差异其实并没有十分显著，但是在标题、导语、排版以及可视化等方面，两者存在着差异。①

梳理国内数字新闻研究论文使用的研究方法可以发现以下三点。一是针对数字新闻产品的传统内容分析的比例依旧很高，而以数字方法进行内容分析的研究相对较少，计算方法和新闻网络的分析不太常见。二是在民族志研究上，体现出以新闻编辑室为中心，以观察、访谈方法为主的传统新闻室民族志研究的特点。这也体现出中外新闻实践上的差异性，国内的新闻生产仍然以新闻编辑室为核心。当然，相信伴随着时间的推移，未来会有越来越多将"技术公司"作为田野地点的研究出现。三是学者们开始逐渐采纳大数据、社会网络分析、情感分析等计算机网络分析方法，例如唐铮和李开宇就通过对现有数据进行深度学习，预测出了融媒体背景下的新闻内容生产效能。②不过，此类方法尚未得到广泛应用。

四、深化与拓展：中国数字新闻研究的未来趋势

当前的新闻学研究正处在一个关键拐点，几乎所有与新闻有关的研究都或多或少是在数字技术的宏观背景下进行的，这是促使数字新闻研究兴起的直接原因。从前述对国内相关研究的梳理来看，我们可以作出以下判断。首先，当前学界已经在数字新闻领域开展了大量且有效的研究，但这些研究大多以碎片化的形式存在，即主要是对具体的问题和现象展开分析，而对宏观的、整体的问题的把握仍然较为有限。当然，这与中国本土语境的特殊性有关。其次，尽管学者对何谓数字新闻研究及其如何发展已经有了一定的讨论，但是不同研究者有着不同的观点，议题的模糊性依然十分明显。最后，相比于西方，关注中国语境下的数字新闻研究本身的文献仍然较为有限，如何在西方经验的基础上，立足中国本土，对中国实际问题进行分析，无疑是

---

① 王海燕.数字新闻创新的变与不变——基于十家媒体客户端新闻与纸媒报道的对比分析[J].新闻记者,2020(09):3-13.

② 唐铮,李开宇.基于大数据的新闻内容生产效能评估——以上海某媒体为例[J].海南大学学报（人文社会科学版）,2020,38(06):94-103.

十分重要的议题。相应地，这些不足也构成了进一步探讨、发展或突破的空间所在。

第一，数字新闻研究已经成为当前新闻学研究的重点和热点。越来越多的学者开始聚焦数字技术与新闻碰撞带来的行业新变化、新现象。可以说，技术的出现为新闻研究带来了新的可能。这种可能体现有三。其一，数字技术的出现为研究者带来了新的分析视角。不同于以往将新闻业视为静态的整体，今天的学者则将新闻业视为动态的、液态的存在，根据新闻业的现实变化，引入场域、生态等空间性概念思考新闻业新的形态特征。其二，越来越多新议题开始出现。原本新闻研究较少提及的技术、资本、运营、管理等问题开始被学者探讨。其三，数字新闻学研究带来了跨学科分析的可能。越来越多原本不属于新闻研究范畴的理论、概念与资源被应用到数字新闻研究之中。当然，这些变化在为数字新闻研究带来新可能的同时，也对后续的研究者提出了更高的要求。这种现状使得对数字新闻研究进行整体的、系统的审视和反思有其必要性和紧迫性，研究者有必要从宏观上把握数字新闻学研究的兴起、特点及未来趋势。

第二，欧美新闻学界已经展现出强烈的建立数字新闻研究学科的意识，这是过去20多年新闻学研究发展的一个必然结果。虽然关于数字新闻研究是否能构成一门独立的学科还存在较大争议，但上述争论可能只是一种争夺自身"合法性和权威性"的策略。传统的新闻研究者希望将数字新闻研究这一新兴领域纳入自己的版图，而专职开拓、躬耕数字新闻研究的学者又希望维护自己对于这一领域的管辖权，双方都能罗列出翔实而充分的理由。从研究对象、学科视角、研究方法、历史渊源等角度来看，新闻研究和数字新闻研究确实已经达到了水乳交融、你中有我的状态，非要争夺所谓的独立性和归属问题，对于学科进步而言也许徒劳无益。比较而言，中国新闻学界虽然并未出现类似的争论，但实际上已经开展了对数字新闻实践的研究，在新闻融合、算法推荐、数据新闻、新闻创新等议题上产生了颇具中国特色的研究成果。中外学界都面临着发展新的数字新闻研究体系的问题，应当搁置概念和属性等方面的争议，共同将关注点转移到数字技术对于现实新闻业以及新闻理论、新闻研究方法的重塑和改造等要点上。

第三，由于数字技术已经全方位渗透到了新闻业，导致学者探讨的议题极其广泛。研究选题既包含社交平台、新闻实践、自动化写作等热门话题，也包含一些相对小众的选题。尽管选题各异，但是几乎所有研究都指向一个长期探讨的议题：新闻业是什么？应该承担何种社会角色？新闻业的内涵和样貌正在发生变化。原本的边界被打破，新的行动者层出不穷。被赋权的个体不再是"受众"，而是可以与新闻业同台竞技的内容生产者，技术开始成为挑战新闻实践中人的主体地位的新客体。这些变化很难用好或坏来形容，因为旧的实践模式正在被打破，新的实践正在形成。多元化的声音也可能形成新的公共话语空间与新闻环境。尽管新闻业遭遇了经济、信任等危机，但是它依然应当承担关键的社会功能和角色，新闻业的未来同样孕育着机遇。而既有研究在"是什么"上花费了很大工夫，对新闻业的变化进行了细致的描述。当前则应该加强对这些变化的阐释，分析其意义，尤其是对"应该是什么"的讨论，研究者要夯实数字新闻研究的规范基础，打破既有研究实证主义的偏向。

五、结语

本文基于过去五年发表在大陆学刊上的数字新闻研究论文，对当前国内数字新闻研究关心的议题、使用的理论和方法等基本状况进行了呈现。研究的进展呼应着实践的变化。随着数字技术的不断发展，中国新闻业的数字化水平已经达到了相当高的程度，不仅大量的传统媒体需要进行数字化转型，而且诞生了数字原生媒体、平台媒体等多种类型的数字媒介。新闻业的数字化转型是个普遍性问题，欧美发达国家的探索要略早于我国，研究者也相对更早地意识到构建数字新闻研究体系的必要性，已经着手在概念界定、议题范围、研究方法等方面进行探索。相应地，他们所构建的数字新闻研究体系也就具有强烈的西方色彩，主要的作者来自欧美发达国家，理论和概念出自西方语境，研究所依据的经验材料也来自西方媒体的实践，其结论难以摆脱

"西方视角"的偏向,未必适用于非西方国家。在中国语境中进行新闻理论和实践创新,必然面临中国所具有的独特问题以及应对这些问题的独特处理方式。中国新闻业的数字化发展阶段与欧美发达国家不太一致,影响数字新闻业发展的政治、经济、社会、文化、技术等外部因素也不尽相同,这就导致中国新闻业的数字化转型呈现出与之不同的发展状态,需要关注和应对的重要问题也有所不同。数字新闻研究需要适应研究客体的重大变化,在研究方法、理论工具、分析路径等方面进行创新,以更好地分析和阐释当前新闻业发生的变化。此前已有不少学者提出了创新研究范式的思考,而关键在于如何将其落地,结合本土实践进行扎实的理论研究。

[白红义,复旦大学新闻学院教授;张恬,上海社会科学院新闻研究所硕士研究生;李拓,清华大学新闻与传播学院博士研究生。本文为2018年上海市浦江人才计划资助项目"数字时代的中国新闻创新研究"(编号18PJC090)的阶段性成果,原载于《新闻与写作》2021年第1期,经作者授权转载。]

2020年全球新闻业研究趋势：世界的变化在新闻业的回响

方可成　范吉琛

【摘要】

2020年，学界针对全球新闻业的研究，回应了人类社会正在发生的巨大变化。基于对2020年发表的全球新闻业研究论文与学术著作的回顾，本文重点梳理了四个议题的研究：新闻学研究中的"情感转向"，新闻工作中社交媒体的使用及影响，攻击、性骚扰等与记者安全相关的议题，以及疫情中的新闻学研究。这些议题回应了近年来人类社会的一些重大趋势，尤其是民粹政治的兴起、社交媒体的影响、机构权威的衰落。

【关键词】

新闻业；情感；记者安全；社交媒体；新冠肺炎疫情

2020年的世界几乎超出所有人的预料和想象。新冠肺炎疫情的肆虐，给人类社会带来了动荡和巨大的不确定性。疫情中出现了很多互助与合作的篇章，但与此同时也出现了冲突和矛盾的激化，让我们看到一个更加对立与极化的全球社会。

实际上，如果我们将时间的维度稍稍拉长就会发现：虽然新冠肺炎疫情是突然出现的，但我们在2020年见到的不少趋势在几年前就已经开始酝酿和显现。世界范围内民粹政治的兴起、对组织机构的不信任、虚假信息的流传、思想观念的极化、不同群体之间的对立与冲突、科技平台对人类社会的巨大影响，这些早在四五年前就开始出现的现象，在2020年达到了又一个高点。

在这样的背景下,全球新闻业研究自然也会紧紧围绕世界发生的巨大变化,对这些重要的问题在新闻业中的影响和表现作出回应和讨论。在梳理了 *Journalism*、*Digital Journalism*、*Journalism Studies*、*Journalism Practice*、*New Media & Society*、*Social Media + Society* 等SSCI新闻传播学领域期刊在2020年发表的、被引用量较高的论文,以及2020年出版的新闻学学术著作之后,我们发现:2020年的全球新闻业研究至少对四个重要主题进行了深入的回应,即新闻学研究中的"情感转向"、社交媒体对新闻工作的影响、记者在工作中受到的性骚扰和攻击,以及与疫情和新闻媒体相关的研究。这四个主题都与过去几年的世界变化息息相关,是时代趋势在新闻业的具体体现和回响。

一、新闻学研究中的"情感转向"

在过去很长一段时间里,新闻业的规范都是客观、理性、有距离地记录和观察,记者一般要极力避免情感的投入和流露。然而,随着数字平台和社交媒体的发展,情感(emotion)在新闻的生产过程、文本加工以及受众参与中所扮演的角色越发凸显,也引发了学术界的关注。

英国卡迪夫大学教授Karin Wahl-Jorgensen是提出新闻学研究中"情感转向"的最重要的学者。[①]2020年,*Digital Journalism*出版了由她编辑的特刊,主题就是"数字新闻业与情感"(Digital Journalism and Emotions)。

在特刊的开篇介绍文章中,Wahl-Jorgensen 提出:情感是新闻学研究在认识论上的一个盲区。这是由于在民主社会中,新闻组织扮演着"第四权力"的关键角色,其合法性源于政治上的独立性,在实践中则要求记者恪守客观性,即在新闻的叙事中排除价值与情感。因此,新闻业的情感化通常被视为对新闻的标准和规范的一种威胁。然而,伴随着其他人文学科和社会科学领

---

① Wahl-Jorgensen, K.. Emotions, Media and Politics[M].Cambridge: Polity Press ,2019.

域中的情感转向,新闻学研究中对于情感的关注也有所增加。① 这并非在倡导学术领域的范式或议程的重大转变,而是指出,在学术领域日益碎片化和多样化的背景下,新闻业与情感的关系正成为数字新闻研究中一个快速发展的领域,应当鼓励学者使用多样的理论和方法,探讨情感在新闻生产、文本以及消费中所扮演的角色。

具体而言,Wahl-Jorgensen教授指出,在新闻生产层面,新闻工作经常会将情感纳入考量,进而塑造新闻的叙事和呈现。但记者往往被看作超然的观察者(detached observers),其情感劳动(emotional labor)经常被忽视。在新闻文本层面,研究表明,即便是传统的硬新闻(hard news),其本身也受到情感的影响。在新闻消费层面,当新闻与受众有关联时,受众更有可能投入情感、引发回忆或是采取行动。同时,数字平台和社交媒体的可供性(affordance)打破了受众与新闻生产者之间的界限,扩大了受众参与的机会,并带来了更新、更多的情感表达方式。这些都已经对现今的新闻生产实践产生了影响。

新闻生产层面的情感转向,有一个具体的案例,那就是对于沉浸式新闻(immersive journalism)的尝试。Laws在特刊的论文中指出,《纽约时报》和《卫报》等主要媒体在近期都推出了沉浸式新闻的项目,即通过虚拟现实(virtual reality)和360度视频(360 video)等技术,使受众可以深度参与并产生同理心(empathy)。② 基于对4个沉浸式新闻项目的评估,研究者认为:一方面,一些沉浸式新闻的项目确实有可能增强受众的同理心;而另一方面,沉浸式新闻项目需要超越增强受众同理心的目的,进而在塑造虚拟现实技术的未来方面,扮演更加强有力的角色。相比之下,Hassan 对虚拟现实技术能否创造出同理心,做出了更为悲观的判断。技术变化的后移动浪潮(post-mobile wave)宣称,虚拟现实技术可以创造出所谓的"同理心机器",进而构成"新"新闻业的基石。他从"数字性"(digitality)的角度

---

① Wahl-Jorgensen, K..An Emotional Turn in Journalism Studies?[J]. Digital Journalism, 2020,8(2):175-194.
② Laws, A. L. S..Ana Luisa Sánchez Laws. Can Immersive Journalism Enhance Empathy?[J]. Digital Journalism,2020,8(2):213-228.

对这一主张进行了探讨，认为人类是生存在一个模拟世界（analogue world）中的模拟主体（analogue agents），而数字性在本质上则是一个异化的领域（alienating sphere），因而数字媒体无法在不产生间隙（gaps）、空洞（voids）和遗漏信息（missing information）的情况下，复制人类所经历的模拟的传播过程。虚拟现实技术所生产的是一种强有力的"整合景观"（integrated spectacle），但相比于人们产生同理心所需要的互动体验而言，它只是一种苍白的替代品。因此，研究者认为，同理心无法从数字资源中被生产出来。同时，如果虚拟现实技术真如一些科技巨头所言，成为后移动技术浪潮的主导，那么人们，特别是虚拟现实新闻产品的消费者，将会被进一步拉开与真实世界的模拟现实（analogue reality）之间的距离。①

在新闻文本的层面，通过考察一个为旅居美国华人而办的热门微信公众号，Zou探讨了情感导向的数字新闻是如何将离散的社群维持成一个情感上的反公共领域（counterpublic）的。与哈贝马斯提出的公共领域相比，反公共领域至少具有两个显著区别。其一，公私之间不存在明显的界限，个人/私人与政治/公共之间往往是交织的。其二，反公共领域并不完全是理性和批判的，通常也是情感化的。研究发现，在日常实践中，这些海外华人微信公众号会通过一系列标准化的叙事策略，营造出恐惧的情感氛围。研究者认为，将恐惧建构为一种集体的情感，具有公民潜力（civic potentials），因为它可以联结政治生活与日常生活，并使得离散社群的反公共领域与接受他们的社会中的主流公共领域相联系。引起恐慌的新闻报道通常会采取五种方式以增强公众参与（civic engagement）：个人化的意义建构（personalized sense-making）、道德评价（moral evaluation）、动员（mobilization）、治疗性封闭（therapeutic closure，即提出应对恐惧的可能办法）、维护凝聚力（cohesion maintenance）。②

在受众层面，Waddell发现发布在社交媒体中的新闻往往会伴随着不文明的评论，进而对其他受众产生影响，带来难以预料的后果。为什么读者容易

---

① Hassan, R..Digitality, Virtual Reality and The 'Empathy Machine'[J]. Digital Journalism, 2019:1-18.
② Zou, S.. Emotional News, Emotional Counterpublic[J]. Digital Journalism,2018,8(2):229-248.

受到网络评论的影响？被认为是难忘或者真实的评论，是否更有可能影响读者？如果如此，这样的结果是否会出现在不同类型的新闻当中？为回答以上问题，研究者开展了一项3（评论取向）×4（话题类型）的网络实验。研究结果显示，负面评论与人们对于新闻是否符合潮流的感知是负相关的，而后者与新闻的可信度和事件的重要性是正相关的。这一结果在被认为是生动和真实的评论中表现得尤为明显，而与所讨论的新闻的类型无关。基于上述结果，研究者认为，在信息过载的环境下，受众通过网络评论等外部特征来处理信息，可能会逐渐使得新闻内容中的差异在前台（foreground）就被呈现出来。①

在特刊的最后一篇文章中，Kilgo等人通过内容分析的方法，考察了数字新闻是如何应用不同的新闻价值和情感诉求去报道冰桶挑战（Ice Bucket Challenge）的，同时还分析了报道的哪些因素会影响受众在Facebook和Twitter上分享内容。研究表明，名人的参与和有人情味的故事更有可能被报道。同时，新闻价值对于受众分享行为的影响较为有限。相比于Twitter，在故事中使用情感的文章更有可能在Facebook上被分享。②

在上述特刊之外，Jukes也研究了新闻业中的情感议题。他认为，现今的新闻业被愤怒、恐怖、极化的政治和假新闻所充斥，新闻正在被情绪化的内容所主导。③因此，他的专著《新闻与情感》（*Journalism and Emotions*）考察了情感对于新闻实践和记者本身的影响。这本书具体从4个方面展开：情绪化新闻的历史、社交媒体为了吸引受众的情感使用、情感对于记者工作的影响，以及记者在进行困难的报道时如何处理自己的情感。

可以预计的是，新闻学研究中的这种"情感转向"还将在未来几年持续产生影响，会有更多的相关研究问世，因为它确实敏锐地捕捉到了情感在新闻业（乃至整个人类公共生活）中发挥越来越显要作用的趋势。这种趋势背后有民粹主义政客的助推，有社交媒体平台对情绪化内容的鼓励，也有人类根深蒂固的情感特质。从一定意义上说，这一"情感转向"也是一种具备积

---

① Waddell, T. F. .The Authentic (And Angry) Audience[J]. Digital Journalism,2020,8(2):249-266.
② Kilgo, D. K., Lough, K., & Riedl, M. J..Emotional appeals and news values as factors of shareworthiness in Ice Bucket Challenge coverage[J]. Digital Journalism,2020,8(2): 267-286.
③ Jukes, S.. Journalism and Emotions[M].London: SAGE Publications Ltd.,2020.

极意义的纠偏，它指出了此前新闻学研究忽略情感的一大盲区。

二、新闻工作中社交媒体的使用及影响

伴随着社交媒体平台可供性的日益完善与多样化，以及受众阅读习惯的改变，越来越多的新闻媒体开始转向社交媒体平台，将其作为拓展业务、提升自身在受众中影响力的重要方向。2020年，国际新闻学界有多篇文章考察了社交媒体平台上的专业新闻实践，及其可能给新闻工作带来的影响。

Hermida和Mellado以Twitter和Instagram等平台的性质为出发点，提出了一个用以分析社交媒体平台上的新闻规范和新闻实践的理论框架。这个理论框架包含5个分析维度，分别是：（1）结构与设计（structure and design），定义了平台的技术可供性，这些技术可供性进一步塑造了媒体的形式；（2）美学（aesthetics），指在结构与设计框架下的语言和视觉风格；（3）体裁惯例（genre conventions），即记者和读者之间关于预期的一种不可言说的默契；（4）修辞策略（rhetorical strategies），社交媒体中的修辞策略是在传统媒体的边界之外发展起来的；（5）互动与意向（interaction and intentionality），例如用户对于标签（hashtag）的使用可以表明他们将内容公开的意图，因为给内容打上标签之后可以使他们的内容触及比其社交网络更广的受众。①

Myllylahti以注意力（attention）作为核心概念，探索了数字新闻业在平台获取受众注意力的盈利模式。她指出，用户的注意力是一种稀缺且液化的商品，在不同的平台和新闻源间流动，并受到技术和算法的影响。这使得从用户投入平台的注意力中获取利益变得具有挑战。研究者从3个层面建立了关于注意力的理论框架，分别为：（1）注意力作为一种稀缺且液化的商品；（2）注意力作为一种测量的单位；（3）注意力作为一种盈利的来源。研究者认为，这一框架有助于了解新闻受众的演变中的注意力模式、新闻内容的盈利机会、平台与媒体间权力的制衡，以及通过平台分发新闻可能面临的风

---

① Hermida, A., Mellado, C.. Dimensions of Social Media Logics: Mapping Forms of Journalistic Norms and Practices on Twitter and Instagram[J]. Digital Journalism, 2020(1):1-21.

险等。①

在具体的新闻生产实践中，Boczek和Koppers指出许多新闻媒体开始在诸如WhatsApp的手机通信应用中发送新闻，也在这些应用中收获了越来越多的受众。基于对3745条通过WhatsApp发送的新闻的分析以及一项线上调查，这篇研究应用创新扩散理论（Diffusions of Innovation Theory），考察了德国新闻编辑部使用WhatsApp的策略。结果显示，记者会在不同程度上利用WhatsApp提供的创新的可能性去进行报道。虽然他们在报道中会考虑移动传播的一些特点，但往往会忽视与受众的交流。②McGregor和Molyneux针对美国记者开展了一项线上实验，用以考察Twitter使用对记者的新闻判断（news judgement）和报道决策所产生的影响。结果显示，使用Twitter较少的记者会低估他们在平台上看到的新闻的价值，这可能会导致他们忽视一些信息，而这些新闻被他们的同事认为是具有新闻价值的。同时，Twitter在新闻生产中的常规化会影响新闻判断。对于那些将Twitter纳入报道常规的记者，以及工作经验较少的记者，Twitter的使用已经常态化，以至于认为推文和美联社的报道具有同等的新闻价值。研究者认为，这样的趋势可能会带来一些负面影响，例如跟风新闻或套装新闻（pack journalism），即记者们一窝蜂地报道相同的事件。但这种趋势同样具备一些积极意义：Twitter可以将更多的声音推送到主流的新闻议程当中来。③同样是对Twitter进行研究，Hedman考察了瑞典记者是如何利用Twitter提供的技术可供性去塑造自身品牌（self-branding）的。研究发现，社交媒体的逻辑会影响记者自我品牌的塑造。瑞典记者在Twitter中表现出具有专业性和个人特征的混合身份，更以受众为导向（audience-oriented），更加网络化（networking），也更个人主义（individualistic）。④

---

① Myllylahti, M..Paying Attention to Attention: A Conceptual Framework for Studying News Reader Revenue Models Related to Platforms[J].Digital Journalism,2020,8(5):567-575.

② Boczek, K., Koppers, L..What's New about Whatsapp for News? A Mixed-Method Study on News Outlets' Strategies for Using WhatsApp[J]. Digital Journalism, 2019(24):1-19.

③ McGregor, S. C., Molyneux, L..Twitter's influence on news judgment: An experiment among journalists[J]. Journalism, 2018,21(5):597-613.

④ Hedman, U..Making the most of Twitter: How technological affordances influence Swedish journalists' self-branding[J]. Journalism,2020,21(5):670-687.

社交媒体平台不仅为新闻生产和记者带来了深刻影响，同时也为记者和受众之间的参与和交流带来了新的机会。Xia等人尝试通过探索记者在社交媒体中扮演的角色，来捕捉"参与"（engagement）一词的微妙含义。通过深度访谈，研究者考察了传统政治记者和那些专门鼓励受众互动的工作人员（engagement specialist）对于在社交媒体这一互动空间中需要肩负的责任分别有怎样的态度。研究还考察了在这些空间中发生了怎样的交流，以及就记者和受众的关系而言，受众有着怎样的期许。研究者发现，记者的确以"参与"的名义在这些社会空间中扮演着新的角色，但并非与受众进行互动，而是通过内容进行参与。相比之下，受众则希望记者扮演一系列角色，从公民指南（civic guide）到心理治疗师（therapist）。因此，记者与受众之间关系的建立是偶发的。此外，记者参与的程度取决于平台及其可供性。①Kligler-Vilenchik和Tenenboim同样探讨了记者和受众在社交媒体平台上的关系，并指出尽管受众获得了更多参与到新闻生产过程中的机会，记者和受众在线上的持续互动还比较少。因此，研究者考察了在一个以色列记者和博主的WhatsApp群中，这种持续的互动是如何发生的。基于对群组聊天、博客文章和访谈的分析，研究者发现记者和其忠实粉丝之间的持续对话，可以在新闻生产过程中实现新闻知识的共同建构（co-construction）。研究者将这种可以支持持续互动的线上空间称为"中层新闻空间"（meso news-space），它发生在私领域和公领域之间，并将一群人囊括到新闻生产的过程中来。②

三、记者的安全问题：攻击与性骚扰

记者工作的特殊性，往往使他们位于冲突的旋涡之中，也使他们的安全常常面临来自多方的威胁。社交媒体的流行和民粹政治的抬头，更使得记者

---

① Xia, Y., Robinson, S., Zahay, M., Freelon, D.. The Evolving Journalistic Roles on Social Media: Exploring "Engagement" as Relationship-Building between Journalists and Citizens[J].Journalism Practice,2020,14(5):556-573.

② Kligler-Vilenchik, N., Tenenboim, O.. Sustained journalist–audience reciprocity in a meso news-space: The case of a journalistic WhatsApp group[J]. New Media & Society, 2020, 22(2):264-282.

常常成为民粹政客和网络喷子（trolls）攻击的对象，有的时候，记者的私人信息甚至会被人发布到网上。其中，女性记者和少数族裔记者遭遇骚扰的可能性又格外高。记者的安全议题，包括他们在工作中所遭受的攻击与性骚扰等，会对新闻工作产生直接且重要的影响，因而引发了学术界的关注。

Larsen等人编著的新书《记者的安全与自我审查》（*Journalist Safety and Self-Censorship*）在世界范围内探讨了记者的安全与自我审查之间的联系。这本书指出，记者不安全的工作环境已成为一种全球关切，特别是记者所遭受的直接或间接的审查干扰了言论自由。这本书收录的13篇文章，为自我审查和言论自由的研究提供了新的见解，也讨论与之相联系的一系列议题，例如监视（surveillance）、立法（legislation）、威胁（threats）、暴力冲突（violent conflict）、与性别相关的刻板印象（gender-related stereotypes）、数字化以及社交媒体等。书中的文章涉及世界上的多个国家和地区，包括中美洲、爱沙尼亚、土耳其、乌干达和巴基斯坦。同时，这本书还对自我审查的概念进行了理论探讨，并讨论了如何针对自我审查的话题展开实证研究。①

来自不同国家的3项研究可以表明处于冲突中的记者正在经受的敌意、遭受的威胁，以及所处的不安全的境遇，这些也对新闻工作产生了影响。Shin等人考察了在韩国，网络化的公众（the networked public）所使用的一种包含着负面情绪的"反新闻话语"（anti-press discourse），这种话语将记者称为"垃圾"（trash）。研究显示，某些负面情绪，例如厌恶（disgust）、仇恨（hate）、羞耻（shame），是这一类网络化公众形成和维持的源头，也是引导对记者和新闻业充满敌意的信息流的能量。同时，网络化公众认为记者是韩国社会中的"污染物"（pollutant），因此需要被消灭。基于以上发现，研究者认为，这些以厌恶、仇恨、羞耻为主的情绪化的反新闻话语难以带来规范化和建设性的影响，其影响可能是加剧对记者和新闻业本身的不信任和怀疑。②

---

① Larsen, A. G., Fadnes, I., Krøvel, R. (Eds.)..Anna Grøndahl Larsen,Ingrid Fadnes,Roy Krøvel. Journalist Safety and Self-Censorship[M].London:Taylor & Francis Group,2020.
② Shin, W., Kim, C., Joo, J.. Hating journalism: Anti-press discourse and negative emotions toward journalism in Korea[J]. Journalism,2021,22(5):1239-1255.

Høiby考察了菲律宾记者在报道棉兰老岛（Mindanao）冲突时所面临的危险境地，特别是本地记者和从马尼拉来的记者所面临的不同的威胁和危险。研究发现，记者认为，安全状况与他们在所报道的冲突地区是否为本地记者有很大的关系，而安全状况会影响他们在现场的操作方式以及做出的决策。对本地记者而言，威胁来自记者受到的法外处决（extra-judicial killings），而对记者犯罪的人则可能免予处罚。而非本地记者认为，最大威胁是敲诈勒索。本地记者认为，保持专业和恪守伦理对于确保安全、避免激起危险而言至关重要，安全培训应该量身定做，以应对不同的安全挑战。研究者提出，本地和非本地记者间的协作可以改善安全状况，同时媒体组织应该对二者进行补偿。①

Kotisova则进一步探讨了突发的近距离恐怖袭击可能为记者带来的后果。2016年3月22日上午，比利时的首都布鲁塞尔发生了3起有组织的自杀式爆炸袭击。对于一些经常报道冲突和灾难的比利时记者而言，这次报道的冲突地点是他们本人、家人、朋友生活的地方。他们作为冲突的见证者、参与者，甚至是间接的受害者的主观体验，与他们的专业任务交织在一起，使得新闻工研究者在传统上对于客观性的追求受到了挑战。据此，研究者提出了如下问题：记者对于此次袭击的感受与对其他危机有何不同？他们如何处理个人与职业之间异常复杂的关系？他们如何恪守客观性，以及他们在情感上是如何与这种专业追求互动的？研究发现，记者的生活所遭受的这种剧烈到有些不真实的变化，确实会导致其个人身份和职业身份间的冲突。两种身份间虽然存在着割裂（rupture），但也具有不可分割性（inseparability），这会帮助记者在爆炸后的新闻实践中，更好地恪守客观性。②

相比于男性记者，女性记者在工作中更有可能遭受攻击和骚扰，从而也更有可能对她们的新闻实践产生影响。Stahel和Schoen的一项研究考察了相比于男性记者，为什么女性记者更有可能采取回避策略（avoidance strategies）

---

① Høiby, M..Covering Mindanao: The Safety of Local vs. Non-local Journalists in the Field[J]. Journalism Practice, 2019, 14(1):1-17.

② Kotisova, J..When the crisis comes home: Emotions, professionalism, and reporting on 22 March in Belgian journalists' narratives[J]. Journalism,2020,21(11):1710-1726.

去应对线上攻击。这些回避策略包括限制与受众的交流、调整报道行为，甚至是退出新闻业。这项研究基于社会角色（social role theory）和性别刻板印象（gender stereotypes）等理论，对637位瑞士记者进行了网络调查。结果显示，女性记者更有可能采取回避策略的原因是，她们在遭受攻击时会承受更大的压力，这种压力正是来源于她们性别的社会化所产生的差异。与之相比，虽然女性记者比男性记者受到更为严重的攻击，但这并不能解释她们为什么更有可能采取回避策略。①

Chen 等人对在德国、印度、中国台湾、英国和美国工作的75位女性记者展开的深度访谈显示，她们在线上面临的猖獗的性别化的骚扰，已经影响了她们的工作。许多女性记者表示，当工作要求她们在线上与受众进行交流时，她们时常会面临性别化的评论，这些评论中包括批评、攻击、边缘化、刻板印象，以及基于性别或者性取向的威胁。对她们工作的批评通常会转变为歧视女性的攻击（misogynistic attacks），有时甚至会包含性暴力。因此，这些记者会采取策略以应对侵犯，例如减少她们在网上发布的内容、改变她们报道的故事、利用技术手段阻止人们在她们的社交媒体页面上发布攻击性言论等。研究的结果显示，这些骚扰会扰乱新闻业的日常实践，因为它们阻碍了女性记者与受众进行正常互惠的互动。②同时，尽管被骚扰的经历在本文研究的国家中是一致的，但记者被期望去进行线上参与的程度，则存在明显的文化差异。Miller和Lewis关注了在美国的地方电视台中工作的女性记者，当她们遭遇骚扰时，她们需要付出情感劳动（emotional labor），即通过控制自己的情绪来让他人保持开心。这种要求实际上也与前面几篇文章探讨的内容有关，即要求记者作为中立超然的观察者，在工作中要将自己的情感和价值最小化。研究发现，处在这种角色中的女性记者通常会面对4种类型的骚扰：（1）打扰性的当面骚扰（disruptive in-person harassment）；（2）肢体

---

① Stahel, L., Schoen, C..Female journalists under attack? Explaining gender differences in reactions to audiences' attacks[J]. New Media & Society,2020,22(10):1849-1867.
② Chen, G. M., Pain, P., Chen, V. Y., Mekelburg, M., Springer, N.,Troger, F.. 'You really have to have a thick skin': A cross-cultural perspective on how online harassment inflfluences female journalists[J]. Journalism,2020, 21(7):877-895.

和人身上的骚扰（physical and abrasive in-person harassment）；（3）线上的性冒犯（online harassment as unwanted sexual advances）；（4）线上的评头论足和威胁（online harassment as threats and criticisms）。女性记者经常需要付出情感劳动，因为她们经常需要应对骚扰，同时尝试减轻并预防进一步的骚扰。①Jamil探讨了巴基斯坦的案例。她指出，巴基斯坦女性记者不仅面临着安全风险和性骚扰，在雇用机会和平等薪资方面也承受着性别歧视。基于后殖民的女性主义理论（postcolonial feminist theory），这篇文章考察了巴基斯坦女性记者充斥着性骚扰、威胁，以及歧视的生活经验，同时还分析了由此带来的影响。性骚扰、威胁以及歧视为该国女性记者带来的影响包括心理压力、自我审查、丢掉工作、丢掉任务，以及改变职业等。②

除了女性记者在工作中经历的骚扰和威胁，男性少数群体记者的工作经历也得到了学术界的关注。Magrath考察了公开出柜的男同性恋记者在体育媒体中的工作经历。体育媒体通常被认为不适合男同性恋工作，因为它在很大程度上是异性恋的氛围。然而研究发现，尽管这些体育媒体仍然是异性恋的氛围，当这些男同性恋的记者选择向同事"出柜"时，他们都被无条件地接受了，这表明对于同性恋的恐惧（homophobia）在下降。这些发现与体育媒体刊发的有关LGBT群体的耸人听闻的报道形成了微妙的对比。③

四、与新冠肺炎疫情相关的新闻学研究

2020年，全世界都被笼罩在新冠肺炎疫情的阴霾之下。在新闻业界努力记录这一人类巨变时，新闻学界也在积极地行动，与业界共同应对这一危机，并探索今后的研究方向。尽管由于出版周期问题，大部分关于疫情与媒体的研究要到2021年、2022年甚至更久之后才会发表，但是2020年依然发表

---

① Miller, K. C.,Lewis, S. C..Journalists, harassment, and emotional labor: The case of women in on-air roles at US local television stations[J]. Journalism, 2020:1-19.
② Jamil, S..Suffering in Silence: The Resilience of Pakistan's Female Journalists to Combat Sexual Harassment, Threats and Discrimination[J]. Journalism Practice, 2020, 14(2):1-21.
③ Magrath, R.."Progress … Slowly, but Surely": The Sports Media Workplace, Gay Sports Journalists, and LGBT Media Representation in Sport[J]. Journalism Studies, 21(2): 254-270.

了几篇快速反应式的文章。

Olsen等人发表在 *Digital Journalism* 的一篇评论指出，新冠肺炎疫情的流行凸显了新闻媒体所肩负的信息功能。然而不幸的是，新冠肺炎疫情还同时击溃了为新闻生产提供主要资金支持的广告业务。因此，这篇评论认为，许多新闻组织，特别是那些地方性的新闻媒体，正面临着生存危机，亟待人们采取行动。为了拯救新闻业，这篇文章呼吁全社会参与到"公共新闻工作"（communal news work）中来，以在疫情期间和未来的一段时间内为新闻业提供经济支持。这些行动包括但不限于从新闻组织购买广告、为订阅和服务等新闻产品付费、捐款、提供国家资助等。人们也可以继续对媒体保持关注，使得媒体可以将大家的注意力作为商品出售给广告主。①

有关新闻学研究在这一时期的研究方向，Lewis认为新冠肺炎疫情的危机为新闻学研究提出了一系列研究问题，特别是客体（objects）和目标（objectives）两个方面值得关注，即我们在研究什么，以及我们为什么研究。研究者认为，新闻学研究应该坦诚地认识到自身存在的一些缺点，例如过分关注某些对象而忽视了另一些，或者没有将发展出更强大的公众的声音作为学术目标的一部分。因此，当学界应对当前危机，并为将来的不确定性做准备时，也可以调整自身的研究议程（research agendas），使其变得更具回应性和反思性。学界不仅要将当下作为开展疫情研究、收集有关新闻业转型的数据的绝佳机会，还应将其视为一个在更广泛、更久远的层面上重新思考我们研究事业（enterprise）的机遇。②Kunelius同样指出，新冠肺炎疫情在个人、组织、国家，以及全球的层面，都打破了已有的常规，显示出这个紧密联系的世界的脆弱性。基于政治符号（political semiosis）、结构转型（transformation of structures）、新视野（new horizons）等关键文献③，这篇文章提出了3个

---

① Olsen, R. K., Pickard, V., Westlund, O.. Communal News Work:COVID-19 Calls for Collective Funding of Journalism[J]. Digital Journalism,2020, 8(5):673-680.
② Lewis, S. C..The Objects and Objectives of Journalism Research During the Coronavirus Pandemic and Beyond[J]. Digital Journalism,2020,8(5):681-689.
③ Wagner-Pacififi, R..What Is an Event?[M].Chicago:University of Chicago Press,2019; Sewell, W.. Logics of History: Social Theory and Social Transformation[M]. Chicago:University of Chicago Press,2005; Arendt, H. . The Human Condition[M]. Chicago:University of Chicago Press,1958.

问题，旨在通过对于新冠肺炎疫情的应对，反映出未来新闻业的一些关键议题。这3个问题分别是：专业知识（expertise）的作用，国家框架（national framing）的力量，以及报道每日生活的新需求与可能性面临的挑战。①

Dunwoody的一篇评论指出，当前危机引发的巨大的不确定性在混淆和误导公众。这篇文章从信息寻找（information seeking）和处理，特别是社交媒体和科学新闻（science journalism）潜在有效性的角度，考察了上述议题。研究者认为，首先，科学记者应当继续为科学的信源提供报道上的特权。其次，大量新闻消费者还是依赖于中介的信息渠道，记者可以在收集和评估信息后，将其打包发送给受众。这也使得专业记者有机会在一定程度上控制有关新冠肺炎疫情的叙事。最后，全世界的媒体组织越来越多进行的事实核查（fact-checking），让受众有机会在第一时间了解到一些主张及其论证，或是反对这些主张的一些论断。②

Estella同样认为，新闻业在当前危机时期的表现，可能会对其在社会中扮演的信息来源的角色产生改变游戏规则式的影响。这篇文章探讨了应对这场危机所需要的新闻能力（journalistic competencies）。研究的案例则是东南亚，在这个与西方世界截然不同的"全球南方"（global south）的区域，解读和传播与科学技术相关的信息尤其重要。研究者认为，新闻业应在变革和跨学科的视角下，改变新闻业的标准与规范，以强化新闻业在社会中的作用。长期以来，行业的惯性（inertia）和以行业为中心的新闻学教育，制约了新闻业标准与规范的革新。③

可以看到，大部分研究者都认为，新冠肺炎疫情给新闻业带来的挑战，实际上是一些长久存在的问题的最新体现。无论是新闻业的商业模式危机，地方媒体的衰落，还是对专业议题报道上的权威性问题，实际上都不是新问题。只不过，突如其来的疫情将这些问题迅速放大，更凸显了寻找解法的紧

---

① Kunelius, R.. On the Overlap of Systemic Events: Covid-19, Climate, and Journalism.[J]. Social media + society,2020,6(3): 1-4.
② Dunwoody S . Science Journalism and Pandemic Uncertainty[J]. Media and Communication, 2020, 8(2):471.
③ Estella P. G.. Journalism competence and the COVID-19 crisis in Southeast Asia: Toward journalism as a transformative and interdisciplinary enterprise[J]. Pacific Journalism Review, 2020, 26(2):15-34.

迫性。

五、结语

基于以上对于2020年全球新闻业研究的回顾与总结，我们认为，新闻学研究在这一年中的主旋律是回应世界的巨大变化——这种变化并不仅仅指向2020年的新冠肺炎疫情，还指向近年来的一些重大趋势，尤其是民粹政治的兴起、社交媒体的影响、机构权威的衰落。一方面，全球新闻学界正积极思考动荡环境下的新技术、新理念与变迁的社会环境为新闻工作以及新闻学研究带来的影响。另一方面，当前形势也为新闻学研究提出了新的议题、带来了新的挑战，新闻学研究也在努力探索未来的发展方向。

新冠肺炎疫情并没有在2020年走向终点，对这些问题的思考也才刚刚开始不久。可以想见的是，全球新闻学界将会继续在这些方面进行探索和研究。2020年的逆境凸显了专业知识与良好信息环境的可贵，新闻业界与新闻学界都需要肩负责任，继续共同应对全人类的危机。

（方可成，香港中文大学新闻与传播学院助理教授；范吉琛，香港中文大学新闻与传播学院博士生。）

2020中国新闻业研究十佳论文观点述评

徐桂权　徐贝贝

自2014年以来,《中国新闻业年度观察报告》每辑都从当年的新闻传播学权威学术期刊中遴选出具有代表性的新闻业研究论文,并分主题进行梳理和评述。今年,本书编写组继续从2020年刊载于《新闻传播学研究》《新闻记者》《国际新闻界》《新闻大学》《现代传播》与《传播与社会学刊》等国内权威学术期刊初选出20篇新闻业研究论文,然后邀请多位新闻学者和期刊编辑作为评委,在初选的入围论文中投票选出"2020年度新闻业研究十佳论文"(见附录)。

本文对2020年中国新闻业研究年度观点进行综述,以这十篇年度十佳论文为重点,按照"新闻研究的新趋势""新闻报道的新话题""新技术与新闻生产""用户与新闻的互动""新闻从业者与新闻劳动"五个主题进行归类、叙述与评析,力图从中窥见当下我国新闻业研究的格局与图景,并为未来的相关研究提供可借鉴延展的研究思路。

一、新闻研究的新趋势

当前新闻业正在发生剧烈变化,各类新闻行动主体进行的多种多样的新闻创新实践已引起国内外新闻学者的普遍重视,形成了一个颇为活跃但理论化程度尚显不足的研究领域。在此背景下,南京大学新闻传播学院王辰瑶在论文《新闻创新研究:概念、路径、使命》中尝试将"新闻创新"这一概念理论化,并提出新闻创新研究的六条路径,丰富了当前对于新闻创新实践研究的理论资源。作者不仅追溯"新闻创新"这个术语的形成过程并试图将其理论化，还讨论了新闻创新这一理论概念能给我们带来些什么？它是否能对我们理解当下急剧变化着的新闻景观有所帮助？以及它是否能对我们建构新闻业之未来的努力有所启发？①

作者将"新闻创新"定义为多元新闻实践主体创造、采纳或扩散新闻工作新观念、新方式的行动过程。同时，论文在继承并重新阐发舒德森所提的新闻社会学经典路径的基础上，结合近些年新闻创新研究的关注焦点和理论视角提出了新闻创新研究的六种路径，分别为商业路径、技术路径、组织路径、文化路径、使用者路径和关系路径。最后，作者认为启用"新闻创新"这个概念的价值不仅在于它能把对新闻业变化和发展的零散观察统合在一起，而且它可以开放地吸收各种路径下的研究成果，同时又聚焦于行动和结果。它立足当下，既强调对创新行动的观念化，又注重不断对创新行动的后果进行反思，在实践、对话和互动中展现并探讨新的新闻观念体系的生成。

在文章的结尾，作者对新闻创新研究领域最有可能出现的"成果"提出初步构想。第一，新闻创新研究可为新闻业之"变局"提供一种总体性理解。第二，新闻创新研究可以为新闻行动主体提供创造性的策略。第三，新闻创新研究还应对新闻创新行动提供科学的评估。同时作者指出，新闻创新研究不能只是等待新闻业的未来，而是需要积极参与对未来的塑造。

在数字技术迅猛发展，传统新闻学在学科发展过程中遭遇"瓶颈"的背景下，新闻理论研究也在不断创新。深圳大学传播学院常江《数字新闻学：一种理论体系的想象与建构》以英国、美国、瑞士三个国家共84位一线新闻从业者的深度访谈资料为经验基础，通过采用具有扎根理论色彩的质化研究方法，尝试对"数字新闻学"成为一种新新闻理论体系的现实性和可能性进行分析。②

研究发现，数字新闻学在四个方面对传统新闻学体系实现了继承性突破：一是技术在新闻业态中日趋扮演生态性角色；二是数字新闻从业者的技工化；三是基于情感网络的新闻业的成型；四是价值极化和价值虚无成为新

---

① 王辰瑶.新闻创新研究：概念、路径、使命[J].新闻与传播研究,2020,27(03):37-53+126-127.
② 常江.数字新闻学：一种理论体系的想象与建构[J].新闻记者,2020(02):12-20+31.

闻业的持续性危机。文章最后提出，作为正在逐渐成形，并有着可期未来的"新新闻学"，数字新闻学理论体系建构应当从价值内核、核心概念、研究实践和批判理论四个维度展开。

二、新闻报道的新话题

在传统新闻业向数字新闻业转型过程中，各个媒体之间的议程互动情况也成为新闻研究考察的重要对象。公共政策报道一直是媒体关注的重要议题，暨南大学新闻与传播学院博士生朱雅婧[①]的论文《环境报道中都市精英媒体的议程扩散效应——对雾霾治理政策报道过程的分析》选取《人民日报》、澎湃新闻、《中国环境报》和新浪微博四家媒体，并将澎湃新闻作为都市精英媒体的典型代表，分析它们在2015—2017年三年间对"煤改清洁能源"政策的报道议程，运用时滞交叉相关分析法检验它们在2017年底政策调整阶段的议程互动情况。研究发现，各个媒介之间对这一议题的报道存在显著的相关性，并且在政策的不同阶段表现出不同的媒体间议程设置作用。在环境政策引发的社会问题被建构成新闻事件的过程中，都市精英媒体能够整合议程并推动其扩散，在政策网络中勾连起公众话语和官方媒介议程，通过影响国家级党媒的媒介议程进而对政策议程产生影响。[②]

在理论推进方面，首先，文章提出"都市精英媒体"这一概念，认为这是在新媒体时代从传统的都市媒体经过精英化转型路径之后发展而来的一种新的媒介形态，传统的都市媒体虽然具有一部分的精英化特质，但影响力仅局限在地区之中，而都市精英媒体作为传统新闻力量与新媒体技术结合的产物，是一种新型的、具有全国影响力的议程设置媒体。其次，作者在Mathes等提出的新闻扩散和"溢散效应"理论的基础上提出议程扩散效应，即在一个重要的议题被建构的过程中，出于人们强烈的资讯需求，随着新闻报道量

---

① 作者现为广州大学新闻与传播学院教师。
② 朱雅婧.环境报道中都市精英媒体的议程扩散效应——对雾霾治理政策报道过程的分析[J].传播与社会学刊,2020(02):143-178.

的增加会有某一个媒体议程获得广泛的认可，进而将议程扩散到其他媒体中去，最终形成社会对某一事件的广泛共识。最后，在讨论媒体间议程设置的基础上，文章尝试引入政治学中的政策网络理论来解释媒介议程如何与政策议程产生勾连并推动政策议程的改变，在传播学视角下修正了政治学中将媒体粗略归入议题网络的划分法；同时，政策网络理论也可以成为各个媒介在政策过程中的不同阶段相互之间的议程设置关系发生变化的一个路径。

在新闻叙事方面，我国媒体也在不断探索多元化的叙述风格，容纳更多的情感性因素。中国人民大学新闻学院陈阳、郭玮琪和张弛的《我国报纸新闻中的情感性因素研究——以中国新闻奖一等奖作品为例（1993—2018）》一文，借鉴国际学术界的研究成果，设计出一套测量新闻报道情感性因素的指标，并采用这套指标测量中国新闻奖（1993—2018）一等奖报道中的146篇文字作品。研究发现，获奖文章大量呈现了记者的直接判断和评价，相对而言，新闻人物的情感感受则呈现较少；这种趋势在获奖消息里更为明显，相对而言，在获奖通讯里，新闻人物的感受、记者的判断和评价三种情感再现手段出现的频率更为平均。在表达情感时，获奖文章更倾向于描写集体性、群体性的情感，而非个人化的情感；新闻里的情感通常是正面的，很少见到负面情感。通过对比国外学者关于美国普利策奖的研究成果发现，我国主流新闻里情感的再现手段与美国普利策奖获奖样本截然不同，彼此都是各自国家媒介体制的产物，同时也强化了既定媒介体制对媒体社会责任感和社会角色的要求。①

对于我国报纸新闻重视情感性因素的原因进行分析，一方面是媒体社会职能和指导性倾向性的需求；另一方面也是为了引发读者的情感反应，吸引更多读者，读者从情感上在自己与新闻人物和记者之间建立联系，从而更加容易接受新闻的观点。中外媒体再现情感性因素的差异，主要是由前一方面的差异所引起的，媒体的社会职能和定位不同，造成了新闻叙述的差异。新闻里的情感性因素，不仅增强了媒体的指导性、战斗性，也维系了媒体的

---

① 陈阳,郭玮琪,张弛.我国报纸新闻中的情感性因素研究———以中国新闻奖一等奖作品为例(1993—2018)[J]. 新闻与传播研究,2020,27(11):5-20+126.

社会影响力,从而巩固了媒体的权威性。在中国新闻奖获奖新闻的示范作用下,可以预料将来很长一段时期内,情感性因素将长期出现在我国媒体新闻文本里。

三、新技术与新闻生产

新技术的发展和媒介的深度融合,新闻生产创新的浪潮不断推进,内容和技术如何协作成为新闻生产领域的新问题。中国人民大学新闻学院肖鳕桐和方洁的论文《内容与技术如何协作?——行动者网络理论视角下的新闻生产创新研究》立足于深入参与新闻创新的行动者,通过对5家媒体机构或媒体技术公司中10位内容和技术人员进行深度访谈,具体展现内容和技术行动者的转译过程。研究发现,创新团队内部存在内容主导和无明确核心行动者两种网络模式,团队内部的行动者之间的关系,以及媒体与外部力量的关系并没有发生剧烈松动,所谓大步创新的背后呈现出一定的路径依赖。不同专业背景的确带来了团队合作的冲突,主要体现在技术需求矛盾、生产理念矛盾和内外部立场之间的矛盾。针对协作生产的困境,创新团队试图磨合出沟通机制以改善异质行动者间的关系。[①]

在文章结尾,作者指出不能仅从表象来看融合情况,将新闻创新当作是按照规划严格执行的线性过程,或是停留在对创新作品本身的描述,而要将创新视为一个异质行动者发挥主观能动性的转译过程。

新闻创新还体现在算法机制带来的影响中,算法的出现是信息生产和传播的一个技术进步,给媒体的新闻生产带来了深刻的变化。中央民族大学新闻与传播学院毛湛文和中国人民大学新闻学院博士生孙曌闻的文章《从"算法神话"到"算法调节":新闻透明性原则在算法分发平台的实践限度研究》跳出"人与技术二元对立"的框架,将算法视为人类与世界之间关系的中介者,提出用"算法调节"的视角观察新闻透明性原则在算法新闻分发平

---

① 肖鳕桐,方洁.内容与技术如何协作?——行动者网络理论视角下的新闻生产创新研究[J].国际新闻界,2020,42(11):99-118.

台的实践中所面临的障碍。作者通过田野观察和深度访谈发现,平台的组织架构和物理空间带来了天然的挑战;人和算法作为"人—技混合体"的复杂性构成实际的"黑箱";使用者在算法的影响下也逐渐被"数据化"。基于上述情况,作者沿着"技术道德化"思路提出改进路径,包括把新闻透明性纳入算法设计的"常规"、加强算法利益相关方的协作,以及用对话而非对抗的方式重新调整人和算法的关系等。文章的最后提到,对新闻业而言,无论是面临算法还是其他新出现的技术物,都不应忽视技术调节的框架下技术物对人的规范或引导作用。在新闻业拥抱技术走向更加智能化的未来,对技术前瞻性的价值设计和伦理问题的预判,不应当被轻易落下。①

四、用户与新闻的互动

在数字技术的推动下,用户不再是传统媒体的对象性存在,而是成为新闻的产销者,用户与新闻的互动体现在新闻生产与传播的各个环节中。《新闻记者》主编刘鹏的《"全世界都在说":新冠肺炎疫情中的用户新闻生产研究》选取新冠肺炎疫情期间四个用户生成新闻案例,通过对李文亮"传谣"事件、"方方日记"事件、"敲锣救母"事件,以及艾芬专访用户传播事件的分析,展示了不同类型的用户新闻生产及其特点,包括私人交流内容的公共化、用户个人对公共事件的记录、用户的自我曝光,以及用户新闻分享形成意义再生产。它们出于不同的传播目的,呈现出不同的样态,并在不同程度上颠覆了专业新闻学所强调的采访核实、事实与意见区分、公正客观等操作原则。尽管用户新闻具有与专业媒体报道截然不同的对规范的理解,但很多内容呈现出涌浪式的传播,成为与专业媒体竞争真相的力量,并在不同程度上建构了广大用户对当前现实的认知。文章中作者用"全世界都在说"来加以概括新冠肺炎疫情期间传播的整体特点,"全世界都在说"使无数普通用户个体的声音浮现出来,创造了开放的新闻流,打破了机构媒体控

---

① 毛湛文,孙翌闻.从"算法神话"到"算法调节":新闻透明性原则在算法分发平台的实践限度研究[J].国际新闻界,2020,42(07):6-25.

制的结构化的新闻场域，同时也带来多种声音的碰撞。①

如今，算法推荐直接将人与信息紧密联系起来，用户与新闻的互动过程共同改变了人们的新闻接触结果。深圳大学传播学院杨洸和硕士生佘佳玲的论文《新闻算法推荐的信息可见性、用户主动性与信息茧房效应：算法与用户互动的视角》基于算法和用户互动的视角，选取新闻算法推荐平台的典型代表"今日头条App"用户为研究对象，采用问卷调查方法，考察用户对算法推荐新闻可见性的感知、用户使用新闻推荐平台的能动性，以及算法与用户互动之下是否产生信息茧房效应。文章探讨了在新媒介传播范式下，新闻把关和选择等基本的新闻问题，从"算法决定人们看什么新闻"的价值角度考量，具有理论和实践的双重意义。②

研究发现，新闻算法推荐整体上以用户为中心，在新闻可见性上，用户对趣味新奇性价值的认知感最强，新闻个性化程度凸显；用户对新闻推荐的使用上，以被动浏览行为最为普遍，自主性总体不高；用户对推荐算法技术有一定了解，表现出一定的算法素养；算法推荐对用户并未造成单纯的信息茧房效应，它同样可扩大受众接触资讯的范围，将用户带入更广阔的世界。最后，作者提到用户与算法之间的关系，用户和算法间绝不是彼此孤立的存在，二者始终处于相互响应、相互发展的状态。

五、新闻从业者与新闻劳动

数字新闻时代新闻生产不再被既有新闻媒体垄断，新闻从业者越来越多将以引导者、协同者的身份策展新闻，以各种创新方式邀请各类专业人士和公众进入新闻素材的挖掘、新闻故事的呈现和新闻创新的过程中来。中国政法大学光明新闻传播学院黄金的论文《融媒变革中新闻从业者的角色调适——基于某报集团组织变革的扎根研究》对一家实施媒体融合变革的城市

---

① 刘鹏."全世界都在说"：新冠肺炎疫情中的用户新闻生产研究[J].国际新闻界,2020,42(09):62-84.
② 杨洸,佘佳玲.新闻算法推荐的信息可见性、用户主动性与信息茧房效应：算法与用户互动的视角[J].新闻大学,2020(02):102-118+123.

日报集团员工进行深度访谈,并采用扎根理论,建构出媒体融合组织变革与新闻从业者变革反应的关系模型。①

研究发现,新闻从业者在组织内对融合变革的接受、抵制与协商是一个多样性和动态化的呈现,从业者从个体角色的四个维度来形成对媒体组织融合变革的参与:以角色认知建构媒体融合的意义,以角色权变驱动媒体融合的意愿,以角色效能来适应融合媒体要求,以角色资本缔结媒体变革的契约关系。这四个维度的角色影响并不是孤立的,媒体组织变革对新闻从业者的角色定义、角色权利、角色效能和角色资本产生系统性作用。个体对媒体融合的参与是对其在组织内新角色、新脚本调适的映射。由于个体与组织的互构性,不同的新闻从业者在这场媒体融合变革中的角色调适面临相似的困境。

媒体实习生作为新闻行业的后备军积极投身新闻生产,却少有研究将关注点聚集到这些"非正式雇用"的劳动者身上。华中科技大学新闻与信息传播学院牛静和博士生赵一菲的《"倒贴钱"的实习如何可能?——新闻媒体实习生劳动过程中的同意制造与"理想游戏"》一文运用实证研究,探索实习生如何用合理化"幻象"来重新建构真实,并赋予实习新的意义解释,以说服自身接受"倒贴钱"实习。传统媒体"倒贴钱"实习常态化背后实习生"同意的制造"如何成为可能是论文探讨的起点。论文沿劳动过程理论脉络,解释"实习生为何自愿倒贴钱实习"的内在逻辑。一是劳资博弈中的力量不平衡、新闻教育规模扩张下的劳动力供需失衡等成为实习生"劳动同意"的条件性因素。二是编排差异化身份下的不稳定感、人际关系中的归属需求、"灵活自由"工作方式背后的自我规训、情怀激励下的赶工、追求"好名声"的自我管控等制造出了实习生的自愿"同意",这些因素构成隐蔽劳动控制机制,可以概括为"理想游戏"。三是"倒贴钱"实习潜藏的矛盾表现为实习生高期待下对培养的渴求与"去技能化"工作的冲突、被占有

---

① 黄金.融媒变革中新闻从业者的角色调适——基于某报集团组织变革的扎根研究[J].新闻记者,2020(12):20-29.

的身体遭遇生理身体的反抗。①

　　文章关注新闻行业实习生这个特殊群体，在经验层面上呈现了新闻行业中的劳动控制现象，将原有劳动研究对象拓展至非正式用工群体，分析了媒体行业对新闻实习生的控制潜规则，总结了在市场化社会中劳工控制的多元化和弥散化。将实习过程中隐蔽的劳动控制机制制造出实习生的劳动同意概括为"理想游戏"，来解释"倒贴钱"实习存在的可能。"理想游戏"是指这样一种状态，即实习生们自愿背负着自身所代表的角色期待，努力维持着良好的人际关系，为未来就业前途而忍耐着工作的辛苦，且满怀热情地践行着新闻实践等。文章这一发现丰富了劳动过程理论，同时具有实践价值。

（徐桂权，中山大学传播与设计学院副教授；徐贝贝，中山大学传播与设计学院硕士研究生。）

---

　　① 牛静，赵一菲."倒贴钱"的实习如何可能？———新闻媒体实习生劳动过程中的同意制造与"理想游戏"[J].新闻与传播研究,2020,27(04):58-75+127.

附 录

2020年中国新闻业研究十佳论文评选结果

为鼓励和推动中国新闻业研究的发展,《中国新闻业年度观察报告》编写组今年发起了第五期"中国新闻业研究十佳论文"评选活动。本书编写组先从2020年刊载于《新闻与传播研究》《国际新闻界》《现代传播》《新闻大学》《新闻记者》《传播与社会学刊》等国内权威学术期刊的论文中初选出20篇新闻业研究论文,然后邀请多位新闻学者和期刊编辑作为评委(参选论文作者回避),在初选入围的论文中进行投票,最后由编写组汇总得票,评出排名前十的优秀论文。

王辰瑶:《新闻创新研究:概念、路径、使命》,《新闻与传播研究》2020年第3期。

常江:《数字新闻学:一种理论体系的想象与建构》,《新闻记者》2020年第2期。

朱雅婧:《环境报道中都市精英媒体的议程扩散效应——对雾霾治理政策报道过程的分析》,《传播与社会学刊》2020年第2期。

陈阳、郭玮琪、张弛:《我国报纸新闻中的情感性因素研究——以中国新闻奖一等奖作品为例(1993—2018)》,《新闻与传播研究》2020年第11期。

肖鳕桐、方洁:《内容与技术如何协作?——行动者网络理论视角下的新闻生产创新研究》,《国际新闻界》2020年第11期。

毛湛文、孙曌闻:《从"算法神话"到"算法调节":新闻透明性原则在算法分发平台的实践限度研究》,《国际新闻界》2020年第7期。

刘鹏:《"全世界都在说":新冠肺炎疫情中的用户新闻生产研究》,《国际新闻界》2020年第9期。

杨洸、佘佳玲:《新闻算法推荐的信息可见性、用户主动性与信息茧房效应:算法与用户互动的视角》,《新闻大学》2020年第2期。

黄金:《融媒变革中新闻从业者的角色调适——基于某报集团组织变革的扎根研究》,《新闻记者》2020年第12期。

牛静、赵一菲:《"倒贴钱"的实习如何可能?——新闻媒体实习生劳动过程中的同意制造与"理想游戏"》,《新闻与传播研究》2020年第4期。

(以上排名不分先后)